# 중국 진출 기업 100問 100答

중국 현지 법인 설립에서 경영 · 세무 · 회계 까지

# 중국 진출 기업 100問 100答

곤도 요시오 지음 ■ 김범수 · 김기열 감역

매일경제신문사

# 한국판의 출판에 즈음하여

이 책은 중국에 진출한 외국기업이 중국에서 부딪치게 되는 여러 가지 문제를 알기 쉽게 체계적으로 해설한 입문서입니다. 회사의 설립부터 운영에 이르기까지의 기본적인 지식과 세무 및 회계의 실무적인 노하우를 포함하여 앞으로 중국에 진출하려는 회사는 물론 이미 진출한 회사에게도 도움이 되는 실무 문제를 기본적으로 망라하고 있습니다. 현지에서 문제에 부딪쳤을 때 해당되는 부분을 보면 실무적인 지식이 즉시 이해되도록 Q&A 형식의 질문과 대답 100가지를 선정하였습니다.

중국에서의 회사운영에 있어서 실무상으로는 이 책에서 소개한 문제보다 훨씬 어려운 난제가 존재할 것이라고 생각하지만 이 책에 수록한 실무지식이 큰 실마리가 될 것을 기대합니다.

경제발전의 속도가 빨라지고 있는 중국에서는 경제관계 법령, 법규의 변경이 빈번합니다. 본서는 이러한 법령, 법규를 정리하여 2004년 4월까지 중국 정부가 공포한 투자법규, 세무법규, 회계법규에 근거한 내용으로 작성하였습니다. 제가 처음 중국에 관심을 가진 것은 대학에 입학했을 당시로, 아시아에 있어서 일본과 중국은 장래에 중요한 관계가 될 것이라고 생각했기 때문이었습니다. 그 후 일본과 중국 간의 국교가 회복되어 경제 왕래가 시작되고, 중국에도 외국기업의 주재원 사무소가 개설

되어 현지법인도 진출하게 되었습니다. 저는 86년에 일본인 공인회계사로서는 처음으로 중국에 주재하였습니다. 당시의 베이징은 도처에 주택단지와 빌딩의 건설이 시작되고 있었습니다. 그러나 외제고급차가 지나가는 옆으로 마차가 커다란 짐을 싣고 나르는 광경도 일상적이었고, 근대와 현대가 모순되면서 혼재하고 있는 듯한 상황이었습니다.

90년대가 되자 외국기업의 중국 진출 붐은 본격적인 양상을 띠게 되었습니다. 90년대 후반에는 중국 주요 도시의 모습은 일변하여 아름다운 번화가가 생기고, 대규모의 점포에는 값싼 가전제품이 넘쳐나며 거리를 다니는 사람들의 복장도 크게 변하였습니다. 최근에는 중국의 경제발전 모습이 텔레비전을 통하여 일상적으로 전해지고 있습니다. 이 20년간에 걸친 외국과 중국의 경제관계 변화의 속도는 매우 놀랄 정도입니다. 외국기업의 중국경제와의 관계도 단순히 붐이라고 할 수 없을 정도가 되었습니다. 본격적인 경제관계의 구축이 이미 시작되었습니다.

본서는 이러한 견실한 경제관계가 기대되고 있는 현재에 있어서, 객관적이고 정확한 정보의 전달을 목적으로 하고 있습니다. 이 책은 일본기업용으로 작성된 것을 한국기업용으로 번역하면서, 한국기업의 실무 담당자들에게 더욱 도움이 되도록 한·중간의 문제도 다루었습니다. 본서 한국판의 기획과 번역 출판에 도움을 주신 김범수 님과 김기열 님에게 진심으로 감사를 드립니다.

이 책이 중국에 진출한 한국기업의 실무 담당자 분들에게 도움이 되기를 진심으로 바랍니다.


곤도 요시오(近藤義雄)

# 감역의 글

    중국에서 근무하면서 많은 고객으로부터 받고 있는 다양한 질문에 대해 대답해 줄 수 있는 간편하면서도 잘 정리된 참고자료가 없을까 하는 것이 늘 관심사였습니다.

    간혹 중국에서 오랜 사업을 하시고 경험이 많으신 분들의 이야기도 많은 참고가 될 수 있습니다. 다만 어느 시점에, 어느 지역에서 어떤 제품을 가지고 어떤 사업을 했느냐에 따라 그 의견이 상이한 것을 발견할 수 있습니다. 중국은 지역마다 특색이 있어 같은 규정이라도 각 지방마다 각기 다르게 해석하여 특히 외국기업들이 곤란에 처하는 경우도 많이 보았습니다. 하지만 기본을 알고 접근하면 이러한 문제도 해결의 실마리를 쉽게 찾을 수 있고 상대방을 설득하기도 쉽습니다.

    이 책의 저자인 곤도 요시오 씨는 공인회계사로서 중국관련업무에 20여 년간 종사한 전문가이며, 중국 현지법인의 세무, 회계, 투자실무에 대해 여러 편의 저서를 발간하신 분입니다. 이 분의 실무지식을 빌어 중국진출 한국기업들에게 나름대로 도움이 될 수 있는 무엇인가를 해보자 하는 마음으로 번역을 하기로 결정하게 되었습니다.

    이 책은 중국진출기업들이 기본적으로 궁금해 하는 설립, 운영, 세무, 회계 전반에 대해, 아주 이해하기 쉽게 문답식으로 잘 정리되어 있어 관련업무 종사자 분들에게 많은 참고가 되리라 생각합니다.

　중국은 현재 급속한 경제발전에 걸맞게 경제 전반에 투명한 시스템을 정착시키고자 각종 법규를 제정하거나 정비해 나가고 있으며, 꽌시에 의존한 과거의 비즈니스 관행은 점차적으로 사라질 것으로 생각합니다. 특히 외국인이 중국에서 사업함에 있어서 정도대로 규정을 준수하며 사업을 하는 것이 가장 빠르고 안전한 방법이며 장기적으로도 이득이 된다는 것을 많이 느끼고 있습니다.

　부족한 지식과 능력으로 번역하다 보니 만족스럽지 못한 부분이 있으나 저자의 원래 의도가 제대로 전달이 되도록 최대한의 노력을 하였습니다. 또한 번역과정에서 저자의 양해를 얻어 어떤 부분에 있어서는 더 정확한 전달이 되도록 내용을 보완, 수정하기도 하였고, 일부 일본규정과 비교한 내용은 한국 또는 외국의 내용으로 고쳤습니다.

　아무쪼록 이 책의 내용이 경영하시는 사업에 조금이라도 도움이 되었으면 하는 바람이며, 당연한 말이겠지만 관련문제에 대한 가이드라인 이상의 수준은 전문가에게 자문을 구하시라고 권하고 싶습니다. 중국은 매우 빠르게 변하고 있기 때문에 사업을 개시하기 전에 중요한 사항은 꼼꼼히 재확인하는 것이 매우 중요합니다.

　끝으로 이 책이 한국에서 번역이 될 수 있도록 도와주신 곤도 요시오 회계사님, 출판을 하도록 격려해 주신 매일경제신문 윤형식 북경특파원님, 번역을 위해 많이 수고하신 류정아님, 많은 자문을 주신 고광진 회계사님 등 이 책이 출판되기까지 여러모로 도움을 주신 모든 분들께 진심으로 감사드립니다.

북경에서

김범수, 김기열

# 목차


한국판 저자 서문 ……………………………………………………… 5
감역의 글 ………………………………………………………………… 7


## 제1장　현지법인의 설립과 운영


Q1　중국에서 비즈니스를 하려면 어떤 형태가 있습니까? …………… 15
Q2　회사 설립의 인가(비준)수속에 대해서 가르쳐 주십시오 ………… 18
Q3　현지법인의 자본금 출자에 규제가 있습니까? ……………………… 23
Q4　중국에서 회사를 인수하는 것이 가능합니까? ……………………… 26
Q5　생산설비는 어떤 방법으로 들여올 수 있습니까? ………………… 29
Q6　회사 설립 시 설비투자의 유의점은 무엇입니까? ………………… 33
Q7　회사 설립 후의 추가투자에서 유의해야 할 것은 무엇입니까? …… 36
Q8　회사 설립 후의 개업을 위한 수속에는 어떤 것이 있습니까? ……… 39
Q9　세무등기를 할 때 유의점은 무엇입니까? …………………………… 42
Q10　외화예금 계좌에는 어떠한 것이 있습니까? ……………………… 45
Q11　현지법인으로부터 해외로의 송금에 문제는 없습니까? ………… 49
Q12　배당금의 송금에 문제는 없습니까? ……………………………… 54
Q13　현지법인은 감사를 반드시 받아야 합니까? ……………………… 57
Q14　중국의 공인회계사는 어떤 일을 합니까? ………………………… 61
Q15　회계사무소의 선택은 어떻게 하는 것이 좋습니까? ……………… 64
Q16　중국에는 세무사제도가 있습니까? ……………………………… 67
Q17　기업 연도검사란 무엇입니까? ……………………………………… 70
Q18　토지에 대해서는 어떤 점을 주의해야 합니까? …………………… 73
Q19　현물출자자산의 평가는 어떻게 이루어지고 있습니까? ………… 77
Q20　수출입경영권이란 무엇입니까? …………………………………… 80
Q21　투자성 공사란 무엇입니까? ………………………………………… 83
Q22　상해의 지역총괄회사란 무엇입니까? ……………………………… 89
Q23　보세구의 무역회사란 무엇입니까? ………………………………… 94

Q24 보세제도와 가공무역에 대해서 설명해 주십시오 ················ 100

Q25 보세구란 무엇입니까? ······························································ 103

Q26 수출가공구란 무엇입니까? ·················································· 109


## 제2장　　현지법인의 세금

Q27 조세우대정책에는 어떤 것이 있습니까? ····························· 117

Q28 정보산업의 우대정책에는 어떤 것이 있습니까? ··············· 121

Q29 보세구, 수출가공구의 조세우대정책에는 어떠한 것이 있습니까? ······ 127

Q30 위탁가공의 장점과 단점은 무엇입니까? ··························· 130

Q31 유상지급의 위탁가공이란 무엇입니까? ··························· 133

Q32 중국에는 어떤 세금이 있습니까? ····································· 136

Q33 주요 세금은 어떤 것입니까? ············································ 139

Q34 앞으로 개정될 세금에 대해서 가르쳐 주십시오 ··············· 142

Q35 중국의 세금징수는 어떻게 이루어집니까? ······················ 145

Q36 현지법인과 관계가 있는 세금은 무엇입니까? ················· 148

Q37 현지법인의 세무신고서에는 어떤 종류가 있습니까? ········ 151

Q38 외국의 모회사가 현지에서 과세되는 경우가 있습니까? ···· 154

Q39 로열티의 송금에 대한 세무관계에 대해 가르쳐 주십시오··· 157

Q40 본사 경영지도료의 송금에는 문제가 없습니까? ·············· 160

Q41 현지법인에게 대여한 이자에 대한 세금은 어떻게 됩니까? ··· 163

Q42 배당금의 재투자에 대해서 가르쳐 주십시오 ··················· 166

Q43 현지법인을 매각한 경우에 세금이 부과됩니까? ·············· 169

Q44 현지법인을 청산한 경우에 세금이 부과됩니까? ·············· 172

Q45 중국 상장기업의 주식을 매각하였다면 세금이 부과됩니까? ········ 175


## 제3장　　기업소득세

Q46 기업소득세는 어떠한 경우에 과세됩니까? ······················ 181

Q47 기업소득세의 과세소득은 어떻게 계산합니까? ··············· 184

Q48  주재원 사무소에도 과세됩니까? ················· 187

Q49  회계상의 이익과 세무상의 과세소득은 어떤 관계가 있습니까? ······ 190

Q50  창업비는 어떻게 처리하는 것이 좋습니까? ················· 193

Q51  대손충당금과 대손상각의 회계처리와 세무처리는 서로 같습니까? ··· 197

Q52  부실 재고자산은 평가감액이 가능합니까? ················· 200

Q53  자산감손충당금이란 무엇입니까? ················· 204

Q54  고정자산의 회계와 세무처리에 대해서 가르쳐 주십시오 ············ 210

Q55  장기투자는 어떻게 계상하여 평가합니까? ················· 216

Q56  무형자산의 회계와 세무의 처리는 어떻게 합니까? ············· 220

Q57  결손금이 있어도 배당이 가능합니까? ················· 223

Q58  기업소득세의 납세기한에 대해서 유의해야 할 점은 무엇입니까? ······ 226

Q59  중국에서 원천징수된 세금은 어떻게 처리하는 것이 좋습니까? ······ 229

Q60  현지에서 면세된 세금은 어떻게 처리하는 것이 좋습니까? ·········· 233

Q61  현지법인에서 면세된 세금은 어떻게 처리하는 것이 좋습니까? ······ 236

Q62  이전가격이란 무엇입니까? ················· 240

Q63  어떤 거래가 이전가격 조사의 대상이 됩니까? ················· 243

Q64  이전가격의 조사는 어떤 경우에 이루어집니까? ················· 246

Q65  이전가격의 조사시에는 무엇을 조사합니까? ················· 249

Q66  이전가격의 조사방법에는 어떤 것이 있습니까? ················· 252

Q67  이전가격의 조정방법에는 무엇이 있습니까? ················· 255

Q68  이전가격의 사전확인이란 무엇입니까? ················· 259


## 제4장 개인소득세


Q69  개인소득세가 과세되는 것은 어떤 경우입니까? ················· 265

Q70  중국 출장과 관련된 과세문제에 대해서 가르쳐 주십시오 ·········· 268

Q71  중국에서 단기로 체재한 사람에게도 과세됩니까? ················· 271

Q72  현지법인의 임원을 겸직하고 있다면 어떻게 됩니까? ············· 274

Q73  부임자는 어떤 소득을 신고하면 됩니까? ················· 277

Q74  급여소득의 세액은 어떻게 계산합니까? ················· 280

제5장　유통세

Q75　증치세의 납세와 환급 방법을 가르쳐 주십시오 ····················· 285
Q76　증치세의 수출환급에는 어떤 문제가 있습니까? ····················· 288
Q77　영업세는 어떤 경우에 과세됩니까? ································· 292
Q78　증치세와 영업세는 어떤 관계입니까? ······························ 295
Q79　중국에서 영수증에 대해 주의해야 할 점을 가르쳐 주십시오 ········298

제6장　현지법인의 회계

Q80　현지법인의 회계장부에는 어떤 것이 있습니까? ····················· 303
Q81　경리 관련규정은 어떻게 작성합니까? ······························ 307
Q82　연결재무제표를 작성할 필요가 있습니까? ·························· 311
Q83　중국에 세효과회계(稅效果會計:이연법인세회계)가 있습니까? ····· 314
Q84　중국의 회계제도에 대해 가르쳐 주십시오 ························· 317
Q85　구체회계준칙이란 무엇입니까? ··································· 320
Q86　현지법인의 결산의 특징은 무엇입니까? ···························· 323
Q87　현지법인의 회계처리 기준에는 무엇이 있습니까? ···················· 326
Q88　수익의 인식기준이란 무엇입니까? ································· 332
Q89　중국의 매출 계상의 실상에 대해 가르쳐 주십시오 ················· 338
Q90　이익처분은 어떻게 이루어집니까? ································· 341
Q91　이익처분에 있어서 세 가지 기금이란 무엇입니까? ··················· 344
Q92　외화표시 거래의 환산은 어떻게 합니까? ···························· 347
Q93　외화표시 재무제표의 환산은 어떻게 합니까? ······················· 350
Q94　리스 회계란 무엇입니까? ········································ 353
Q95　결산서에는 어떤 것들이 있습니까? ································ 356
Q96　대차대조표의 자산을 보는 방법에 대해 가르쳐 주십시오 ··········· 362
Q97　대차대조표의 부채를 보는 방법에 대해 가르쳐 주십시오 ··········· 365
Q98　대차대조표의 자본을 보는 방법에 대해 가르쳐 주십시오 ··········· 368
Q99　손익계산서를 보는 방법에 대해 가르쳐 주십시오 ··················· 373
Q100　현금흐름표를 보는 방법에 대해 가르쳐 주십시오 ···················· 378

**Part**

# ① 현지법인의 설립과 운영


2_ 현지법인의 세금

3_ 기업소득세

4_ 개인소득세

5_ 유통세

6_ 현지법인의 회계

# Q 1

중국에서 **비즈니스**를 하려면
어떤 **형태**가 있습니까?

과거에는 합자기업의 설립이 비교적 많았지만 최근에는 100% 외
자(독자)기업의 설립이 많아졌습니다.


## 합자의 장점과 단점

지금까지의 주된 진출 패턴은 우선 중국기업과 **기술이전계약을 체결하
고 중국기업의 기술력이 향상되어 신뢰관계가 형성된 단계에서 중국기업
과 합자회사를 설립**하는 것이었습니다. 이러한 합자회사 설립이 많았던
이유는 중국시장을 알지 못하는 단계에서 국내 판매망을 확보하고 있는
중국기업과 합자를 하는 것이 매우 유리했기 때문입니다.

그러나 합자회사에서는 경영의 주도권을 둘러싸고 트러블이 발생하
기도 하고, 중국측과 외자측의 이해관계가 대립하는 경우도 많았습니다.

합자회사는 기본적으로 어느 한 쪽이 경영을 책임지지 않으면 순조롭게 운영되지 않는 것이 사실입니다.

점차 중국의 국내판매에 있어서도 이전과 같은 폐쇄성이 사라지고 있는 중입니다. 그래서 **최근에는 100% 외자기업(독자기업)의 설립이 증가하고 있습니다.** 대기업의 중국사업 확장에 따라 동일지역에 진출하는 협력업체들의 경우는 국내판매 루트가 자국 기업으로 대개 고정되어 있기 때문에 독자기업으로 설립하는 것이 일반적입니다.

## 현지법인의 설립

중국에서는 이러한 현지법인을 외상투자기업이라고 하고, 외자의 출자비율이 25% 이상일 때 외상투자기업으로서 각종 우대정책을 누릴 수 있습니다.

합자기업은 출자비율에 비례해서 이익배당이 이루어지지만, 합작기업은 이익의 배당도 출자비율과 관계없이 자유롭게 결정할 수 있습니다. 합작기업은 출자 이외의 방법에 따른 합작조건의 제공, 예를 들면 토지라든가 기술, 노하우 등의 제공이 출자와는 별개의 방법으로 이루어질 수 있습니다. 합작계약은 상당히 자유로운 것이 장점이지만 외국계 기업에게는 익숙하지 않은 점도 있기 때문에 합작기업을 설립하는 케이스는 많지 않은 듯 합니다.

독자기업은 문자 그대로 외자 100% 출자기업으로 가장 자유롭게 경영할 수 있기 때문에 최근의 현지법인은 독자기업의 설립이 주종을 이루고 있습니다.

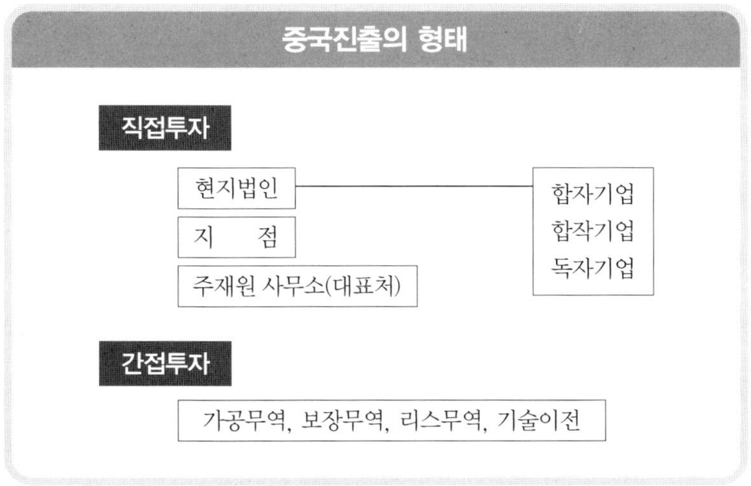


## 그 밖의 진출 형태

처음으로 중국에 진출하는 경우에는 영업활동을 하지 않는 주재원 사무소를 설립하여 정보수집을 하는 경우도 있습니다. 외국기업의 지점 설립은 항공회사, 보험회사, 회계 사무소, 법률사무소 등으로 한정되어 있고, 일반적인 외국기업은 원칙적으로 지점을 설립하는 것이 인정되지 않습니다. 사업소는 중국 국내의 법인과 건설도급계약, 경영관리계약 등을 체결하는 것에 의해 영업등기가 됩니다. 하지만 일반적으로는 사업소의 설립이 인정되지 않습니다.

위탁가공은 외국기업이 원자재를 중국 국내의 기업에 무상 또는 유상으로 공급하고, 지정한 제품으로 가공하여 인수하는 계약입니다. 위탁가공은 생산설비와 공급한 원자재, 부품 등에 대해 관세 등의 세금이 부과되지 않기 때문에 중국기업 뿐만 아니라 외자기업도 위탁가공을 하고 있고, 중국의 수출진흥에 커다란 기여를 하고 있습니다.

# Q 2

## 회사 설립의 **인가(비준)** 수속에 대해서 가르쳐 주십시오

국가 장려 프로젝트는 원칙적으로 지방정부가 인가하고, 제한·허가 프로젝트는 미화 3,000만 달러 이상인 경우에 중앙정부가 인가합니다. 합자기업과 독자기업은 인가 신청수속이 다릅니다.

### 인가권한

상무부(지방의 경우는 상무국 또는 대외경제무역위원회)는 외국 투자 프로젝트의 관할 당국인데, 이곳이 발표하고 있는 '외국투자방향지도규정'과 '외국투자산업지도목록'에는 외국 투자 프로젝트를 **장려, 제한, 허가, 금지의** 네 가지로 분류하고 있습니다. 중국에 회사를 설립할 때에는 우선, 먼저 그 프로젝트가 네 가지 중 어디에 해당하는가를 구체적으로 '외국투자산업지도목록'에서 찾아서 확인할 필요가 있습니다.

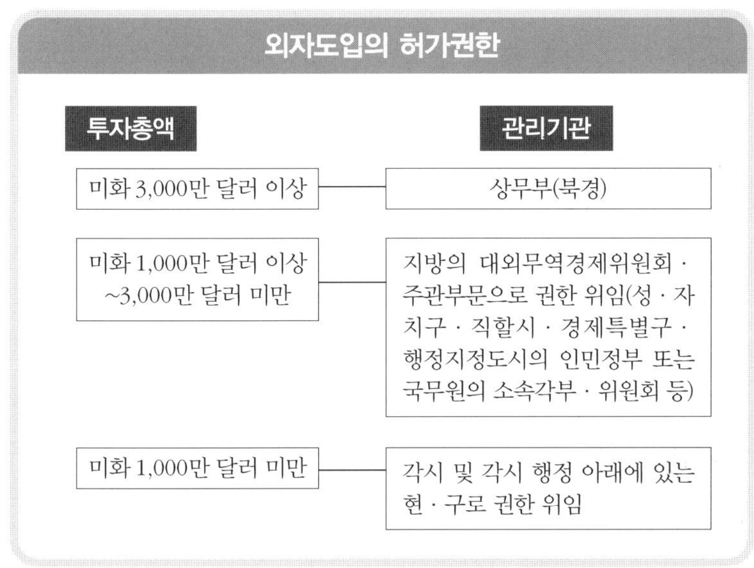


장려 프로젝트로 원자재, 에너지, 교통운수, 수출할당 등 전국적인 종합 밸런스를 조정할 필요가 없는 것은 성 · 자치구 · 직할시 · 성급의 예산권을 가진 행정지정도시 등의 지방정부가 인가권한을 갖고 있습니다. 그 밖의 프로젝트는 투자총액이 **미화 3,000만 달러 이상이면 중앙정부가 인가하고, 미화 3,000만 달러 미만이면 지방정부가 인가**합니다.

## 합자기업의 인가수속

합자기업을 설립할 경우에는 중국측 파트너와 공동으로 인가기관에 다음의 표와 같은 신청서와 관련 첨부서류를 제출합니다. 인가기관은 신청서류를 접수한 날로부터 3개월 이내에 인가 여부를 결정합니다.

합자 신청자는 인가증서(비준증서)를 수령한 날로부터 1개월 이내에 공상행정관리국에서 등기수속을 하고 '중화인민공화국 기업법인등기

## 회사설립 신청에 필요한 서류

### 직접투자

- 합자기업 설립신청서
- 공동으로 작성한 가행성연구보고서(Feasibility Study)
- 수권대표자가 서명한 합자기업의 협의서, 계약서, 정관
- 합자기업의 동사장, 부동사장, 동사의 명부
- 인가기관이 규정하는 그 밖의 자료

### 독자기업

- 독자기업 설립신청서류
- 가행성연구보고서(Feasibility Study)
- 독자기업 정관
- 독자기업 법정 대표자(또는 동사회 구성원) 명부
- 외국출자자의 법률증명서류와 자본 신용 증명서류
- 독자기업 소재 예정 현급 이상 지방정부의 서면회답서
- 수입이 필요한 물자명세서
- 기타 보고가 필요한 서류

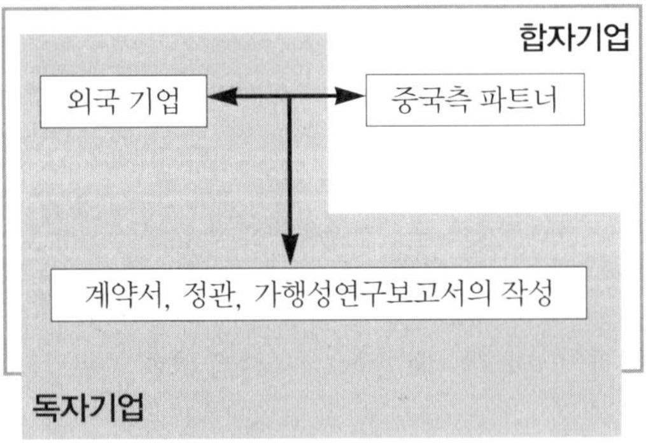

## 회사설립 인가부터 개업까지의 흐름

신고 정부기관 등            수속 개요

대외경제무역위원회 등 ———————— 현지법인의 설립인가

↓           ↓

공상행정관리국 ———————————— 회사등기

↓           ↓

세무국 ——————————————— 세무등기증의 취득

↓           ↓

외환관리국 ———————————— 외환등기와 외채등기

↓           ↓

은 행 ————————————— 은행계좌의 개설
자본금 납입
제1회 동사회 개최
건설준비 사무소의 개설
정식 개업

(주) 위의 흐름은 상황에 따라 다소 변할 수 있습니다.

표'와 영업허가증에 해당하는 '영업집조'를 교부받습니다.

## 독자기업의 인가수속

독자기업을 설립할 때에는 기업설립 신청 전에 기업 소재 예정지의 현급 이상의 지방정부에 보고서를 제출하고, 현급 이상의 지방정부는 보고서 제출일로부터 30일 이내에 서면으로 기업설립관계의 회답서류를 교부합니다.

**보고서류의 내용**은 독자기업의 설립취지, 경영범위와 규모, 생산제품, 사용할 기술설비, 용지면적과 요구내용, 필요한 용수, 전기, 석탄, 가스 또는 기타 에너지의 조건과 수량, 공공시설에 대한 요구내용 등이 있습니다.

독자기업의 **설립신청**에는 앞의 표와 같은 신청서와 관련 첨부 서류를 현급 이상의 지방정부의 인가기관에 제출합니다. 또한 2개사 이상이 외자기업을 공동설립 할 경우에는 공동투자자가 체결한 계약서 사본을 인가기관에 제출해야만 합니다.

인가기관은 외자기업 설립신청서류를 수령한 날로부터 90일 이내에 인가 여부를 결정합니다. 외국투자자는 **인가증서(비준증서)**를 수령한 날로부터 30일 이내에 **공상행정관리국에서 등기수속**을 하고, '중화인민공화국 기업법인등기표'와 '영업집조'를 교부받습니다.

인가증서를 수령한 날로부터 30일 이내에 등기수속을 신청하지 않는 경우는 외자기업의 인가증서는 자동적으로 실효하게 됩니다.

## 현지법인의 **자본금 출자**에 **규제**가 있습니까?

최저자본금은 중국기업과 같이 규제합니다. 자본금의 출자는 투자총액에 비례합니다. 납입기한에 대해서도 규제가 있습니다.

### 최저자본금제도

중국기업(내자기업이라고 하며 중국자본만의 회사)에는 다음과 같은 최저자본금의 규정이 있습니다. 외상투자기업에는 자본금의 규정은 없지만, 외상투자기업도 중국기업의 최저자본금 규제를 참조하는 것으로 되어 있습니다.

- 제조업은 30만 위엔 이상
- 도매업은 50만 위엔 이상
- 소매업은 30만 위엔 이상

- 컨설팅업은 10만 위엔 이상

- 기타 업종은 3만 위엔 이상

하지만 실무상으로는 외상투자기업에 대해서 지역에 따라 차이는 있지만 이것보다 훨씬 높은 최저 자본금이 요구되고 있습니다.


## 자본금 출자비율의 규제

외상투자기업에는, 그 밖에도 다음의 표와 같은 회사 설립 시의 **투자총액에 대한 자본금 비율에 따른 최저 출자비율**이 정해져 있습니다.

투자총액이란 회사 설립 시의 고정자산 투자와 운전자금의 합계이고, 구체적으로는 개업시의 대차대조표의 유동운전자금, 고정자산, 창업비의 자산 합계이고, 자금조달로서는 차입금과 자본금의 합계가 됩니다. 투자총액과 출자금의 비율은, 투자총액이 크면 클수록 자본금 출자 비율이 작아지게 됩니다.

### 투자총액과 자본금의 출자비율

| 투자총액(미화 만 달러) | 300이하 | 300~1,000 | 1,000~3,000 | 3,000 초과 |
| --- | --- | --- | --- | --- |
| 자본금 | 70%이상 | 50%이상 | 40%이상 | 1/3이상 |

### 자본금의 납입기한

| 등록 자본금(미화 만 달러) | 50이하 | 50~100 | 100~300 | 300~1,000 | 1,000초과 |
| --- | --- | --- | --- | --- | --- |
| 영업집조 발행일로부터 | 1년이내 전액 | 1년반이내 전액 | 2년이내 전액 | 3년이내 전액 | 3년이내 전액 |


## 현물출자의 규제

자본금의 출자에는 현금에 의한 출자 외에 건물, 기계설비, 공업소유권, 노하우, 토지사용권 등을 출자하는 것도 가능합니다.

독자기업은 **공업소유권과 노하우를 출자하는 경우에 그 평가가격은 등록자본금의 20%를 초과할 수 없습니다.** 외국투자자가 기계설비, 공업소유권, 노하우를 현물출자하는 경우에는 독자기업의 설립신청서 또는 합자계약의 부속문서로서 인가기관의 인가를 받아야 합니다.

공업소유권과 노하우의 출자는 소유권증서를 복사하여 유효상황 및 그 기술성능, 실용가치, 평가의 계산근거와 기준 등을 외자기업 설립신청서 또는 합자계약서의 부속문서로 하지 않으면 안 됩니다.

## 출자 납입기한의 규제

**자본금의 납입기한**은 위의 표와 같이 등록자본금액에 따라서 납입기한이 정해져 있습니다. 그 밖에 **자본금을 분할납입하는 경우**에 대해서는 별도로 규정되어 있습니다. 최후의 납입은 영업집조 발행일로부터 3년 이내에 납입이 완료되어야 합니다.

제1회째의 납입은 출자액의 15%를 영업집조 발행일로부터 90일 이내에 납입해야만 합니다. 자본금 출자액이 납입된 후에 **중국의 공인회계사로부터 출자검증을 받아서 출자검증보고서(험자보고서)를 수령하여 인가기관, 공상행정관리국에 제출해야만 합니다.**

# Q 4

중국에서 **회사**를
**인수**하는 것이 **가능**합니까?

지금까지는 새로 회사를 설립하는 것이 대부분이었으나, 앞으로
는 시간의 절약을 위해 외상투자기업의 인수 또는 중국기업의 인
수도 늘어날 가능성이 있습니다.

## 중국기업 인수의 가능성

중국은 **국유기업 개혁**을 진행하고 있습니다. 국유기업의 재산을 조사
해서 회사로서의 자산과 부채를 확정한 후, 회사의 본래 사업과 그다지
관계없는 부문과 비수익성 사업부문을 독립시켜서 개인기업 또는 별도
의 회사로 분리시킴으로서 기업의 재편을 단행하고 자본금을 확정하여
유한회사로서 재출발시키고 있습니다.

이러한 국유기업 개혁 중에 국가에 있어서 중요한 전략적 회사는 국유

독자기업으로 남겨 놓고 일부의 중요한 회사는 국내 증권시장 또는 해외 증권시장에 상장시키고 있습니다. 또 비공개기업이라도 주식회사로 조직 변경시키고 기업집단을 만들어 자금조달의 루트를 확대하고 있습니다.

지금까지 외자가 인수할 수 있는 기업은 소규모인 국유기업이거나 향진기업 뿐이었습니다만 **국유기업 중에서 국가 전략상 중요하지 않은 국유기업은 앞으로 외자에 매각시키는 기업이 나올 수 있습니다.**

한편, 인수하는 쪽에서 본다면 종래에는 중국기업의 불투명한 회사조직, 채무의 전부가 파악되지 않는 상황, 비수익성 사업 부문이나 본래 사업과 관계없는 부속부문의 존재, 경영에 필요하지 않은 과다고용 등의 문제가 산적해 있었으므로 중국의 기업을 인수하려는 움직임은 별로 없었습니다.

이러한 문제가 해결되어 간다면 인수할 가치가 있는 국유기업이 나올 수 있을 것으로 생각합니다.


## 외상투자기업의 인수

현 시점에서 현지법인을 인수하려고 한다면, 외상투자기업의 인수가 현실적입니다. 같은 외자계 회사간의 매매이므로 위에 열거한 중국기업의 인수와 같은 곤란함은 별로 없습니다. 일반적인 예는 **결손이 누적되어 사업자금이 계속 이어지지 않는 합자회사의 외국측 출자자가 사업을 철수하게 되어 그 지분의 전부를 다른 외자계 기업에 매각**하는 사례입니다.

**매각하는 입장**에서는 기업의 해산에 의한 종업원의 실업문제를 회피할 수 있고 회사도 존속하는 명예로운 철수에 해당하기 때문에 해산보다 지분의 양도 쪽이 선호되고 있습니다. **인수하는 입장**에서는 보다 적은 자금으로 사업을 시작할 수 있는 장점이 있습니다.

외상투자기업의 매각은 이러한 경우 이외에도 중국에서 다수의 회사를 설립한 대기업이 현지회사를 재편성하는 케이스도 있습니다. 외상투자기업을 외자계 기업간에 매매하는 경우에는 인수하기 전에 그 기업에 대한 철저한 실사(Due Diligence)가 이루어집니다. 외국인 변호사와 회계사의 지도 아래 인수대상기업의 법무, 재무, 사업상의 문제점이 사전에 명확하게 밝혀지고, 인수가격도 합리적으로 평가됩니다.

지금까지는 현지법인을 신규 설립하여 중국에 진출하는 케이스가 대부분이었으나, **이제부터는 현지기업의 인수에 의한 신속한 진출도 증가할 것이라고** 생각됩니다.

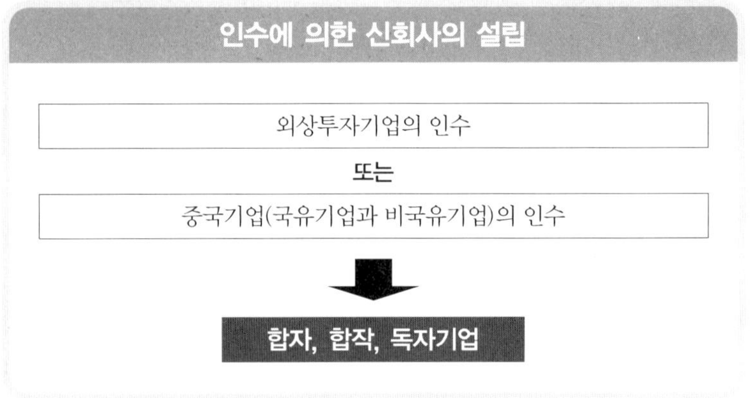


## 기업조직 재편의 방법

중국의 현행법규에서는 기업조직의 재편에 따른 **합병, 지분재편, 자산양도**가 규정되어 있습니다. 이 중에서 구체적인 법규가 존재하는 것은 합병, 회사분할, 지분재편입니다. 여기서 지분재편이라고 하는 것은 출자금액의 변경, 출자비율의 변경을 초래하는 거래이고, 출자지분의 양도, 증자 외에 출자비율이 변동하는 거래도 포함됩니다.

# 생산설비는 어떤 방법으로 들여올 수 있습니까?

현지법인에 대한 현물출자, 현금출자에 의한 구입계약, 리스, 가공 무역 등이 있고 각각 유리한 점과 불리한 점이 있습니다.

## 현물출자

중국에서 회사를 설립하여 외국으로부터 생산설비를 수입하는 경우, 어떤 방법이 좋은가 하는 문제가 있습니다. 합자회사의 설립이 성행하던 시기에는 외국에서 중국 현지법인으로 기계설비를 반입할 때 새로운 회사에 대한 현물출자 방법이 비교적 많았습니다. 이러한 방법은 자금 부담이 경감되고 중고자산도 활용할 수 있는 점이 있어서 좋았지만 **현물출자 자산의 평가**에 문제가 있고 또한 현재에는 일부 중고 기계설비에 대해서는 규제가 이루어지고 있습니다.

이전에는 중국으로의 수입통관시 평가기구에 의한 자산감정평가를 강제로 시행하여, 자산의 감정평가액이 합자계약보다도 낮게 평가되는 경우 실제의 현물출자액이 예정 자본금 출자액에 달하지 않게 되어 추가 출자를 강요당하는 문제가 빈발하였습니다.

현재는 외자측에 대해서만 이러한 재산 감정평가를 하는 것은 문제가 있다고 하여 제도적으로는 평가기구에 의한 평가는 강제시행되지 않고 있지만 여전히 **세관(해관) 상품검사국에 의한 평가보고서를 받지 않으면 안됩니다.**

또한 중국의 세관에 의해 인정받은 외국의 평가기관이 세관 상품검사국의 평가를 대신하여 평가할 수 있도록 되었습니다.


## 현금출자

현물출자 대신에 신설 회사가 기계설비를 일괄 구입하는 계약을 체결하는 방법도 있습니다. 이 방법은 모회사가 현지법인에 자본금을 일단 납입하고, 현지법인이 현금으로 외국으로부터 수입설비를 구입하는 방법입니다. 현물출자와 비교하여 자금을 일단 중국의 신설회사에 납입하고 그 자금을 수입설비대금으로 다시 외국에 지급하는 절차가 성가시고 자금의 부담도 있습니다.

또한, 중국에서는 외자측의 자본금 납입에 대해서 **공인회계사에 의한 자본금출자검사를 받아 자본금출자검증 보고서(험자보고서)를 제출하도록 엄격하게 규제하고 있습니다.** 공인회계사는 합자계약, 정관, 은행의 납입 서류 등을 규정에 따라 엄격하게 점검합니다.

이렇게 자본금 납입의 점검을 엄격하게 하는 이유는 중국 국내에서 마땅히 납입되어야만 하는 자본금이 규정대로 납입되지 않은 채 경영되고

있는 회사가 많기 때문입니다. 현물출자는 이러한 자본금 납입검사에서
자주 문제가 발생하기 때문에 비교적 증명이 용이한 현금에 의한 자본금
납입 방법을 택하는 경우가 있습니다.

| 생산설비의 도입 방법의 특징 | |
| --- | --- |
| 현물출자 | 세관 상품검사국에 의한 평가보고서 |
| 현금출자 | 자금부담의 문제 |
| 리스 | 투자총액 내의 수입설비 면세적용의 문제 |
| 가공무역 등 | 무가격 이전에 의한 면세조치 |

## 리스

생산설비의 반입에는 위의 방법 외에 리스에 의한 방법도 있습니다.
즉, 수입 기계설비의 소유권이 현지법인으로 이전되는 형태의 파이낸스
리스계약을 체결하여 외국으로부터 현지법인에게 리스를 하는 경우도
있습니다.

현물출자, 현금출사에 의한 구입계약과 같이 수입설비의 면세적용을
받기 위해서는 파이낸스리스계약의 리스요금 총액이 투자총액의 범위
내여야 합니다.


## 가공무역

무상의 원자재, 부품을 현지법인에게 공급하여 가공완성품을 인수하

는 위탁가공(來料加工) 또는 유상의 원자재, 부품을 현지법인에게 공급하여 가공완성품을 인수하는 수입가공(進料加工), 그렇지 않으면 보상무역과 같은 가공무역을 현지법인과 함으로써 기계설비를 중국으로 수입하는 방법이 있습니다. 이러한 가공무역의 경우 수입하는 기계설비는 무가격으로 이전할 수 있어서 관세와 수입 증치세는 면세됩니다.

# Q 6

## 회사 설립 시 설비투자의 유의점은 무엇입니까?

수입하는 기계설비는 관세와 수입단계의 증치세가 면세되는 것,
회사 설립 후의 우대조치 적용에는 조건이 있는 것에 유의해야
합니다.

### 수입설비의 면세규정

현지법인의 설비투자에서 수입설비의 관세와 증치세의 면세조치는
면제되는 세금부담 (수입관세율 + 증치세 17%)을 고려하면 상당히 유리
한 혜택입니다.

아래의 표와 같이 수입설비의 면세규정에는 7종류의 면세조치가 있습
니다.

①의 면세규정은 **'외국투자산업 지도목록'** 의 장려항목에 적합하고 기술

을 **양도하는 외국투자 프로젝트**입니다.

이러한 프로젝트의 경우 투자총액의 범위 내에서 수입하는 자기사용 설비이면서, '외국투자 프로젝트 면세 불허가 수입상품 목록' 에 기재되어 있는 상품이 아니면 관세와 수입단계의 증치세가 면제됩니다.

②는, **이미 설립되어 있는 장려항목의 외상투자기업, 외국투자 연구개발 센터, 선진기술형 외상투자기업 및 수출형 외상투자기업의 기술개조**에 대한 내용입니다. 이 경우 원래부터 인가받고 있던 생산경영 범위 내에서 수입한, 국내에서 생산이 불가능하거나 또는 성능이 요구수준을 만족시키지 못하는 자기사용 설비 및 그것과 일체가 되는 기술, 부품, 비품은 수입관세와 수입단계의 세금이 면제됩니다.

③은, **외국투자자가 설립한 연구개발센터에서 투자총액의 범위 내에서 수입하는** 국내에서 생산이 불가능하거나 또는 성능이 요구수준을 만족시키지 못하는 자기사용 설비 및 그것과 일체가 되는 기술, 부품, 비품은 수입관세와 수입단계의 세금이 면제됩니다.

④는, **중서부의 성, 자치구, 직할시의 '외자우세산업 및 우세항목 목록' 의 항목에 적합**하고, 투자총액 내에서 수입하는 국내에서 생산이 불가능하거나 성능이 요구수준을 만족시키지 못하는 자기사용 설비 및 그것과 일체가 되는 기술, 부품, 비품은 수입관세와 수입단계의 세금이 면제됩니다.

⑤는, 가공무역으로 외국기업이 제공하는 무가격의 수입설비는 '외국투자 프로젝트 면세 불허가 수입상품 목록' 에 기재되어 있는 상품을 제외하고는 관세와 수입단계의 증치세가 면제됩니다. 위탁가공(來料加工)과 수입가공(進料加工) 계약에 의한 수입설비는 면세됩니다.

⑥은, 외국정부 차관 및 국제 금융조직 차관의 프로젝트로 수입하는 자기사용 설비이며 '외국투자 프로젝트 면세불허가 수입상품 목록' 에

기재되어 있는 상품을 제외하고는 관세와 수입단계의 증치세가 면제됩니다.

⑦은, IT관련 기업이 수입하는 **자가사용 설비 등, 집적회로 생산기업이 수입하는 집적회로 기술과 생산설비 일체, 일반 외상투자기업과 외국기업이 수입하는 '국가 하이테크 제품목록'** 의 제품을 생산하기 위한 자사용설비 등에 대해서 수입 시의 관세와 증치세가 면세됩니다.

## 수입설비의 면세조치

① 장려분류항목의 외국투자 프로젝트
② 기존 설비 개량 프로젝트
③ 외국투자 연구개발 프로젝트
④ 중서부 프로젝트
⑤ 가공무역 프로젝트
⑥ 외국정부 차관 프로젝트
⑦ IT 관련 프로젝트

## 장려항목의 면세규정

앞에서 말한 ①의 장려항목에 속하는 것 중에서 제품을 전액 직접 수출함에 따라 허가 항목에서 장려항복이 되어 있는 프로젝트의 생산설비에 대해서는 설비를 수입할 때 일단 관세와 증치세를 전액 납세하고 그 후 5년간에 걸쳐서 20%씩 납부한 세금이 환급되는 **선납부 후환급 방식**이 적용됩니다.

매년 직접 수출 상황을 검사하여 직접 수출이 사실이면 세금이 환급되지만, 사실이 아닐 경우에는 환급한 세금을 추징하여 처벌한다고 규정되어 있습니다.

# Q 7

## 회사 설립 후의 **추가투자**에서 **유의**해야 할 것은 무엇입니까?

추가투자에 따른 수입설비가 있는 경우에는 관세 등의 면세를 고려해야 할 필요가 있고, 대형의 추가투자에 대해서는 일정기간 감면세의 적용이 있습니다.

### 수입설비의 면세

설비투자의 장려규정으로는 투자총액의 범위 내에서 수입한 설비는 수입관세와 증치세가 면제됩니다. 투자총액의 범위 내라고 하는 조건이 충족되지 않으면 면세의 혜택을 누릴 수 없습니다.

회사 설립시에는 가행성 연구보고서(Feasibility Study) 안에 처음부터 수입설비의 투자가 예정되어 있기 때문에, 투자총액의 범위 내에 포함해 두는 것이 충분히 가능합니다. 그러나 회사 설립 후, 해가 지남에 따라 공장을 확대 또는 증설하는 경우에는 회사 설립 시의 투자총액은 이미 투자가 끝나 있습니다. 그대로는 투자총액의 범위 내에서 수입설비의 면세를 신청하는 것은 불가능합니다.

따라서 **회사 설립 후, 공장확대에 있어서 새롭게 수입하는 설비의 투자금액을 포함한 투자총액으로 증액 변경하지 않으면 안됩니다.**

면세 등의 적용을 받기 위해서 투자총액에 대한 증액이 필요하게 되고, 투자총액을 증액 변경하는 경우에는 투자총액과 자본금의 출자비율 규정이 여기에도 적용되어 증액한 투자총액의 일정비율의 자본금 증자가 요구됩니다. 즉, 설비투자의 면세 등의 적용을 받기 위해서 **증자가 요구**되는 결과가 됩니다.

이 투자총액 범위 내에 있어서 면세 등의 장려조치는 환영해야 할 만한 조치이지만, 투자총액에 대한 자본금의 출자비율 규정을 회사 설립 시 이외에도 적용하는 것에는 약간의 무리가 있는 것 같습니다. 왜냐하면, 회사 설립 후에 이익유보를 충분히 행하고 있는 현지법인이라면 추가 설비투자는 충분히 자기 자본으로 조달할 수 있기 때문에 추가출자가 강제되는 경제적 합리성은 별로 없습니다.

## 대형 추가투자

다음으로 이러한 설비투자와 관련해서, 2免3減(2년간 면세, 3년간 절반 감세)과 같은 일정기간 감면세 장려조치의 적용을 어떻게 하는가 하는 문제가 있습니다. 회사 설립 시의 초기투자에 의해 생산경영이 개시되어 이익이 계상되는 경우에는 2免3減의 일정기간 감면세가 적용되나, 그 후에 대규모 추가투자가 이루어진 경우 이미 회사로서는 2免3減의 적용이 진행중이거나 또는 종료되었다면 **추가투자와 관련된 사업이익에 대**

해서 2免3減의 적용은 안됩니다.

이 때문에 종래에 외상투자기업이 처음부터 제1기 공사, 제2기 공사 등의 단계적인 공장 건설을 하는 것이 확실한 경우와 생산경영기간이 시기적으로 어긋나 있는 두 가지 이상의 사업투자를 하는 것이 예정되어 있는 경우에는 **인가단계에서 단계적인 건설, 사업 경영의 인가를 받아서 각각의 사업에 대해 2免3減의 적용신청을 할 수 있다**고 규정되어 있습니다.

단, 단계적인 공장건설 또는 사업경영에 대한 각각의 투자액, 원가비용,

**일정기간 감면세를 인정하는 우대조치**

**추가투자에 의한 수입설비 면세**

투자총액에 대한 자본금의 출자비율에 따른 증자의 필요성

**대형 추가투자의 일정기간 감면세 적용조건**

① 추가투자에 따른 신규증자의 등록 자본금이 미화 6,000만 달러 이상
② 추가투자에 따른 신규증자의 등록 자본금이 미화 1,500만 달러 이상 또한 원 등록자본금의 50% 이상일 것.

수익, 과세소득 등을 명확하게 구분하고, 회사장부도 구분하여 세무당국에 신청, 승인을 받을 필요가 있습니다. 종래부터 있었던 이런 조치에 대해서 2002년 6월에 새롭게 통지가 공포되어 '외국투자산업 지도목록' 의 장려항목의 프로젝트에 종사하는 외상투자기업은 위의 표 ①이나 ②의 어느 조건에 합치되는 경우에 **추가투자 프로젝트로 취득한 소득에 대해서도 2002년 1월 1일부터 일정기간 감면세의 장려조치를 적용하게 되었습니다.**

이렇게 회사 설립의 인가단계가 아니라 그 후의 추가투자에 대해서도 일정기간 감면세를 허가하는 우대조치가 인정되고 있습니다.

# 회사 설립 후의 개업을 위한 수속에는 어떤 것이 있습니까?

현지법인의 설립인가 후에 회사등기, 외환등기, 세관등기, 세무등기, 노동국 신고, 은행계좌 개설, 자본금 납입 등을 합니다.

## 회사등기

인가기관의 **인가증서**를 수령한 후, 공상행정관리국에 법인등기를 합니다. 법인등기가 끝나면 영업집조가 발행됩니다. **영업집조**에 근거하여 인감 전문업자에게 **회사인장**을 제작하게 합니다. 회사가 작성해야만 하는 계약서, 협의서 등에 이 회사인장이 필요하게 됩니다.

## 외환등기와 은행계좌 개설

외환관리국에서 외화등기와 외채등기를 하고 외화결제 계좌, 외화자본금 계좌, 외화차입금 계좌, 대외차입원리금 변제 전용계좌 등의 외화예금 계좌 개설 통지서를 취득합니다. **외화예금 계좌 개설 통지서**를 거래은행에 제시하고 외화예금 계좌를 개설합니다.

## 동사회의 개회

그 후에 제 1회 동사회(주주총회와 이사회를 합친 것 같은 최고의사결정기관)를 개최하여, **정관과 사내규정의 승인, 조직인사의 인선과 승인, 노동계약, 차입계약, 건축계약 등의 중요계약서 체결의 승인, 회계사무소의 선정 등**의 결의를 합니다. 동사회에서 승인한 종업원의 채용 계획을 바탕으로 채용한 종업원과는 개별적으로 노동계약을 체결합니다.

## 세무등기

세관과 세무국에도 등록해야 합니다. 이들 등록에는 인가에 필요하다고 되어 있는 서류의 거의 대부분이 필요합니다. 세관의 등록에는 특히 **수입할 설비 등의 면세 인가를 받기 위한 명세서** 제출이 중요합니다.

세무국에서는 특히 은행으로부터 취득한 은행계좌 번호 증명서의 제출을 요구하고 있으며, 그 후 **세무등기증과 납세자번호 등을** 은행에 보고해야 합니다. 세무국에는 국세를 징수하는 국가세무국과 지방세를 징수하는 지방세무국이 있습니다. 국가세무국에서는 **기업소득세의 세무등기와 증치세의 일반 납세의무자 인정등기**가 필요합니다. 지방세무국에서는 외국인 주재원과 중국인 사원의 **개인소득세 세무등기**가 필요합니다.

**개업수속의 창구**

| 관계당국 | 수속의 내용 |
|---|---|
| 공상행정관리국 | 법인등기와 영업집조 취득 |
| 외환관리국 | 외환등기와 외채등기 외화예금 계좌개설 통지서의 취득 |
| 세관 | 세관등기와 수입설비 면세신청 |
| 국가세무당국 | 기업소득세 세무등기 증치세 일반 납세의무자의 인정등기 |
| 지방세무당국 | 개인소득세 세무등기 |

## 자본금의 납입

또 현지법인에 대한 자본금 납입의 경우 한국과 같이 자본금 납입→회사의 설립등기가 아니라 **회사의 설립등기→ 자본금 납입**의 구조입니다. 중국에서는 자본금이 납입되지 않은 채 배당이 이루어지기도 하고, 극단적인 경우에는 회사가 청산되어 버린 사례가 있습니다.

따라서 자본금의 납입이 계약 또는 정관대로 행해졌는지의 여부를 온갖 기회에 체크하는 제도를 취하고 있습니다. 배당송금의 시점, 조세의 감면세를 신청하는 시점, 기업의 연도검사가 행해지는 시점마다 자본금 납입을 확인합니다.

출자납입의 인식시기는 현금출자의 경우, 현지법인의 은행계좌에 자금이 입금된 시기, 현물출자의 경우는 현지에 설비 등이 도착한 시기 또는 검수 확인된 시기가 자본금이 납입된 시기이고, 그 날짜로 회계장부에 기록됩니다.

# Q 9

## 세무등기를 할 때
## 유의점은 무엇입니까?

영업집조를 취득한 30일 이내에 세무등기를 해야 합니다. 탈세와 자금세탁을 방지하기 위해서 은행계좌 개설이 엄격하게 되어 있기 때문에 은행계좌 개설 전에 세무등기증을 취득할 필요가 있습니다.

### 외상투자기업 세무등기표의 기재사항

기업명칭, 기업주소, 투자자 명칭, 동사장, 부동사장, 총경리, 부총경리, 투자총액, 등록자본금, 출자비율, 경영기한, 개업일, 종업원 총수, 외국국적 인원수, 계약인가기관의 명칭, 인가번호, 인가일, 공상등기기관의 명칭, 등기번호, 등기일, 경영범위, 그 밖에 신축건물과 확장건물의 면적, 용도, 원가, 완공일 등도 기재하도록 되어 있고, 도시부동산세(건물세)의 과세자료도 제공하도록 되어 있습니다.

## 외상투자기업의 세무등기에 필요한 첨부자료

공상행정관리국이 발행하는 영업집조, 합자 등의 계약서, 정관, 그 인가증서, 가행성연구 보고서, 동사회 명부 등이 있다.

## 세무등기의 수속

공상행정 관리국의 영업집조 취득일로부터 30일 이내에 세무국에 관련서류를 지참하여 세무등기를 합니다. 세무등기 후 30일 이내에 세무국으로부터 세무등기증이 발행됩니다. 기업의 세무등기는 외국기업과 외상투자기업, 외국투자기업의 지점기구의 3종류로 나뉘어 있습니다.

## 은행계좌의 개설

현지법인은 이러한 세무등기증을 지참하고 거래은행에 가서 은행계좌를 개설합니다. 은행계좌 개설 후에 모든 은행계좌 번호를 세무국에 제출해야 한다고 규정되어 있습니다. 탈세와 자금세탁을 방지하기 위해서입니다.

## 주재원 개인의 세무등기

외국인 주재원도 중국 거주자가 된 것이 분명한 경우에는 세무국에 가서 개인소득세의 세무등기를 해야 합니다. 세무등기 시에는 여권을 제시해야 하고, 비자의 종류, 입출국 기록, 주재원 대표증, 외국인 거류증(공안국 발행) 등을 검사합니다.

주재원 사무소의 주재원인 경우는 본인의 급여 증명이 되는 자료 제출을 요구하고, 개인소득세가 본인부담인지 회사부담인지의 증명자료의 제출도 요구합니다. 일반적으로는 본사로부터의 급여증명서 제출을 요구합니다. 경우에 따라서는 급여규정, 해외 부임 규정, 본국의 급여 명세서의 제출까지 요구받는 케이스도 있습니다.

### 세무등기가 필요한 기업

| 외국기업 | 외국기업으로서 중국 국내에 기구와 장소를 갖고 있고, 지점, 경영관리, 건설도급, 설치, 조립, 탐사 등의 사무소 등을 갖고 있는 외국기업 등 |
| --- | --- |
| 외상투자기업 | 합자기업, 합작기업, 독자기업 |
| 외상투자기업의 지점기구 | 외상투자기업의 지점기구 |

## 세무등기의 유의점

현지법인을 설립하면 사원 급여의 개인소득세 원천징수의무가 발생합니다. 따라서 현지법인은 원천징수의무자가 되기도 하므로, 원천징수의무자가 발생한 날로부터 30일 이내에 소재지의 세무국에 원천징수 세액등기를 하여 **원천징수 세액등기증서**를 수령하지 않으면 안됩니다. 단 세무등기증에 원천징수 세액등기 사항을 기재하여 원천징수 등기를 종료할 수도 있습니다.

현지법인은 은행예금 계좌를 하고 나서 15일 이내에 **세무국에 그 모든 예금계좌 번호를 서면으로 보고**해야 합니다. 그 변경이 있는 경우에는 변경일로부터 15일 이내에 세무국에 서면으로 보고해야 합니다.

# Q 10

## 외화예금 계좌에는
### 어떠한 것이 있습니까?

외화예금 계좌는 기본계좌와 전용계좌로 나뉘어져 있습니다. 기본계좌는 '경상거래 외화계좌'로서 경상항목의 수입과 지출 및 외화관리국의 승인을 얻은 일부의 자금항목에 사용하고, '외화전용 계좌'는 기본적으로 자본항목거래를 위해 사용합니다.

### 외화예금 계좌

외상투자기업은 경상항목 거래를 위해 외화결제 계좌(기본계좌)와 자본항목 거래를 위한 외화전용 계좌를 가질 수 있습니다.

**경상항목 외화계좌**는 경상항목의 외화수지와 외환관리국에서 인가를 받은 일부 자본항목의 외화지출을 처리합니다. **외화전용 계좌**에는 외화자본금 계좌, 외채 계좌 (국외차입의 외화차입금 계좌), 외화표시차입금

계좌(중국 금융기관으로부터의 외화표시차입금 계좌), 원리금 변제전용 계좌 외에 회사 설립 전에 토지사용권의 보증금을 지불하기 위한 토지사용권 보증금계좌와 회사 설립 인가부터 자본금 납입까지 납입이 필요한 자금을 위한 임시자본금계좌도 있습니다. 이들 임시계좌의 자금은 후일에 외화자본금 계좌로 대체할 수 있습니다.

외화자본금 계좌의 사용은, 외화 수입에 대해서는 출자자의 외화 현금 출자로 한정되고, 지출은 자본금의 지출로서 경상지출 항목과 외환관리국이 인정한 자본지출 항목으로 한정됩니다.

## 외화전용 계좌의 개설 수속

외상투자기업은 외환관리국에 외환등기를 하고 계좌개설 통지서를 입수하여 그것을 계좌개설 은행에 제시해서 외화자본금 계좌를 개설합니다. 외화관리국으로부터 교부받은 외채 등기증, 외화표시차입금 등기증, 외채원리금변제전용 계좌개설통지증 등을 계좌개설 은행에 제시하고, 기타 외화전용 계좌를 개설합니다.

## 경상항목 외화계좌의 개설수속

경상거래 외화계좌 개설시에 외환관리국에 제출하는 서류는 다음과 같습니다.

① 경상거래 외화계좌의 개설신청서

② 영업집조 등의 유효한 증명서의 원본과 사본

③ 외환등기증 등

④ 조직기구의 대표번호증 원본과 사본

⑤ 외환관리국이 요구하는 기타 자료

외환관리국은 위와 같은 서류를 심사한 후에 경상거래 외화계좌의 개설허가증을 발행합니다. 현지법인은 계좌개설 허가증을 외국환 지정은행 등에 지참하여 경상거래 외화계좌를 개설합니다. 외국환 지정은행은 계좌를 개설한 후에 등기증 및 계좌개설 허가증에 구좌번호, 화폐종류, 계좌개설일, 한도액 등을 기재하여 계좌개설 허가증을 외환관리국에 보고합니다.

### 외화예금 계좌

① 외화결제 계좌 – 경상항목, 일부 자본항목
② 외화전용 계좌 – 자본항목(자본금, 차입금, 차입금변제)

## 경상항목 외화계좌 잔고의 제한

경상거래 외화계좌의 한도액은 전년도의 경상거래 외화계좌의 20%로 사정하여 결정하는 것으로 되어 있습니다. 전년도에 경상거래 외화수입이 없었던 경우에는 외환관리국이 사정하는 것으로 되어 있는데 미화 10만 달러를 한도로 합니다.

외화계좌 잔고액은 미화로 사정되어 개설허가증에 그 금액이 기재됩니다. 현지법인은 외화수입이 한도액 이내인 경우에 경상거래 외화계좌에 입금하는 것이 가능하고 한도액을 초과하는 외화수입은 매각하지 않으면 안됩니다.

## 정기예금으로의 이체

현지법인은 원칙적으로 경상항목 외화계좌의 외화예금을 정기예금으로 이체할 수 없으나, 부득이하게 필요한 경우에는 신청서, 외환등기증, 계좌개설 허가증, 예금잔액 등을 외환관리국에 지참하고 신청합니다.

# 현지법인으로부터 해외로의 송금에 문제는 없습니까?

경상항목의 무역거래는 원칙적으로 문제는 없지만 경상항목의 비무역거래(용역거래)와 자본항목에 대해서는 엄격하게 외환관리를 하고 있기 때문에 관련증빙 서류 제출과 별개의 인가가 필요합니다.

## 경상항목과 자본항목

외환관리법 상에서는 외화거래는 '경상항목'과 '자본항목'으로 나뉘어져 있습니다. 경상항목에는 경상적으로 발생하는 무역거래, 용역거래 등이 있습니다. 자본항목은 자본의 수출과 수입에 의해 발생하는 자산과 부채의 증감거래이고 직접투자, 대여, 증권투자 등이 있습니다. 외국의 모회사로부터 자본금 출자 및 자금의 대여는 자본항목이 되지만, 배당금이나 이자의 지급은 경상항목이 됩니다.

## 외환관리

경상항목 거래 중에서 무역거래는 필요한 서류만 정리하면 외국환 지정은행에서 외화교환이 가능합니다. 경상항목의 비무역거래와 자본항목 거래에 대해서는 필요한 관련서류의 제출만으로는 외화송금이 되지 않습니다. 특히 **자본항목에 대해서는 수입도 지출도 엄격하게 관리되고 있어, 외환관리국의 인가가 없으면 입출금하는 것도 불가능합니다.**

## 경상항목의 비무역거래와 일부 자본항목

외화의 은닉, 탈세, 자금세탁 등을 단속하기 위해서 99년 경부터 외환관리가 한층 더 엄격하게 되었습니다. 경상항목 중에서도 용역거래와 무형자산의 양도에 대해서는 계약 내용을 조사하게 되어 비정상적인 계약인 경우 외화송금이 허가되지 않는 상황도 발생하였습니다.

2000년이 되면서부터 경상항목 중에서도 비무역거래와 일부의 자본항목에 대해서는 외화송금을 할 때에 중국 국내의 세금이 납세되었는지 여부의 납세증빙 제출도 의무가 되었습니다. 납세증빙의 제출이 의무로 부과된 경상거래는 다음과 같습니다.

① 건설, 설치, 감독, 시공, 운수, 장식, 유지, 보수, 설계, 자문, 감사(監査), 교육 훈련, 대리(代理), 관리, 도급공사 등의 용역을 중국 국내에서 행하는 외국기업에 대한 지불

② 외국기업에 대한 이자, 보증료, 리스요금, 특허권 사용료, 재산양도대금 등의 지불

③ 중국에서 고용된 외국인의 급여 지불

2000년에는 외환관리국이 '비무역항목의 외화 매각 지불 및 국내거

주 개인의 외화수지 관리조작 규정'을 공포하고 그 후 상해, 광주 등의 지방정부의 외환관리국이 그 보충규정을 공포하였습니다.

예를 들면, 상해의 보충규정에서는 외국인 주재원의 외화지불 급여에 대해서는 외국투자기업 또는 주재원 사무소가 소유하는 외화계좌의 외화예금을 그 외국인 주재원의 외화급여, 수당으로 지급하는 것이 인정되고 있지만, 한 번에 미화 1만 달러 이상의 외화현금이 지불되는 경우에는 외환관리국의 인가가 필요합니다.

또 외화수입이 없는 국내기구(외상투자기업, 주재원 사무소 등)는 외국인 주재원의 급여, 수당에 대해서 인민폐로 지불해야 하고, 외화로 교환하여 지불하는 것은 안 된다고 명문화되었습니다.

게다가 외상투자기업의 외국측이 대신 지불한 각종 경비는 당분간 잠정적으로 외화의 지불, 외화 송금의 수속을 하는 것이 불가능하다고 되어 있습니다.

광주의 외환관리국의 통지에서는 중국 국내에서 외화에 의한 결제는 인정되지 않으므로 외상투자기업의 외국국적 직원의 급여를 외화로 지불하는 것은 불가능하다고 규정하였습니다. 이 종류의 규제는 지역에 따라서 실제의 취급이 다른 것 같습니다. 이러한 **급여의 외화지불, 외국 본사가 대신 지불한 비용의 외화송금 등 비무역 거래에 대해서는 앞으로도 외환관리국의 규제에 유의해야 할 필요가 있습니다.**

## 외화송금에 필요한 서류

현지법인이 자주 체결하는 라이센스계약, 상표권사용허가계약, 노하우계약에 대해서 사용료 송금수속에 필요한 서류를 설명하겠습니다.

기술계약에 대해서는 기술수출입관리조례에 따라서 기술은 금지기술, 제한기술, 자유기술의 3가지로 분류 관리되고 있습니다.

제한기술에는 허가제도가 채용되어 있고, 대외경제무역부문이 허가한 것에 대해 기술수입허가증이 발행됩니다. 자유기술에 대해서는 등기제도가 채용되어 동 부문에 의해 기술수입계약 허가증이 발행됩니다.

## (1) 특허권의 사용 허가

① 신청서

② 계약서 또는 협의서

③ 인보이스 또는 지불통지

④ 국가 특허국이 발행한 특허실시허가계약서의 신고서

⑤ 대외경제무역부문이 발행한 기술도입 및 설비수입 계약서 등록유효 허가증 또는 기술수입허가증, 기술수입계약 등기증

⑥ 기술수입계약 데이터표

⑦ 세무증빙

## (2) 상표권의 사용 허가

① 신청서

② 계약서 또는 협의서

③ 인보이스 또는 지불 통지서

④ 국가상표국이 발행한 상표사용허가계약서 신고통지

⑤ 세무증빙

## (3) 노하우의 사용 허가와 양도

① 신청서

② 계약서 또는 협의서

③ 인보이스 또는 지불통지

④ 대외경제무역부문이 발행한 기술도입 및 설비수입계약서 등록 유
　효증서 또는 기술수입허가증 또는 기술수입계약등기증
⑤ 기술수입계약 데이터표
⑥ 세무증빙

## 외화예금 계좌

### 경상항목 외화계좌

| 경상항목 거래 | |
|---|---|
| 수입 | 지출 |
| 수출대금의 입금, 용역제공에 의한 수입, 무형자산의 양도에 의한 수입, 리스수입 개인의 외화수입 등 | 수입대금의 지불, 수수료 지불, 보세구로의 상품대금의 지불, 무형자산의 구입, 차입금 이자의 지불, 배당금의 지불, 외국인 사원의 급여 외화송금, 사업소의 합법적 인민폐 수입의 외화송금, 주재원 사무소의 합법적 자산처분대금의 외화송금 등 |

### 외화전용 계좌

| 자본항목 거래 | |
|---|---|
| 수입 | 지출 |
| 해외투자수입, 외화차입금의 차입, 외화표시 주식의 발행수입, 부동산 판매수입 등 | 대외채무의 원본 지불, 대외담보의 지불, 대외 투자, 외상투자기업의 외화표시 자본금의 증자, 양도, 처분, 정산에 의한 송금, 배당에 의한 재투자, 국내투자회사의 외화 자본금의 증자와 투자 등 |

# Q 12

# 배당금의 송금에 문제는 없습니까?

배당송금은 경상항목 지출이기 때문에 기본적으로는 서류가 갖추어져 있으면 가능합니다. 단, 단일년도의 이익을 배당하는 것은 문제가 없지만, 지난 연도의 미처분 이익을 배당하는 경우에는 약간 복잡한 수속이 됩니다.

## 배당송금의 염려

'중국 현지법인의 배당금은 문제없이 외국으로 송금할 수 있는가' 하는 것은 자주 접하는 질문입니다만, **기본적으로 문제는 없습니다.**

외국환관리상의 배당제한은 지금까지 행해지지 않았었고, 외국환관리법으로는 배당금의 송금은 경상지출 항목이기 때문에 필요한 서류가 있으면 소정의 수속을 함으로써 문제없이 송금할 수 있습니다

## 배당송금의 수속

통상 현지법인의 결산일은 12월 31일이기 때문에 결산일로부터 3개월 이내에 동사회 (주주총회와 이사회를 합친 것과 같은 최고의사결정기관)를 개최하여 연도말의 결산서안의 승인결의를 합니다. 그 후 4월 30일까지 현지법인의 기업소득세 확정신고를 하고, 결산일로부터 5개월 이내 즉, 5월 31일까지 기업소득세의 확정 납부를 합니다.

현지법인이 기업소득세의 납세를 완료한 후, **동사회의 이익처분 결의가 포함되어 있는 동사회 의사록 등의 서류를 외환지정은행에 제출하면** 자사의 외화예금 계좌에서 외화를 송금하든지 또는 외환지정은행에서 인민폐를 외화로 환산하여 송금할 수 있습니다.

## 배당원천세

배당송금할 때의 원천세에 대해서, 중국에서는 현지법인 즉, 합자기업, 합작기업, 독자기업이 이익을 배당송금할 때에는 **기업소득세의 원천징수는 면세**된다고 되어 있으므로, 배당할 때에 원천징수는 하지 않습니다.

## 외화송금에 필요한 서류

① 신청서

② 외상투자기업 외화등기증

③ 동사회의 이익분배결의서류

④ 공인회계사사무소가 발행한 출자검증보고서 및 연도이익 또는 주식이자, 배당상황에 관련된 감사보고서

⑤ 세무증빙

## 배당송금의 유의사항

지난년도에서 이월된 이익을 배당할 때에는 그 이익이 발생한 연도의 자금상황에 대해서 회계사무소가 감사를 하고, 그 감사보고서를 제출하는 것으로 되어 있습니다.

등록자본금이 약정대로 납입되어 있지 않은 경우에는 배당송금은 불가능합니다. 반드시 송금이 필요한 경우에는 인가부문의 인가를 받아서 실제의 출자비율 분량만큼만 배당하는 것은 가능합니다.

## 현지법인에 이익을 유보시키는 방법

위와는 반대로 현지법인에 이익을 유보시키는 방법에 대한 질문도 많이 받습니다. 그것은 중국의 회계법규로는 외국의 임의적립금과 같이 이익을 유보하는 것과 같은 계정과목이 준비되어 있지 않기 때문입니다.

이것은 합자기업 등에서 중국측 출자자가 이익은 전부 배당하고 투자의 실적을 남기고 싶어하는 경제적인 배경이 있기 때문이라고 생각합니다. 따라서 할 수 없이 미처분 이익인 채로 다음 기간으로 이익을 유보시키는 결산처리가 행해지고 있습니다. 적당한 회계과목이 없기 때문에 이월이익이라고 하지 않을 수 없는 것입니다.

몇 번의 기간에 걸쳐서 미처분 이익으로서 유보한 이익을 어느 시기에 정리하여 배당을 하려고 하면 다시 공인회계사로부터 감사증명을 받아야 합니다. 배당의 외화송금 시에 그 배당처분이 적절히 이루어졌는지의 여부를 외화송금과 관련하여 외환관리국이 지명하는 회계사무소가 특별한 조사를 하는 경우가 있으므로 주의가 필요합니다.

# Q 13

## 현지법인은 감사를
### 반드시 받아야 합니까?

세무신고는 물론 관계당국에 결산서를 제출하는 경우 회계사무소
의 감사보고서가 첨부된 결산서를 제출해야 합니다. 현지법인은
반드시 감사를 받게 되어 있습니다. 또 사업소 과세와 같이 세무
당국이 과세소득을 추정하여 과세를 하는 경우는 감사가 필요하
지 않습니다.

## 기업법에 의한 공인회계사 감사

외상투자기업의 기업법으로는 공인회계사의 감사를 받아야만 하는
재무회계서류로서 별표와 같이 회사 설립 후의 자본금 납입을 증명하는
출자검증보고서, 매년도 말의 재무제표, 회사가 청산될 때의 청산재무제
표를 들 수 있습니다. 외상투자기업은 공인회계사에 의한 출자검증보고

서를 입수한 후, 출자자에 대해서 출자증명서를 제출하는 것 외에 공상행정관리국에도 출자보고서를 제출하여 자본금납입의 수속을 완료합니다. 외국투자기업은 공인회계사에 의한 감사증명서가 첨부된 연도재무제표와 청산재무제표를 재정국, 세무국 외에 인가기관, 공상행정관리국 등에 제출해야 합니다.

## 감사의 대상이 되는 재무회계서류

① 자본금출자검증보고서
② 연도재무제표
③ 청산제무제표

## 세무신고를 위한 감사

외상투자기업 및 외국기업의 기업소득세법 실시세칙에는 외상투자기업과 외국기업은 납세기한까지 관할 세무국에 기업소득세 신고서와 회계결산보고서를 제출하고, 거기에 중국의 공인회계사의 감사보고서를 첨부하지 않으면 안 된다고 규정하고 있습니다.

따라서 합자기업, 합자기업, 외자기업과 외국기업이 확정 신고할 때에는 회계사의 감사를 받아서 감사보고서가 첨부된 회계결산보고서를 제출해야 합니다.

**중국의 감사는 실제로는 세무신고를 위한 감사**이기 때문에 외국의 소위 상장에 대한 증권거래법에 의한 감사, 큰 회사에 적용되는 상법상의 감사와는 다릅니다.

## 과세방법과 감사

기업소득세의 과세방법에는 다음의 표와 같이 '소득과세', '경비과세', '추정이익과세'의 세 가지가 있습니다.

현재의 실무에서는 소득과세와 경비과세는 공인회계사에 의한 감사가 필요하고, 추정이익과세는 세무국이 추정이익률을 사정하여 과세소득액을 확정하기 때문에 감사는 필요하지 않습니다. 합자기업, 합작기업, 독자기업의 경우에는 회계장부와 경리규정 등은 원칙적으로 당연히 정비되어 있어서 과세소득을 정확하게 산정 할 수 있으므로, 소득과세의 방법이 적용되고, 반드시 감사를 받아야 한다고 되어 있습니다.

과세소득은 회계결산 보고서의 회계상 이익에 세무상 조정항목의 가산과 감산을 하여 계산합니다.

**기업소득세의 과세방법**

| 과세방법 | 계산방법 | 감사 |
| --- | --- | --- |
| 소득 과세 | 이익에 기초하여 과세소득을 계산 | 필요 |
| 경비 과세 | 경비에서 역산하여 과세소득을 추정계산 | 필요 |
| 추정이익 계산 | 수입에서 이익을 추정 계산 | 불필요 |

## 경비과세와 추정 이익과세

**'경비과세'는 주로 주재원 사무소에 적용되고 있습니다.** 즉, 회계장부가 불충분하여 이익을 산정할 수 없다든지, 수입을 정확하게 산정할 수가 없기 때문에 경비에서 추정 이익률과 세율을 이용하여 수입액을 추정합니다. 기초가 되는 경비 금액이 정확한가의 여부는 중국의 공인회계사가 감사합니다. 또한 외국의 본사에서 발생한 공통경비의 배분이 있는 경우, 외국 발생 경비에 대해서는 외국의 회계사무소로부터 감사증명서를 입수해야만 합니다.

'추정이익과세' 는 주재원 사무소에서 회계장부가 불충분하기 때문에 수입은 알지만 경비가 정확하게 산정되지 않는 등 정확한 원가비용을 파악할 수 없는 경우에 적용합니다.

# Q 14

## 중국의 공인회계사는
### 어떤 일을 합니까?

회계사제도 창설 당시는 재정국과 세무국 출신자가 회계사무소를 만들었습니다. 하지만 현재는 공인회계사 시험제도로 자격이 부여되고 있습니다. 외자계 회계사무소도 설립되어 있습니다.

### 공인회계사 제도의 역사

공인회계사 제도의 역사를 뒤돌아보면서 설명하겠습니다. 중국에서는 82년 헌법 개정시에 회계검사원(審計署)이 창설되어 정부기관, 국영기업 등의 회계검사가 시작되었는 데, 그 무렵에 외자계기업에 대해서도 민간 회계사무소에 의한 감사가 시작되었습니다.

원래는 중국에서는 '심계' 라는 단어는 감사를 의미하고 있고, 심계사무소는 국유기업 등의 감사와 자산평가 업무를 하고 있었던 사무소입니다. 공인회계사 사무소가 주로 외자계 기업을 포함한 민간기업을 감사하고 있었던 데에 비해 심계사는 국유기업 개혁의 과정중에 발전해 온 제도입니다.

중국의 민간 회계사무소가 처음으로 설립된 80년대 초에는 재정국과 세무국을 정년퇴직한 사람들에 의해서 사무소가 설립되기도 하였고, 학자와 세무국 출신자, 재정국 출신자, 공장의 경리실무 경험자 등이 재정국의 담당관 면접만으로 공인회계사의 자격을 취득하여 감사업무를 시작하는 상황이었습니다.

**86년에는 공인회계사 조례가 제정되어** 중국의 회계사무소는 본격적인 발전의 단계를 맞이하였습니다. 그 후, **92년부터 공인회계사 시험제도가 시작되어** 대학을 졸업하고 회계사 시험에 합격한 젊은 사람들이 중국의 회계사사무소에서 근무하게 되었습니다. 96년에는 주로 국유기업 등의 감사와 자산평가 업무를 하고 있던 심계사무소(심계사)와 외자계 기업의 감사를 하고 있던 회계사무소(회계사)의 두 협회가 합병하여 **공인회계사 협회**로서 하나가 되었습니다.

90년대에 중국의 회계사무소는 대규모 회계사무소도 출현하게 되었습니다. 당시의 중국 회계사무소는 자금과 인력이 지방 재정국 등의 정부기관에서 나왔었기 때문에 회계사무소의 근대화를 위해서는 정부기관으로부터 완전히 분리되어야 할 필요가 있었습니다. 회계사무소는 파트너쉽 제도로 재편성되어 출자금도 정부기관이 아닌 회계사 개인에 의해 출자되도록 제도 개정이 이루어졌습니다.

**현재의 공인회계사 사무소의 주된 업무**는 국내 상장기업의 감사, 해외 상장기업의 감사, 외자계 기업의 감사, 국유기업 개혁에 동반하는 자산평가업무, 합자기업 등에 출자되는 국유자산의 자산평가 업무, 회계상담, 투자상담 등이 되었습니다

## 외자계 회계사무소

80년대는 외자계 회계사무소가 아직 정식으로 업무가 인가되지 않아서 주재원 사무소의 형태로 보조적인 업무를 하고 있던 상황이었습니다. 90년대에 들어와서부터 외자계 회계사무소와 중국 회계사무소의 합작 회계사무소 설립이 인가되어 외자계 기업의 감사와 중국기업의 해외상장 감사를 할 수 있게 되었습니다.

90년경까지는 외자계의 회계사무소는 전부 합작 회계사무소 뿐이었습니다. 일부 외자계 사무소는 컨설팅 회사도 겸업하고 있었습니다.

현재는 중국인 회계사가 파트너쉽의 회계사 사무소를 설립한 후 외자계 회계사무소의 Member Firm이 되는 형식을 취하기도 합니다. 2001년 경에는 중국 내의 회계사무소가 대폭으로 분할, 정리통합되어 거의 모든 회계사무소가 새로운 진용으로 업무를 시작하였습니다. 외자계 회계사무소도 대부분의 스탭은 중국인 회계사 또는 중국인 보조자로, 외자계 회계 사무소에서 실력을 쌓은 중국인 회계사가 중국계 회계사무소로 전직하여 중국계 회계사무소도 실력을 쌓아 왔습니다.

또한 **외자계 회계사무소라 하더라도, 감사보고서는 중국측 파트너인 중국인 공인회계사 외에는 서명을 할 수 없습니다.**

외국인 회계사는 중국의 공인회계사가 아니므로 감사업무의 관리는 할 수 있으나, 직접 감사보고서에 서명하는 것은 안됩니다.

# 회계사무소의 선택은
## 어떻게 하는 것이 좋습니까?

중국에는 로컬 회계사무소와 외자계 회계사무소가 있고, 어느 쪽
이라도 선택할 수 있습니다.


## 중국계와 외자계 회계사무소

**중국계 회계사무소**는 원래 세무국, 재무국 출신자가 창설한 회계사무
소로 창업자금도 재무당국이나 세무당국, 대학으로부터 제공되었기 때
문에 말하자면 정부계 회계사무소에 가까웠습니다.

따라서 회계사무소의 민영화를 추진하기 위해 90년대 말부터 자금의
조달을 정부나 대학으로부터 받지 않고 파트너쉽에 의한 민영 회계사무
소로 전환하는 등 큰 변화가 있었습니다.

중국계 회계사무소의 업무는 처음에 외자계 기업의 감사가 대부분이

었지만, 그 후에는 중국기업의 국내상장이 주력이 되었고, 최근에는 국유기업 등의 감사도 하게 되었습니다.

이에 대해 **외자계 회계사무소는** 90년대 중반부터 중국기업의 해외상장 업무를 중심으로 급격하게 규모를 확대해 왔습니다.

외자계 회계사무소는 외자계기업의 감사보다 중국기업의 해외상장과 국내상장이 주업무입니다. 외자계 회계사무소도 아직 역사가 짧기 때문에 고급 전문인력이 아직 충분하게 육성되어 있지 않습니다. 또 역사적으로 중국기업의 홍콩상장 업무가 주업무였기 때문에 외자계 회계사무소는 실질적으로 홍콩 회계사사무소의 영향을 강하게 받고 있습니다.

## 중국계, 외자계의 장점과 단점

중국계 회계사무소의 특징은 역시 그 지방의 정부관계자와의 인맥이 깊은 것에 있습니다. 또 비용은 홍콩의 영향을 강하게 받고 있는 외자계 회계사무소에 비해 저렴한 사무소도 많이 있습니다.

아직 수는 적지만, 중국계 회계사무소에도 해외에서 연수한 회계사와 외자계 사무소에서 경험을 쌓은 회계사가 있는 곳도 있습니다. 특히, 외자계 기업의 업무를 경험한 회계사는 외자계 기업이 무엇을 요구하고 있는지 비교적 잘 이해하고 있는 것 같습니다.

반대로 외자계 회계사무소라 해서 반드시 외자계 기업의 상담을 이해할 수 있다고 보증하는 것은 아닙니다. 역시 개인의 경험과 자질이 중요한데 특히 회계사 경험이 아직 몇 년 안된 인력이 압도적으로 많은 회계사무소도 있습니다.

## 중요한 회계담당자의 육성

현지법인을 설립하는 외국기업 측에서는 현지법인의 인력 중에서 중국인으로 회계 세무에 유능하고 또한 전문용어도 통역할 수 있는 사람이 필요하게 됩니다. 그러나 본사에서 회계와 세무의 전문가를 파견할 수 있는 인적 여유가 있는 회사는 그다지 많지 않습니다. 오히려 일반적으로는 회계와 세무의 경험이 없는 공장장, 기술자, 영업 담당자를 파견하는 곳이 대부분입니다.

따라서 가능하면 현지에서 외자계의 경리실무를 경험한 사람을 채용하든지 회계 등을 전문적으로 공부한 경험이 있는 사람을 채용하여 교육할 필요가 있습니다. 현실적으로 용이한 일은 아니지만 현지법인의 인력을 육성하여 처음부터 회계사무소 등과 의사소통을 하는 것이 가능하기도 합니다.

## 회계사무소의 선택

회계사무소의 선택은 고품질, 고객대응의 성실성, 보수의 합리성, 비밀유지의 신뢰성 등에 따라 판단해야 합니다.

# Q 16

## 중국에는 세무사제도가 있습니까?

세무사제도는 '세무대리기구'라고 하는 명칭으로 최근 시작하였습니다. 외국과 마찬가지로 세무등기에서부터 세무신고, 세무상담, 회계장부의 기장대행, 세금의 납세환급 등의 대리업무를 하고 있습니다.

### 중국의 세무사제도

중국에서는 1980년대부터 공인회계사와 심계사(회계검사원) 제도는 있었으나, 세무사제도는 없었습니다. 세무사는 국가세무국이 94년에 공포한 '세무대리업무의 실험적 전개에 관한 통지'로 처음 시작하였습니다.

95년에는 세무대리기구의 인가에 대해서 통지도 발행되었고, 공인회계사, 공인심계사, 변호사, 세무기관에서의 실무경험 15년 이상인 사람,

이미 세무자문에 종사하고 있는 사람 등이 세무사의 자격 취득 연수에 참가할 수 있도록 하였습니다.

연수에 참가하고 세무사 자격위원회가 인정하여 국가 세무총국에 제출하면 세무사로서 세무대리업무를 할 수 있게 되었습니다. 자격을 부여받게 되는 것은 공인회계사, 공인심계사의 실무 경험이 2년 이상인 사람, 세무 소송경험 2년 이상인 사람, 세무 대리업무 2년 이상인 사람, 세무기관의 경험 15년 이상인 사람이지만 공인회계사와 마찬가지로 **개인적으로는 개업할 수 없고 세무대리기구에 소속되어 비로소 업무를 할 수 있습니다.**

## 세무대리기구(세무사 사무소)

세무대리기구라고 하는 것은 외국에서 말하는 세무사 사무소와 비슷합니다. 중국의 공인회계사 사무소와 마찬가지로 창설 당시는 정부의 세무기관과의 인적, 자금적 관계가 밀접했기 때문에 99년에 정부기관과의 관계를 분리하여 민간 세무사 사무소로서 재출발을 하였습니다.

세무대리업이라는 것은 고객에게 위탁받은 세무등기(등기, 변경, 말소)를 하는 것, 세무 전용 영수증(發票)의 구입, 수령 수속을 하는 것, 납세신고 또는 원천징수 신고를 하는 것, 납세 또는 세금환급 신청을 하는 것, 세무 교섭 문서의 작성, 세무상황의 심사, 장부시스템의 제안과 장부처리, 세무상담, 세무고문, 세무의 이의 신청의 신청 등이 포함되어 있습니다.

현재, 인정자격 뿐만 아니라 시험제도가 도입되어 제도의 충실을 도모하고 있습니다. 이제부터는 세무사 업무는 서서히 회계사무소에서 세무대리기구로 이관되어, 세무대리기구가 증가하고 있는지도 모르겠습니다. 실무적으로는 이제 막 시작되었을 뿐이므로, 앞으로 발전하는 모습을 지켜볼 필요가 있습니다.

## 세무대리 위탁계약

2000년에 공포된 '세무대리업무 규정(시행)'에 의하면, 세무대리업무에 대해서는 다음과 같은 규정이 있습니다.

### 1) 세무사 사무소의 형태

세무사 사무소에는 유한책임회사 형태의 것과 파트너쉽 제도에 의한 것이 있습니다.

### 2) 세무대리 위탁계약서

세무사 사무소와 고객은 대리업무의 범위, 위탁대리의 방법, 위탁대리의 기한, 위탁자와 대리자 쌍방의 의무와 책임, 위탁대리 비용, 지불방법, 지불기한, 위약책임과 배상방법, 분쟁의 해결 등을 기재한 세무대리 위탁계약서를 체결합니다.

### 3) 세무대리업무의 보고

세무대리는 그 대리업무의 과정, 결과를 위탁자 및 그 주관 세무기관 또는 관련부문에 심사의견, 감정결론, 증명 등을 포함하여 서면으로 보고서를 제출합니다.

| 세무대리업무 |
| --- |
| 세무등기(등기, 변경, 말소), 세무 전용 영수증(發票)의 구입, 수령수속, 납세신고 또는 원천징수신고, 납세 또는 세금환급 신청, 세무교섭 문서의 작성, 납세상황의 심사, 장부시스템의 제안과 장부처리, 세무상담, 세무고문, 세무 이의신청 등 |

# Q 17

# 기업 연도검사란 무엇입니까?

현지법인은 각 감독관청의 검사를 연 1회 동시에 받지 않으면 안 됩니다. 검사에 합격하지 못한 항목이 있으면, 그 항목에 관해서 그 후에 당국의 신청인가가 엄격해집니다.

## 기업 연도검사의 목적

현지법인은 감사 외에 '기업 연도검사' 라고 하는 행정기관의 기업 현황조사를 매년 받지 않으면 안됩니다. 이 검사는 매년 1월부터 5월 사이에 실시되고, 관계되는 행정기관은 다음 표의 7개 기관입니다. 현지법인에서 본다면 이들 정부기관은 회사 설립부터 일상 업무까지 관계 깊은 감독관청이고, 검사는 각각 관계된 법정서류가 정비되어 있는지의 여부를 점검하는 것입니다.

### 기관의 관할사항과 필요서류

| 기관명 | 관할사항 | 필요서류 |
|---|---|---|
| 상무부 또는 지방의 대외경제무역위원회 | 설립인가, 영업허가관계 | 연도검사보고서, 인가증서, 영업집조, 출자검증보고서 |
| 공상행정관리국 | 법인등기관계 | 연도검사보고서, 감사완료의 대차대조표와 손익계산서, 영업집조, 출자검증보고서 |
| 경제무역위원회 |  | 연도검사보고서, 감사완료의 대차대조표와 손익계산서 |
| 재정부 | 재정관계신고 | 연도검사보고서, 재정등기증, 전년도 회계결산보고서와 감사보고서, 출자검증보고서 |
| 외환관리국 | 외환등기 외채등기 | 연도검사보고서, 외환등기증, 외화계좌개설통지서, 감사보고서, 출자검증보고서, 외채등기증, 외화대여등기증 |
| 국가세무국 | 세무등기 | 연도검사보고서, 세무등기증, 세무등기표, 영업집조 |
| 세관 | 통관등기수출입 업무보고 | 연도검사보고서, 감사완료의 대차대조표와 손익계산서, 통관등록등기증과 통관원증서, 수출입 통관업무 상황표 |

각 기관이 각각 검사를 하는 것은 기업으로서 매우 곤란하므로, 동일 시기에 회계사무소 등에 **기업의 준법성 체크를 위탁 조사하도록 합니다.**

## 기업 연도검사의 수속

현지법인은 스스로 공상행정관리국에 가서 연도검사보고서를 수령하고, 회계사무소의 감사를 받은 후, 4월 말까지 연도검사 신고를 하지 않으면 안 된다고 되어 있습니다.

연도검사에 필요한 제출서류는 각 정부기관별로 위의 표와 같이 되어 있습니다. 연도검사보고서는 주로 공상행정관리국에 제출하는 것으로 다른 정부기관에게는 사본을 제출합니다. 이들 서류는 대부분 부본이나 사본으로 됩니다.

또한 감사가 완료된 대차대조표와 손익계산서는 공인회계사에 의한 감사보고서가 첨부된 것입니다. 외환관리국의 연도검사에 대해서는 은행과 외환관리국의 시스템 정보관리 제도를 사용하고 있는 경우에는 면제됩니다.

# 토지에 대해서는 어떤 점을 주의해야 합니까?

국유가 아닌 집체토지사용권과 출양(出讓)방식이 아닌 획발(劃發)
방식으로 취득한 토지사용권에 대해서는 주의해야 할 필요가 있
습니다.

## 토지사용권

토지사용권에는 국유토지사용권과 집체토지사용권 등이 있습니다.
**국유토지사용권**에는 두 종류가 있는데, 하나는 행정상 사용하는 것이 허
가되어 있을 뿐인 획발(劃發)방식의 토지사용권이고, 다른 하나는 대금
을 지불하고 권리를 취득하는 출양(出讓)방식의 토지사용권이 있습니다.
**출양방식으로 취득한 토지사용권**은 재양도, 임대, 담보제공 등의 재산권을
행사할 수 있습니다.

**집체토지사용권** 등은 수용토지사용권이라고 불리는데, 국가가 도시건설 또는 공공 사업을 위해 수용한 집단소유제의 토지입니다.

## 집체토지사용권의 평가

집체토지사용권은 수용된 토지이므로 원래 그 토지를 사용하고 있었던 사람에게 대해 용지 사용자가 여러 가지 보상을 하고, 또 토지의 개발비용이 발생합니다. 수용토지사용권의 평가는 이러한 보상비와 토지개발비에 의해 구성됩니다.

> **Tip**
>
> 수용토지사용권＝토지보상비＋토지개발비
>
> 토지보상비＝토지보상비＋지상건축물 보상비
> ＋농지보상비＋이전보상비

## 국유토지사용권의 평가

국유토지사용권의 취득방식에는 획발과 출양의 두 종류가 있습니다. 지역에 따라서는 관할 토지관리당국이 획발, 출양 각각의 토지사용권 가격을 1 평방미터 당의 기준가격으로 정하고 있습니다. 단, 토지사용권 가격을 공표하고 있는 지역과 미공개 지역이 있습니다.

획발방식으로 취득한 토지사용권과 출양방식으로 취득한 토지사용권의 가격은, 획발방식으로 취득한 토지사용권은 토지의 사용기한의 설정이 없고 출양방식으로 취득한 토지사용권은 사용기한이 설정되어 있기 때문에, 토지사용권 기한을 제외하면 본래 동일한 평가액이 되어야만 하지만 실제 평가는 양자간에 상관관계가 없는 실정입니다.

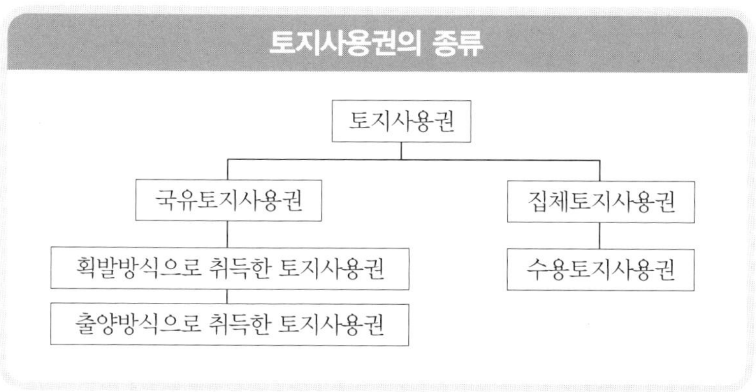


**출양방식으로 취득한 토지사용권의 평가**(토지 출양시의 평가방법)로서 다음과 같은 방법을 들 수 있습니다.

## 1) 원가가산법

원가가산법은 토지의 보상비와 개발비에 합리적인 건설관리비와 이익률을 곱한 가격을 평가액으로 하는 것입니다.

> **Tip**
> 토지사용권 평가액＝(토지 보상비＋토지 개량비)×(1＋관리비율)×
> (1＋원가 이익률)＋국가가 규정하는 세금비용

## 2) 역계산법

역계산법은 부동산 가격의 시가에서 건물 등의 평가액을 공제하여 토지사용권의 가격을 계산하는 것입니다.

> **Tip**
> 토지사용권 평가액＝부동산 판매가격－(건물구축물 평가액
> －토지수용 보상비－토지개량비－토지개발비)－판매세금

### 3) 수익환원법

장래의 연간 지대수입과 현재의 투자액, 기대되는 자금이익률 등을 근거로 한 장래 수익을 현재가치로 환산하는 이익환원법적인 방법도 있습니다.

## 합자기업의 중국측 현물출자의 문제

만약 합자계약으로 중국측 출자자가 획발방식으로 취득한 토지사용권을 현물출자하는 경우라면 재산권이 없는 토지사용권이 재산으로서 현물출자되는 구조가 됩니다. 출양방식으로 취득한 토지사용권이라면 현물출자된 토지사용권은 합자기업이 자유롭게 재양도, 담보, 임대 등 재산권을 행사할 수가 있으나, 획발방식으로 취득한 토지사용권은 특정의 토지를 특정의 프로젝트에 사용하는 허가를 받았을 뿐이므로 출양방식으로 취득한 토지사용권과는 달리 많은 제한이 있습니다.

# 현물출자자산의 평가는
## 어떻게 이루어지고 있습니까?

건물의 평가방법은 재조달원가법과 시장가격 유사비교법이 일반
적이고, 기계는 시장가격법과 재조달 원가법이 일반적입니다.

## 건물의 평가방법

건물의 평가는 일반적으로 재조달원가법에 의한 사례가 많습니다. 평
가방법으로서는 그 밖에도 시장에서의 판매를 예정하고 있는 경우에는
시장가격 유사법이 있습니다.

그 밖에도 건물의 구조, 양식, 자재, 내장 등에 의해 건물의 기준가격
이 명확한 경우의 평가방법인 기준가격 수정법이 있습니다. 시장가격과
기준가격이 해당되지 않는 경우에 장부가에 일정의 수정률을 곱한 장부
가수정법도 있습니다. 또 임대료 등의 수익을 기준으로한 수익환원법 등

의 평가방법도 있습니다.

**현물출자 자산의 평가법**

| 건물의 평가 | 기계의 평가 |
| --- | --- |
| 재조달원가법(재취득원가법) | 시장가격법 |
| 시장가격 유사비교법 | 재조달원가법 |
| 기준가격 수정법 | 수익환원법 |
| 장부가수정법 | 기타 |
| 수익환원법 | |

## 재조달 원가법

건물을 재조달원가법으로 평가할 때는 **그 건물을 현재 건축하는 경우의 건설 총원가**를 계산합니다. 구체적으로는 그 지역의 건설관리위원회 등이 제정한 건축공사 종합단가 정액표, 건축공사 간접비용 정액표 등에 의해 건설자재의 조달가격을 결정합니다.

여기에 각 자재의 수량을 곱해서 직접 공사비를 산정하고, 여기에 공사설계비, 공사관리비용, 도시관련비용, 세금비용 등의 부가비용을 가산하여 1평방미터 당의 재조달 가격을 결정합니다. 이러한 1평방미터 당의 조달가격에 건축면적을 곱하여 건물의 총원가를 산출합니다.

다음에 경과년수, 신구의 정도 등을 다음과 같은 방법으로 평가합니다.

① 기존의 감가상각률에 의해서 경과된 내용년수에 상당하는 감가상각 비율을 재평가액에서 공제합니다.

② 재조달 가격에 의한 감가상각 계산을 실시하여 감가상각 누계액을 계산하여 이것을 공제합니다.

평가자산의 경제적 가치를 고려하여 내용년수에 예상되는 사용가능년수를 증감한 비율, 즉 成新率을 적용하여 평가액을 결정합니다.

## 시장가격 유사비교법

부동산의 판매를 전제로 하여 동일 또는 유사의 부동산 가격을 참고로 하는 시장가격 유사비교법이 채용되는 경우도 있습니다.

> **Tip** 건물평가액＝유사부동산의 건축단가 × (1＋물가상승률) × 건축면적

## 기계설비의 평가

기계설비의 평가는 주로 현행 시장가격을 기준으로 하는 시장가격법이 채용되는 경우가 많은 것 같습니다. 동일 또는 유사한 시장가격이 없는 경우는 재조달원가법 등이 채용될 가능성이 있습니다. 플랜트 설비와 같은 세트형의 기계설비에 대해서는 수익환원법이 적용되는 경우도 있습니다. 기계설비를 시장가격법 또는 재조달원가법으로 평가할 때는 기본적으로 다음과 같은 계산법으로 평가액이 결정됩니다.

成新率은 내용년수를 경제적 가치의 관점에서 다시 본 것입니다. 成新率의 결정에는 자의성이 개입되기 쉽기 때문에 어떠한 근거로 결정되었는가를 확인할 필요가 있습니다. 실질가치 감소와 효능가치 감소에 대해서도 동일한 문제가 존재합니다.

> **Tip** 평가액＝재평가액(1 － 실질가치감소 － 효능가치감소 ) × 成新率

# 수출입경영권이란 무엇입니까?

중국에서는 수출입경영권이 규제되고 있고, 외자계 기업은 일반 상품을 자유롭게 수출입할 권리가 인정되지 않습니다. 국내판매는 더욱 엄격하게 제한되고 있습니다.

## 수출입경영권과 국내유통권

중국에서는 일반상품을 수출입하는 권리, 즉 수출입경영권과 국내에서 도매, 소매를 하는 국내유통권이라고 하는 것이 있습니다.

수출입경영권은 현재 시점으로 생산기업에 대해서는 자사제품의 수출과 생산자재(원자재, 부품 등)의 수입이 인정되는 정도입니다. 생산기업이라도 자사제품과 관계없는 일반상품을 수출입할 권리는 주어져 있지 않습니다.

외상투자기업에게 주어지고 있는 수출입경영권은 생산기업에게 주어져 있는 수출입경영권이기 때문에 일반상품의 수출입 거래는 할 수 없는 실정입니다. 투자성 공사에 대해서 한정적으로 확대된 수출입 경영권이 주어지고 있습니다. 그러나 투자성 공사라도 현재의 시점에서 일반상품의 수입업무는 할 수 없습니다.

## 생산영역과 유통영역

일반상품의 수출입경영권은 유통영역의 수출입경영권이라고 불리고 있고, 생산영역의 수출입경영권과 명확하게 구별되고 있습니다.

**생산영역의 수출입경영권을 가진 회사**에는 생산기업, 가공무역기업, 기업집단에 속하는 산하기업, 생산기업의 과학연구소 등이 있습니다.

유통영역의 수출입경영권을 가진 회사에는 외국무역회사, 대외무역기업, 중국자본의 생산기업이 설립한 수출입회사, 상업기업, 공급판매합작사 등이 있습니다. 이들 유통영역의 수출입경영권을 가진 회사들 중에 외자계 기업으로 인정받고 있는 기업은 중외합자대외무역공사와 외국투자상업기업의 둘 뿐입니다. 외국투자상업기업은 도매, 소매의 국내유통권도 주어져 있습니다.

## 수출입경영권이 모든 기업으로 확대

수출입경영권에 대해서는 중국의 WTO 가맹 당시의 보고서에서 다음과 같이 정하고 있습니다.

① 가맹후 1년 이내에 외자의 소수지분 출자를 허가한다.

② 가맹후 2년 이내에 외자의 다수지분 출자를 허가한다.

③ 가맹후 3년 이내에 외자 100% 출자를 허가한다.

④ 가맹후 3년 이내에 국내 모든 기업에 수출입권을 부여한다.

따라서 WTO에 가맹한 2001년 12월 11일부터 3년 후인 2004년 12월 11일까지 **수출입경영권에 대해서는 외상투자기업도 포함한 모든 기업에게 주어지기** 때문에 기본적으로 수출입경영권의 문제는 시간이 해결하게 될 것입니다.

## 국내유통권의 문제

국내유통권이라는 것은 WTO가맹 문서 중 서비스 약속표에 의하면, 다음과 같은 것을 지정하고 있습니다.

① 대리판매 (대리인, 중개인 등의 커미션 에이전트 서비스)

② 도매

③ 소매

④ 프랜차이즈

이들 국내유통권에 대해서는 어떤 형태로 외자에 대해서 규제 완화가 이루어질 것인가 관심이 모아졌었습니다.

수출입경영권과 국내유통권에 관련하여 중외합자대외무역공사와 외국투자상업기업의 법규개정이 계속 이루어지고 있습니다. 이와 관련하여 2004년 중외합자대외무역공사법이 공포되었습니다. 또한 2004년 4월에는 외상투자상업영역 관리방법이 공포되어 국내유통권에 대해서도 대폭적인 규제 완화가 이루어지고 있습니다.

# 투자성 공사란 무엇입니까?

현지법인을 총괄하는 투자회사(지주회사)이고, 여러 가지 규제가 있지만 산하기업 제품의 국내판매, 일반상품의 수출 등이 인정되고 있습니다. 자본금은 미화 3,000만 달러 이상의 현금으로 납입해야 합니다.

## 투자성 공사

투자성 공사는 외국의 회사가 외자 100% 또는 합자로 설립할 수 있고, 미화 3,000만 달러 이상의 자본금을 납입해야 합니다.

그 투자성 공사는 미화 3,000만 달러의 자본금을 사용하여 중국의 현지법인을 신규설립해야 합니다. 미화 3,000만 달러의 자본금과는 별개로 추가 출자하여 기존의 현지법인에 대해서도 지분을 취득하여 산하기업으로 할 수 있습니다.

산하기업이 된 현지법인에 대해서 경영관리서비스를 제공하고, 관련 업무를 총괄해서 할 수 있습니다. 투자성 공사의 자본금은 적어도 현금 출자로 미화 3,000만 달러가 요구되기 때문에 많은 액수의 신규투자 프로젝트를 계획하고 있는 회사가 아니라면 설립해야 할 필연성은 그다지 많지 않습니다.

또 투자성 공사를 설립하는 외국투자자의 요건도 규정되어 있는데, 예를 들면 외국투자자의 자산총액이 미화 4억 달러 이상이어야만 한다든가, 중국의 현지법인에 출자금이 합계로 미화 1,000만 달러 이상 납입되어야 한다든가, 인가를 받은 투자 프로젝트가 3가지 이상이어야만 한다는 것 등을 요구하고 있습니다.

## 투자성 공사의 경영범위

투자성 공사의 경영범위에는 다음과 같은 것이 있습니다.

### 1) 투자업무

국가가 장려, 허가하고 있는 공업, 농업, 인프라, 에너지 등의 산업분야로의 투자.

### 2) 산하기업으로의 융자업무

투자성 공사는 등록자본금의 4배까지 차입을 할 수 있고, 그 자금을 산하기업으로 융자, 투자성 공사의 운전자금 등의 용도로 사용할 수 있습니다.

### 3) 연구개발센터의 설치

투자성 공사 안에 연구개발부문을 설치하여 연구개발 성과물을 양도하기도 하고, 기술서비스를 제공할 수 있습니다.

### 4) 관련제품의 대리판매와 직접판매의 선택

산하기업의 제품의 대리판매 또는 직접판매를 할 수 있습니다.

### 5) 운수, 창고업무 등의 종합서비스

산하기업을 위해서 운수, 창고 등의 종합서비스를 제공할 수 있습니다.

### 6) 일반제품의 수출업무

특별한 수출허가가 필요한 상품이 아니라면 국내에서 구입하여 수출할 수 있고, 산하기업의 제품과 관계없는 상품도 국내구입과 수출이 인정됩니다. 또 투자성 공사가 산하기업의 제품을 대리수출한 경우에도 증치세의 수출환급이 인정됩니다.

### 7) 기타 서비스

산하기업을 위한 교육훈련, 시장개척, 컨설팅을 제공할 수 있습니다.

위와 같은 업무 중에서 3), 4), 5)에 대해서는, 이들 업무를 포함한 경영범위의 신고를 하여 인가기관으로부터 인가를 받고, 미화 3,000만 달러 이상의 자본금을 실제로 납입해 두는 것이 필요합니다.

3)과 4)에 대해서는 투자성 공사가 산하기업 등록 자본금의 10% 이상을 출자하고, 그 뿐만 아니라 산하기업의 동사회 전원일치 결의에 의한 위탁서를 서면으로 입수할 필요가 있습니다.

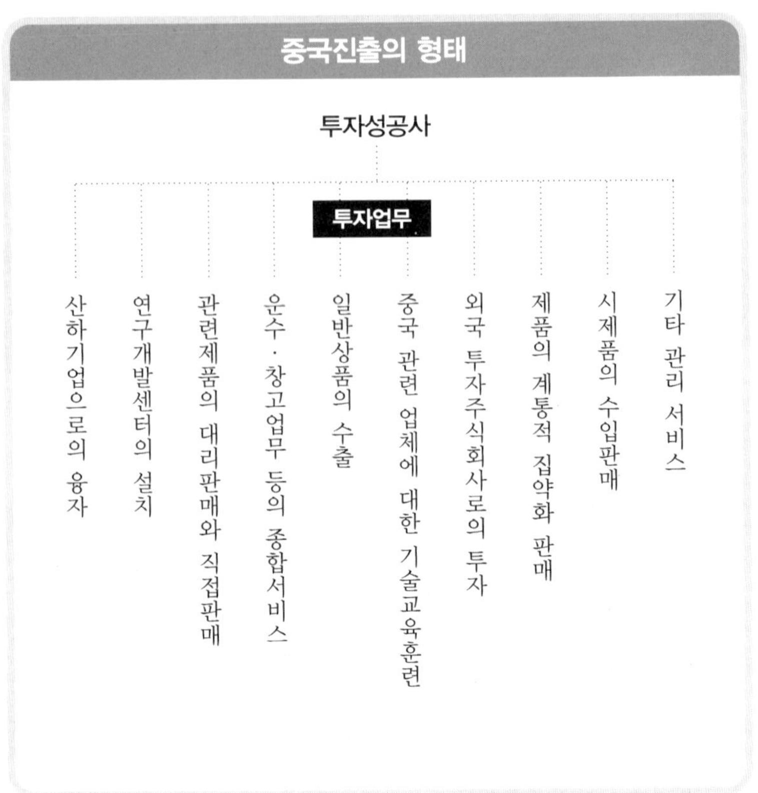


## 경영범위의 확대

2001년부터 투자성 공사는 미화 3,000만 달러 이상의 자본금을 납입 완료하고 위법경영 등의 사실이 없으면 다음과 같은 업무도 할 수 있게 되었습니다.

### 1) 중국 관련기업에 대한 기술 교육훈련의 제공

산하기업의 제품을 판매하고 있는 국내 판매점, 대리점 또는 투자성 공사와 그 모회사가 기술양도계약을 체결하고 있는 국내의 회사와 기업

**외국기업의 투자성 공사의 실례**

| 본사명 | 현지기업명 | 소재지 | 자본금 | 형태 | 설립시기 |
|---|---|---|---|---|---|
| 伊藤忠商社 | 伊藤忠商社(中國)集團 | 북경 | 3,600만 달러 | 독자 | 1993년 9월 |
| 松下電氣産業 | 松下電氣(中國)有限公司 | 북경 | 3,000만 달러 | 합자 | 1994년 8월 |
| 三洋電氣 | 三洋電氣(中國)有限公司 | 북경 | 5,946만 달러 | 독자 | 1994년 10월 |
| 日立製作所 | 日立(中國)有限公司 | 북경 | 3,000만 달러 | 독자 | 1994년 8월 |
| 東芝 | 東芝(中國)有限公司 | 북경 | 3,000만 달러 | 독자 | 1995년 8월 |
| 丸紅 | 丸紅(中國)有限公司 | 상해 | 3,000만 달러 | 독자 | 1995년 10월 |
| 소니 | 索尼(中國)有限公司 | 북경 | 3,700만 달러 | 독자 | 1996년 11월 |
| 松下電工 | 松下電工(中國)投資有限公司 | 북경 | 3,000만 달러 | 독자 | 1997년 10월 |
| 세이코-엡손 | 愛普生(中國)公司 | 북경 | 6,850만 달러 | 독자 | 1998년 7월 |
| 산토리 | 三得利(中國)投資有限公司 | 상해 | 3,000만 달러 | 독자 | 1999년 8월 |
| 小松製作所 | 小松(中國)投資有限公司 | 상해 | 3,000만 달러 | 독자 | 2001년 1월 |
| 日淸食品 | 日淸食品(中國)投資有限公司 | 상해 | 3,000만 달러 | 독자 | 2001년 11월 |
| 花王 | 花王(中國)投資有限公司 | 상해 | 3,000만 달러 | 독자 | 2002년 6월 |
| 야마하 | 雅馬哈樂器音響(中國)有限公司 | 북경 | 3,000만 달러 | 독자 | 2002년 8월 |
| 日本精工 | 恩斯克(中國)投資有限公司 | 상해 | 3,000만 달러 | 독자 | 2002년 8월 |
| 橫河電氣 | 橫河電氣(蘇州)有限公司 | 蘇州 | 40억 엔 | 독자 | 2002년 10월 |

에게 관련되는 기술의 교육 훈련을 제공할 수 있습니다.

## 2) 외국투자주식회사에 대한 투자

투자성 공사가 발기인으로서 외국투자주식회사를 설립하는 것 또는
외국투자주식회사의 미상장 법인주를 보유하는 것입니다. 투자성 공사

는 주식회사의 국외 발기인으로 간주됩니다.

### 3) 제품의 계통적 집약화 판매

투자성 공사가 산하기업의 제품을 구입하여 제품을 계통적으로 집약하여 조합한 제품을 중국 내외에 판매할 수 있습니다. 산하기업의 제품이 계통적인 집약화의 필요를 만족시킬 수 없는 경우에는 제품의 계통적 집약화에 의해 조합된 제품을 중국 국내외에 납품할 수 있습니다.

계통적 집약화의 조합제품을 납품할 수 있는 가격은 계통적으로 집약화하여 조합한 제품 총액의 50%를 넘을 수 없다고 되어 있습니다.

### 4) 시제품의 수입판매

산하기업의 생산투입 이전 또는 산하기업의 신제품의 생산투입 개시 이전에 제품의 시장개척을 위해 원인가기관의 인가를 받는다면 투자성 공사가 그 모회사로부터 산하기업의 제품과 동일 또는 유사한 제품(수입 할당 관리 이외의 제품)을 소량만 수입하여 국내에서 시험 판매할 수 있습니다.

# 상해의 지역총괄회사란 무엇입니까?

북경과 상해에서는 지역총괄회사의 설립이 인정되고 있습니다. 투자성 공사를 지역 총괄회사로 인정하는 경우와 미화 200만 달러로 관리성 공사를 설립하는 경우가 있습니다. 수출을 목적으로 하는 국제구매센터도 인정되고 있습니다.

상해시는 2002년 7월 20일에 '상해시의 외국 다국적회사의 지역본부 설립을 장려하는 삼성규정'(2002년 0월 24일 상해시 전부 상무국 통과)을 공포 집행하여 지역본부라고 칭하는 투자성 공사(지역총괄회사)의 성립을 장려하고 있습니다. 이것은 상해가 베이징에 대항하여 지역본부를 유치하는 우대책으로서, 중앙정부가 인정하고 있는 투자성 공사와 비교하여 외국투자자의 요건, 등록 자본금의 규모, 산하기업의 요건 등이 대폭 완화된 것으로, 각종의 우대조치도 적용됩니다.

## 지역총괄회사의 정의

외국 다국적회사의 지역본부(지역총괄회사)라는 것은, 외국 다국적회사가 투자 또는 수권(授權)형식으로 상해시에 설립하여 한 나라 이상의 복수 지역 내의 기업에 대해서 관리 및 서비스 직무를 행사하는 유일의 본부기구입니다. 외국 다국적회사는 독자의 투자성 공사, 관리성 공사의 기업조직 형태로 상해시에 지역본부를 설립할 수 있습니다.

## 지역총괄회사의 조건

상해시에 설립하는 지역본부는 다음과 같은 조건에 적합하지 않으면 안됩니다.

---

### '중국 지역본부'로서 인정받은 기업

2002년 9월 30일 상해시에서 아래 8개사의 다국적기업의 현지법인이 처음으로 '중국지역본부'로서 인정받았습니다.

일본기업 3사 : 산토리, 후지사진필름, 미쯔비시상사.
구미기업 5사 : 알카텔, 에머슨 전기, 엑손 모빌, 델파이, 하니웰

### 후지사진필름의 중국 지역본부의 개요

회사명 : 후지사진필름(중국) 투자유한공사
자본금 : 미화 3,000만 달러
출　자 : 후지사진필름 100%

① 독자의 법인자격을 구비한다.

② 모회사의 자산총액이 적어도 미화 4억 달러 이상이다.

③ 모회사의 중국에 있어서 투자 누계 총액이 적어도 미화 3,000만 달러이다.

④ 중국 국내외의 투자 또는 수권 관리기업이 적어도 3개사이고, 또한 그 관리 및 서비스 직능에 대해서 책임을 진다.

위의 규정에 부합하는 외국투자성 공사는 지역본부로서 인정받기 위해 신청할 수 있습니다. 투자성 공사를 설립하지 않은 경우는 관리성 공사의 형태로 설립신청을 할 수 있고, 등록자본금은 적어도 미화 200만 달러의 지역본부로 하지 않으면 안됩니다.

## 경영, 관리 및 서비스 활동

상해시에 설립된 지역본부는 법률 등에 따라서 다음과 같은 경영, 관리 및 서비스 활동에 종사할 수 있습니다.

① 투자경영정책 결정

② 시장판매 경영서비스

③ 자금운용과 재무관리

④ 기술 지원과 연구개발

⑤ 정보서비스

⑥ 사원의 교육훈련과 관리

⑦ 법률, 법규 등이 정하는 기타 경영, 관리 및 서비스 활동

## 회사 설립 신청서류

상해시 상무국에 신청서를 제출함과 동시에 다음과 같은 자료를 제출

하지 않으면 안 됩니다.

① 모회사의 법정대표자가 서명한 신청서

② 모회사 법정대표자가 서명한 지역본부 설립과 기본직무에 대한 수권서류

③ 모회사의 자본신용 증명서, 등록서류(사본)과 법정대표자의 증명문서(사본)

④ 모회사가 중국 국내에 투자한 기업의 인가증서 및 영업집조(사본)

⑤ 모회사의 법정대표자가 서명한 지역본부에 취임예정인 법정대표자에 대한 수권서류 및 지역본부에 취임예정인 법정대표자의 약력과 신분증명서

⑥ 법률, 법규가 규정하는 기타 자료


## 허가 또는 불허가의 결정

상해시 상무국은 신청서 등의 자료를 수령한 날로부터 30일 이내에 심사를 완료하여 허가 또는 불허가의 결정을 해야 합니다. 허가를 결정한 경우에는 인정증서 또는 인가증서가 발행됩니다.


## 공상등기와 연도검사

인정증서 또는 인가증서를 취득한 경우에는 인정증서 또는 인가증서를 수령한 날로부터 30일 이내에 시 공상국에서 공상등기를 해야만 합니다. 지역본부는 법률 등에 따라서 관련 주관 부문의 연도검사를 받지 않으면 안됩니다.

## 지역총괄회사의 우대정책

상해시에 설립된 연구개발기능을 구비한 지역본부는 하이테크기업의 우대정책을 받을 수 있습니다. 포동지구에 등기된 지역본부는 규정에 따라서 포동지구의 우대정책을 누릴 수 있습니다. 지역본부가 그 사원을 위해 기본직능 교육훈련 서비스를 제공하는 경우에는 관련규정에 따라서 자금지원을 받을 수 있습니다.

## 수출입경영권과 세금환급

국제 구매센터와 물류센터는 국가의 관련규정에 따라서 인가를 받아 수출입경영권을 취득할 수 있고, 수출화물은 세금환급정책을 누릴 수 있습니다.

## 자금관리

지역본부는 통일적인 내부자금 관리체계를 확립할 수 있고, 자기자금에 대해서 통일관리를 할 수 있습니다. 외화자금의 운용에 관련되는 경우는 관련 외환관리규정에 따라 집행하지 않으면 안됩니다.

## 출입국 수속의 간략화

비즈니스의 필요에 따라 홍콩, 마카오, 타이완 지역 또는 국외로 가는 지역본부의 중국 국적의 인원 및 외국 국적의 인원에 대해서는 출입국 수속이 간단해집니다.

# Q 23

# 보세구의 무역회사란 무엇입니까?

예외적 또는 실험적으로 인정하고 있는 무역상사이지만, 가장 큰 메리트는 보세구에 있는 생산자재 교역시장을 통하여 국내판매를 하는 것에 있습니다.

## 상해 外高橋보세구

상해 外高橋보세구 등의 보세구에 있어서 무역상사의 설립이 인정되고 있습니다. 무역상사의 설립인가는 상해로부터 시작되어 대련, 천진 등의 보세구에서도 이루어지고 있습니다. 상해 포동신구의 개발구는 3개 지역인데, 陸家嘴금융무역구, 金橋수출가공구, 外高橋보세구가 있습니다.

外高橋보세구에는 국무원의 인가로 설립된 상해 보세상품 교역시장

(상해 생산자재교역시장)이 있고, 보세구와 일반지역 간의 무역거래를
중개하고 있습니다.


## 무역상사의 경영범위

무역상사의 설립은 상해시가 공포한 규정에 다음과 같이 정해져 있습
니다.

① 포동 신구에 보세구를 설립한다.

② 국무원 주관부문의 인가를 받아서 외국투자가가 보세구 내에 있
   어서 무역기구를 개설하고, 중개무역 및 보세구 내의 외상투자기
   업을 대리하여 생산용 원자재, 부품의 수입과 제품의 수출에 종
   사하는 것을 허용한다.

이와 같이, 외국기업 및 외국인은 포동신구의 外高橋보세구에 무역상
사를 설립할 수 있고, 이 무역상사의 경영업무로서 중개무역과 보세구
내 외상투자기업의 생산용 원자재, 부품의 수입과 제품 수출 대리무역업
무를 할 수 있습니다.


## 무역상사의 설립조건

무역상사의 설립조건은 대개 다음과 같습니다.


## 무역상사의 경영범위

보세구의 무역상사가 어떠한 업무를 수행할 수 있는가 하는 것이 가장

> **Tip**
> ① 회사형태 – 독자기업에 의한 유한책임공사
> ② 자본금 – 최저 자본금은 미화 14만달러
> ③ 법정 소재지 – 보세구 내에 한정
> ④ 사무소 – 상해 시내 등에 설치할 수 있다.

중요한 점입니다. 대개 다음의 표와 같은 업무를 인정하고 있습니다.

무역상사의 주된 업무로서 **제 3국간의 중개무역, 보세구 내의 외상투자기업을 위해 생산용 원자재, 부품을 대리하여 수입하는 것 및 제품을 대리하여 수출하는** 업무가 있습니다.

그 밖에도 특히 주목할 만한 것은, 무역상사가 중국 국내 판매를 하는 것이 가능하다는 것입니다. 무역상사가 소재하는 장소는 보세구이므로, 보세구에서 중국 국내의 일반지역으로 판매하는 것이 됩니다. 보세구와 일반지역 사이의 상품의 반출입은 관세상 수출입 거래가 됩니다. 여기서 수출입경영권에 대한 이해가 필요합니다. 수출입경영권이라는 것은 외국무역 경영권이라고도 하는데, 일반의 중국기업은 원칙적으로 수출입할 권리를 갖고 있지 않으며 수출입경영권을 갖고 있는 외국 무역회사나

## 무역상사의 경영범위

① 중개무역
② 보세구 내의 외상투자기업을 위한 대리무역 업무
③ 보세구 밖의 3자기업, 외국 무역경영권을 갖고 있는 기업과의 무역
④ 보세구 생산자재 교역시장 또는 외국무역 경영권이 있는 기업과의 수출입 업무와 국내 무역업무
⑤ 수입상품의 보세구 외 판매
⑥ 보세구 외 구입상품의 수출판매
⑦ 보세구 외 구입상품의 판매(순국내무역)

또는 수출입경영권을 특별히 허가받은 중국기업만이 수출입 업무를 할
수 있다고 되어 있습니다.

무역상사의 상대방이 수출입경영권을 갖고 있는 경우, 예를 들어 외상
투자기업(합자기업, 합작기업, 외자기업)이나 수출입경영권을 갖고 있는
중국기업이라면 무역상사는 직접 거래를 할 수 있습니다. 그러나 무역상
사의 상대방이 수출입경영권을 갖고 있지 않는 국내 일반지역의 중국기
업인 경우에는, 보세구 생산자재 교역시장이나 수출입경영권을 갖고 있
는 외국 무역회사를 통하여 중국 국내판매가 가능하게 됩니다.

## 보세구의 무역회사, 물류회사의 실례

### 1. 상해 – 전자산업을 위한 특수 가스 및 기기의 무역회사

일본본사 : 일본산소
현지법인 이름 : 일산(日酸)무역(상해) 유한공사
소재지 : 상해시 外高橋 보세구
자본금 : 미화 50만 달러(일본산소 100% 독자)
업무내용 : 반도체 신공장의 증대에 따른 특수가스, 기기의 수
입판매
설립 : 2002년 8월

### 2. 천진 – 합자의 종합물류회사

외국본사 : 岡谷鋼機
현지법인 이름 : 천진 天保鋼谷 국제물류 유한공사
소재지 : 천진항 보세구
자본금 : 미화 500만 달러
출자비율 : 천진 天保지주회사 49%
중국(천진)물자 국제초상총공사 26%
鋼谷鋼機 25%
업무내용 : 창고 보관업무 및 종합물류업(통관, 하역, 운송, 배
송 등의 물류 서비스 전반)

수출입경영권을 갖지 않은 중국기업과의 거래에 있어서는 이 교역시장을 통하는 것에 의해 보세구에서 반입한 상품을 보세구 밖의 기업으로 판매, 즉 국내판매를 할 수 있게 되고, 일반지역의 중국기업으로부터 구입한 상품을 해외로 수출할 수 있게 됩니다.

더욱이 일반지역(보세구 밖)의 기업으로부터 구입한 상품을 다른 보세구 밖의 기업에게 판매하는 것도 가능합니다. 역설적이지만 보세구는 국내판매와 별로 관계없는 수출 촉진을 위한 지역이나, 보세구의 무역상사에 기대되는 역할은 국내판매의 촉진에 있습니다.

## 창고운송업과 가공무역회사

보세구에서는 무역상사 외에 창고운송회사와 가공생산회사의 설립도 인정되고 있으며, 무역상사의 경영범위와 창고운송회사 및 가공생산회사의 경영범위를 동시에 취득하는 것도 가능합니다.

## 투자성 공사와 무역상사

우선, 투자성 공사는 생산형 기업에 대한 투자업무가 경영범위이므로, 산하기업은 생산형 기업이 일반적입니다. 통상은 상해의 무역회사는 외국의 모회사 또는 홍콩의 지역 총괄회사가 직접 출자하는 형태가 많은 것 같습니다.

투자성 공사의 자회사는 중국 국내의 일반지역에 있어서 생산형 기업이고, 각 지역에서의 판매거점을 확립할 필요가 있을 때는 투자성공사의 지점을 각 지역에 설립해야만 합니다. 투자성 공사의 지점(분공사)은 당연한 이야기지만 본사인 투자성공사의 경영범위 내의 업무로 한정됩니다. 무역상사는 보세구 밖에 비영리성 사무소(대표처)를 개설할 수 있습니다.

**현행 수출입경영권의 범위**

| 분야 | 인정되는 경영범위 | 실제로 존재하는 회사의 형태 |
|---|---|---|
| 유통영역 | 상품과 기술의 수출입<br>상품과 기술의 수출입 대리<br>가공무역, 중계무역 등 | 대외무역기업<br>생산기업이 설립한 수출입회사<br>상업기업, 물자조달기업<br>공급판매합작사 |
| 생산영역 | 자사의 제품과 기술의 수출<br>재료, 부품, 설비 등의 수입<br>가공무역 | 생산기업<br>기업집단의 구성원기업<br>생산기업의 과학연구소 |
| 과학연구<br>하이테크<br>영역 | 자사의 제품과 기술의 수출<br>개발제품의 대리수출<br>재료, 부품, 설비 등의 수출 | 과학연구소<br>하이테크기업 |

**설명:** 외국과 무역하는 권리를 수출입경영권이라고 합니다. 수출입경영권은 위와 같이 유통, 생산, 하이테크 등의 분야에서 엄격하게 제한되고 있습니다. 보세구의 무역은 극히 예외적인 존재로, 위와 같은 수출입경영권에는 포함되어 있지 않습니다.

# 보세제도와 가공무역에
## 대해 설명해 주십시오

보세제도에는 보세지역과 가공무역이 있고, 수입관세와 증치세의 과세가 유보되고 있습니다. 가공무역의 대표적인 것은 위탁가공입니다.

보세제도라는 것은 세관의 인가를 거쳐 수입화물을 잠정적으로 과세 유보하는 제도이고, 세관이 과세권을 유보하여 감독하는 제도입니다. 중국의 보세제도에는 대략 다음과 같은 것이 있습니다.

### 보세지역

① 보세창고―세관이 인가한 화물을 보세하기 위한 창고
② 보세공장―세관이 인가한 수출제품의 생산을 위한 전문 가공공장

③ 보세구—국무원이 인가하고 세관이 감독하는 특정지역

④ 수출가공구—국무원이 인가하고 세관이 감독하는 경제기술개발
  구 내의 특정지역

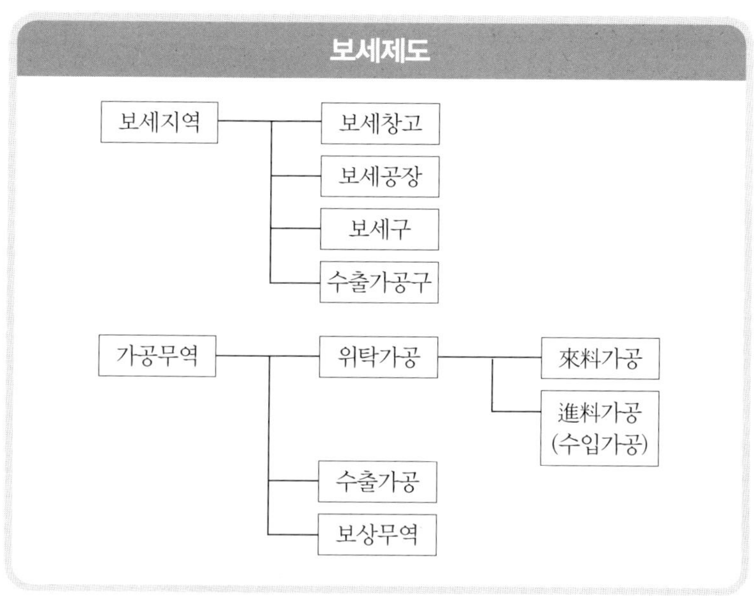


## 가공무역

### 1) 위탁가공(來料加工)

외국기업이 원료, 부품 등을 제공하고 중국의 가공무역기업(중국기업
또는 외상투자기업)은 외국기업의 지시에 따라서 제품 등을 가공하여 주
고 가공임만을 받습니다. 원자재, 부품 등은 무상으로 중국의 기업에게
제공됩니다.

### 2) 위탁가공 (進料가공〈수입가공〉)

중국의 가공무역기업은 외국기업으로부터 수입하는 원자재, 부품 등을 유상으로 구입하고, 외국기업의 지시에 의해 생산한 제품 등도 수출 판매합니다.

### 3) 수출가공

수입가공의 역으로, 국내의 원자재, 부품 등을 국외로 수출하여 그것을 가공, 조립한 제품을 재수입합니다.

### 4) 보상무역

외국기업이 기술설비를 제공하고, 중국의 가공무역기업이 외국기업의 지시에 따라서 지시받은 제품 등을 생산하여 외국기업에게 제공하고 설비대금으로서 변제합니다. 제공된 설비에 의해 생산된 제품으로 설비대금을 변제하는 경우와 설비와 관계없는 생산물로 변제하는 경우가 있습니다.

### 위탁가공공장의 실례(홍콩 마부치 광동공장)

소형모터 전문 메이커인 마부치모터는 홍콩의 현지법인을 발판으로 하여 광동성에 위탁가공형태의 사업을 폭넓게 전개하고 있습니다.

| 회사명 | 소재지 | 종업원 | 개업시기 | 생산량 |
|---|---|---|---|---|
| 東莞시<br>(광동제1공장) | 광동성<br>東莞시 | 5,900명 | 1986년<br>3월 | 소형모터<br>2억3,400만개 |
| 만보전자공장<br>(광동제2공장) | 광동성<br>심천시 | 2,500명 | 1987년<br>3월 | 소형모터<br>6,900만개 |
| 莞城협익전자공장<br>(광동제4공장) | 광동성<br>東莞시 | 610명 | 1988년<br>8월 | |
| 莞城협익전자공장<br>(광동제5공장) | 광동성<br>東莞시 | 9,200명 | 1991년<br>11월 | 소형모터<br>2억8,300만개 |
| 만보전자2공장<br>(광동제6공장) | 광동성<br>심천시 | 5,300명 | 1998년<br>1월 | 소형모터<br>1억1,500만개 |

(마부치모터의 홈 페이지에서 참조)

# 보세구란 무엇입니까?

보세구는 외국환관리, 조세, 세관수속 등의 처리를 간편화하고 우대하여 수출촉진 등을 도모하는 지역입니다. 단, 국내거래도 행해지고 있습니다.

## 보세구

보세구라는 것은 국무원이 인가하고 세관이 관리감독하는 특정의 지역입니다. 국무원이 정식으로 인가한 보세구는 다음의 지도에 나와 있습니다.

보세구의 기능으로서는 중개무역, 수출가공, 보세창고, 수출입무역, 상품견본시장, 국제금융 등을 들 수 있습니다. 보세구 자체가 경제특구, 경제기술개발구 내에 설치되어 있는 경우가 많기 때문에 경제특구 등의 우대조치에 더하여 외환관리의 자유성, 과세와 증치세의 면세범위의 확

대, 수출입 허가신청 수속의 면제, 외화결제의 자유성, 무역회사 설립의
가능성 등의 메리트가 있습니다.

## 보세구의 우대정책

① 보세구 내에서 무역, 창고, 수출가공, 운송, 금융, 보험, 수입상품
   전시 등의 회사를 설립할 수 있습니다.
② 국외와 보세구를 반출입하는 화물의 수입관세, 증치세, 소비세는
   과세되지 않습니다.
③ 보세구 내에서 가공한 제품을 수출하는 경우는 수출허가증 취득이
   면제됩니다.
④ 보세구 내와 보세구 밖의 화물 반출입은 수출입이 되나 수출시 부
   여되는 증치세의 면제, 환급 혜택에 대해서는 보세구로부터 국외로
   의 실제 수출이 조건이 됩니다.
⑤ 보세구 밖에서 보세구 내로 반입되는 것만으로는 수출이라고 볼 수
   없기 때문에 증치세의 수출환급은 실제로 국외로 수출되지 않으면
   이루어질 수 없습니다.
⑥ 보세구 내의 기업이 가공생산에 사용하는 수입 원자재에 대해서는
   보증금 제도의 적용은 없습니다.
⑦ 보세구 내의 기업은 보세구 밖의 기업에게 수출품의 가공을 위탁할
   수 있습니다. 수출가공구는 가공위탁이 제한되어 있습니다.

## 보세구의 외환관리

보세구의 외환관리는 일반지역보다 규제가 느슨하였지만, 2002년 7

월에 보세구 외화관리방법이 개정되어 규제가 강화되었습니다. 대략 다음과 같은 내용입니다. 또한 보세구 내 기업은 보세구 내의 중국 내자기업과 외상투자기업을 말합니다.

### 1) 사용통화

보세구와 국외 간에는 반드시 외화로 결제하지 않으면 안됩니다. 보세구와 보세구 밖의 국내지역 간의 거래는 보세화물과 비보세화물, 서비스거래가 있습니다.

보세화물에 대해서는 외화로 결제하고, 인민폐로 결제하는 것은 불가능합니다. 비보세화물에 대해서는 외화, 인민폐 모두 결제가 가능합니다. 서비스거래는 인민폐로 결제해야만 합니다.

보세구 내 기업 간, 보세구 간의 거래, 보세구와 수출가공구 등의 특정지역 간의 거래는 외화나 인민폐로 결제할 수 있습니다. 보세구의 행정관리기구에 지불하는 각종 비용은 인민폐로 결제하지 않으면 안됩니다.

### 2) 보세구 외환등기증과 연도검사

보세구 내 기업은 영업집조 취득 후 30일 이내에 외화관리국에서 등기신청을 하고, 보세구 외환등기증을 발행받아야 합니다. 또 매년 제1/4분기에 외화 연도검사를 받지 않으면 안됩니다.

### 3) 외화계좌

경상항목에 대해서는 외환관리국이 발행하는 계좌개설통지서와 등기증을 등기지역의 은행에 지참하여 경상항목 외화계좌(기본결제계좌)를 개설합니다.

자본항목에 대해서는 등기지역 밖에서도 계좌개설이 가능하며, 계좌개설지의 외환 관리국에서 발행한 자본항목 외화거래인가증과 등기증을 지참하여 차입금변제 등의 자본항목계좌(외화전용계좌)를 개설할 수 있습니다.

### 4) 외화지급

보세구 내 기업의 외화수입은 경상항목 외화계좌에 예금해야 합니다. 보세구 내 기업의 경상항목 국외지불은 등기증과 관련 증빙을 지참하고 외화계좌에서 지불해야 하며, 외화를 구입하여 지불하는 것은 안됩니다.

보세구 내 기업의 외국투자자가 배당송금을 할 때에는 등기증과 관련 증빙을 지참하여 외화계좌에서 지불하고, 외화잔고가 부족할 때는 은행 계정잔액표로 증명하고 나서 외화를 구입하여 송금할 수 있도록 되어 있습니다.

보세구 내 기업이 보세구 밖의 기업으로부터 외화로 화물을 구입할 때에는 관련 증빙을 근거로 외화계좌에서 지불하고, 외화를 매입하는 것은 안됩니다.

보세구 내 기업이 보세구 밖의 기업에게 화물을 판매하는 경우에는 화물이 보세구로부터 수입통관되는 경우와 화물이 보세구를 경유하지 않고 직접 보세구 밖으로 수입통관되는 경우가 있습니다. 보세구로부터 수입통관되는 경우는 외화계좌에서 또는 외화를 매입하여 지불할 수 있고, 국외로 직접 외화지불하는 것은 안됩니다. 단, 세관화물 국내반입 제출 명세서가 있으면 국외로 지불하는 것도 가능합니다.

보세구로 반입되지 않고, 직접 수입 통관하는 경우는 보세구 밖의 기업은 보세구 내 기업의 등기증과 관련증빙에 의해 외화로 국외로 지불하거나 보세구 내 기업에게 지불합니다.

보세화물이 보세구 밖에서 보세구 내로, 또는 보세구에서 보세구 밖으로 반입되는 경우는 보세구 밖의 기업이 수출입에 의한 외화수지 잔고

확인수속을 합니다. 보세구와 국외 간에 대해서는 보세구 내 기업은 잔고확인 수속을 할 필요는 없습니다.

인민폐로 등기 설립한 보세구 내 기업, 보세구 내 화물배송기업, 또는 제품의 일부를 국내판매하는 보세구 내 가공기업이 국외 또는 보세구 밖으로 외화지급할 때에는 우선 자기 소유 외화로 지불하고 부족할 때에는 등기증과 관련증빙에 의해 외화를 구입하여 지불하는데, 연간 외화 구입액은 등록 자본금, 연간 화물수입총액, 인가받은 국내 제품판매총액을 넘을 수 없습니다.

## 증치세의 취급

보세구 밖의 기업이 보세구에 판매하여 반입하는 화물은 수출로 간주되지 않습니다. 그 화물이 보세구에서 국외로 반출되어야 비로소 수출로 간주됩니다. 따라서 화물이 보세구에서 국외로 반입되었을 때에 수출판매 전용영수증(發票)이 발행되고, 수출화물의 생산에 사용된 원자재 부품에 부과되는 매입 증치세의 공제와 환급이 가능해집니다.

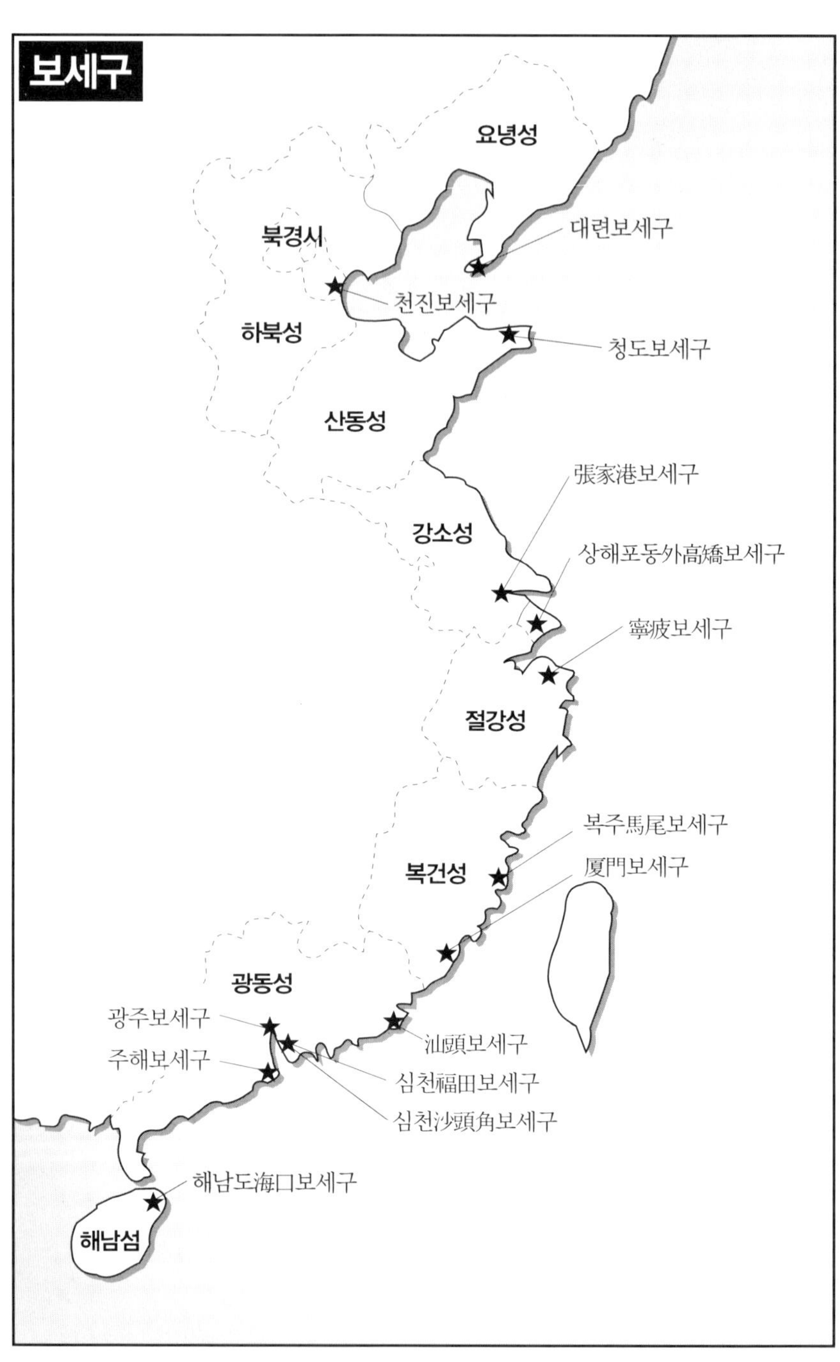

보세구
요녕성
북경시
대련보세구
천진보세구
하북성
청도보세구
산동성
張家港보세구
강소성
상해포동外高矯보세구
寧波보세구
절강성
복주馬尾보세구
厦門보세구
복건성
광동성
광주보세구
주해보세구
汕頭보세구
심천福田보세구
심천沙頭角보세구
해남도海口보세구
해남섬

# Q 26

## 수출가공구란 무엇입니까?

보세구 못지 않게 수출 촉진을 목적으로 하는 특별지역입니다. 수출가공구에서는 보세구와 달리 상업소매, 일반무역, 중개무역 등이 금지되어 있습니다. 수출가공, 창고, 운수가 인정되고 있습니다.

### 수출기공구의 개요

수출가공구라는 것은 국무원이 인가하고 세관이 관리감독하는 경제기술개발구 내의 특정지역입니다. 현재로 국무원이 정식으로 인가한 수출가공구는 다음의 지도와 같습니다. 수출가공구의 기업으로서는 수출가공기업, 창고기업, 운수업 등이 있습니다. 수출가공구 내에서는 상업소매, 일반무역, 중개무역 등의 업무는 할 수 없습니다.

## 수출가공구의 우대조치

구내에서 가공무역업무를 하는 기업은 가공무역의 은행 보증금대장 제도는 적용되지 않고 가공무역 등기수속도 실시되지 않습니다. 또한 은행보증금대장제도라는 것은 수입을 제한 또는 허가받은 원자재 부품을 수입할 때 관세와 수입증치세에 상당하는 보증금을 지불하고, 가공수출했을 때 그 보증금과 이자 상당액을 반환받는 제도를 말하는데, 기업의 과거실적에 따라서 적용에 차이가 있습니다.

## 국내거래의 규제

구내 기업은 원칙적으로 구외 기업에게 제품의 가공을 위탁할 수 없습니다. 단, 2002년 6월 국무원 통지로, 강소성의 昆山수출가공구와 상해의 松江수출가공구에 대해서는 수출가공구 내 기업과 수출가공구 밖의 가공무역기업 간에 가공위탁이 실험적으로 허용되고 있습니다.

또한 수출가공구 내 기업이 필요한 경우에는 관련 금형, 반제품 등을 구외로 외주가공하는 것도 가능합니다. 의뢰를 받은 구외기업은 가공구 세관에 수입관세와 증치세에 상당하는 보증금 등을 납부하고 구외로 반출하며, 위탁가공품을 구내로 다시 반입하였을 때에 보증금을 반환받습니다. 구외 기업에게 가공을 위탁하는 기간은 6개월이고 연장하는 것도 가능합니다.

구외로부터 가공구에 들어오는 화물은 수출로 간주되어 수출 통관수속 등을 하지 않으면 안됩니다. 구내 가공기업은 실질적으로 가공하지 않은 수입 원자재, 부품을 구내에서 판매할 수 없습니다. 구내에서 창고 서비스에 종사하고 있는 기업은 창고의 원자재, 부품을 구외기업에게 제공할 수 없습니다.

## 증치세의 취급

구외기업이 수출가공구에 판매하여 반입되는 화물에 대해서는 모두 수출판매 전용영수증을 발행하고, 증치세 전용영수증 또는 보통영수증은 발행하지 않습니다. 구외기업이 구내기업에게 판매하여 수출가공구로 반입되어 구내기업이 사용하는 세금환급 면세정책이 시행되는 화물에 대해서는 구외기업이 세관의 규정에 따라 수출화물 통관증을 작성하여 수출화물 통관증의 운수방식란에 수출이라고 기재하지 않으면 안됩니다.

구내기업이 구내에서 가공, 생산하는 화물에 대해서는, 직접 수출에 속하는 화물 및 구내기업에게 판매하는 화물은 증치세와 소비세가 면제됩니다.

구내기업이 수출하는 화물에 대해서는 세금환급은 적용되지 않습니다. 구내기업이 구외기업에게 위탁하여 제품의 가공을 하는 경우에 세금환급은 하지 않습니다.


## 위탁가공과 수출가공구

중국 수출실적의 절반은 외상투자기업에 의한 것이라고 말하고 있습니다. 마찬가지로 중국의 수출실적에서 차지하는 위탁가공의 비율은 상당히 높습니다. 위탁가공은 원대 중국 기업만이 차지였지만, 현재는 많은 외상투자기업도 위탁가공에 종사하고 있습니다.

이와 같이 중국의 수출진흥에 크게 공헌하고 있는 위탁가공이지만 위탁가공은 중국 국내 어디에서나 자유롭게 실시되고 있으므로, 중국 전체가 위탁가공에 의해 보세구와 같은 상태가 되어 버렸습니다.

따라서 아무 지역에나 보세지역을 확대하는 것과 같은 위탁가공은 앞으로는 제한하고, 보세지역을 수출가공구로 한정하자고 하는 주장이 있습니다.

수출가공시
사천成都수출가공구
2000년에 설립된 수출가공구
2002년에 증설된 수출가공구

내몽고呼和浩特
수출가공구
북경天竺
수출가공구
길림琿春수출가공구
화북泰皇수출가공구
大連수출가공구
산동威海수출가공구
산동煙台수출가공구
天津수출가공구
하남鄭州수출가공구
강소南通수출가공구
강소無錫수출가공구
강소昆山수출가공구
강소蘇州수출가공구
섬서西安수출가공구
상해松江수출가공구
절강寧波수출가공구
호북武漢수출가공구
杭州수출가공구
안휘蕪湖수출가공구
광동広州수출가공구
복건廈門수출가공구
광동深圳수출가공구

# Part

1_ 현지법인의 설립과 운영

# ② 현지법인의 세금

3_ 기업소득세

4_ 개인소득세

5_ 유통세

6_ 현지법인의 회계

# 조세우대정책에는 어떤 것이 있습니까?

조세우대정책에는 지역별 경감세율, 기간별 세금감면(Tax holiday), 원천세의 감면 등이 있습니다. 앞으로는 산업정책에 의한 우대정책, 직접적인 우대조치에서 간접적인 우대조치로 옮겨갈 전망입니다.

## 조세우대정책의 동향

주된 조세우대정책은 다음의 표와 같습니다. 그 밖에도 산업정책, 예를 들면 정보산업에 대한 우대정책과 같이 지역별 정책으로부터 산업별 우대정책으로 옮겨지는 흐름입니다.

또한 경감세율이나 기간별 세금감면(Tax Holiday, 일정기간 동안 감면세)과 같이 직접 세액을 감면하는 직접적인 우대정책으로부터 손금(비

용)으로서 인정하는지의 여부와 같은 과세소득 조정이나 투자세액 공제
와 같은 간접적인 우대정책으로 옮겨지고 있습니다.

**조세우대정책**

- 지역별 경감세율
- 기간별 세금감면(Tax holiday)
- 재투자에 의한 세금 환급
- 배당금의 원천세 면세
- 원천징수세의 경감
- 인프라 기반 정비에 대한 경감세율
- 중서부에 대한 경감세율

## 지역별 세율 경감

### 1) 경감세율 15%

- 경제특구에 설립된 외상투자기업
- 경제기술개발구에 설립된 생산형 외상투자기업
- 경제특구와 경제기술개발구가 있는 도시의 구시가지에서 특정의 장
  려 프로젝트를 실시하는 외상투자기업 등

### 2) 경감세율 24%

- 연해 경제개방구에 설립된 생산형 외상투자기업
- 경제특구가 있는 구시가지에 설립된 외상투자기업
- 경제기술개발구가 있는 도시의 구시가지에 설립된 외상투자기업

## 기간별 감면세(Tax Holiday)

## 1) 2免3減

경영기간 10년 이상의 생산형 외상투자기업은 생산경영을 개시한 후에 최초로 이익을 계상한 연도부터 2년간은 기업 소득세를 면제, 그 후 3년간은 기업소득세를 반감받습니다.(이것을 2免3減이라고 부릅니다.)

'최초로 이익을 계상한 연도' 의 의미는 개업 당초에 결손이 발생한 경우, 결손금을 5년간 이월할 수 있는데, 이월 결손금을 이익으로 보전한 후에 이익이 있는 연도를 말합니다.

## 2) 기타

그 밖에도 인프라 시설 관계에 대해서는 5免5減, 특정지역의 서비스업에 대해서는 1免2減 등도 있습니다.

## 재투자에 의한 세액 환급

외국투자자가 취득해야 하는 배당금을 직접 재투자하여 그 기업의 자본금을 증자시키거나 또 다른 기업에 자본금으로서 출자하는 경우에 재투자한 배당금에 과세된 외국투자 기업의 소득세 납부액의 40% 또는 전액을 외국투자자에게 환급하는 것입니다.

## 배당금의 원천소득세 면제

외상투자기업의 배당소득은 원천소득세가 면제됩니다.

## 원천징수세율의 경감

2000년 1월 1일부터 외국기업이 중국으로부터 취득한 이자, 리스요금, 특허권 사용료 등의 원천징수세율이 일률적으로 10% 경감됩니다.


## 인프라 기반정비와 중서부의 경감세율

에너지, 교통사업 기반프로젝트에 종사하는 생산형 외상투자기업과 중서부지구에 설립된 특정한 외상투자기업의 세율은 15%로 경감되고 있습니다.


## 서부 지구의 외상투자기업의 경감세율 15%

서부 지구에 설립된 장려산업의 내자기업과 외상투자기업은 일정기간 한도 내에 있어서 기업소득세의 세율이 15%로 경감됩니다.

# 정보산업의 우대정책에는 어떤 것이 있습니까?

정보산업 전반에 공통되는 우대와 하이테크제품, 소프트웨어 산업, 집적회로산업에 대한 우대정책이 있습니다.

## 정보산업 전반의 우대규정

### 1) 수입설비의 면세

– 소프트웨어 기업

소프트웨어 기업이 수입하는 자가사용 설비 및 계약에 의한 수입설비에 따른 기술(소프트웨어 등)과 세트 부품 등은 면세 불허가 제품을 제외하고, 관세와 수입증치세가 면제됩니다.

– 집적회로 생산기업

집적회로 생산기업이 집적회로기술과 생산설비 일체를 도입하여 집적회로 전용설비와 기기를 하나의 프로젝트로서 수입하는 경우에는 관련 규정에 따라서 관세와 수입 증치세가 면제됩니다.

– 하이테크 제품

외상투자기업 또는 외국기업이 '국가 하이테크제품 목록'의 제품을 생산하기 위해 수입하는 자가사용설비 및 계약에 따라 설비에 부수적으로 수입하는 기술 및 세트제품, 스페어 부품은 면세 불허가 제품을 제외하고 관세와 수입증치세가 면제됩니다.

## 2) 국산설비의 증치세 환급

'외국투자산업 지도목록'의 장려분류에 속하는 외상투자기업이 '당면 국가가 중점적으로 발전을 장려하는 산업, 제품 및 기술목록'의 투자항목에 해당하는 국내 구입설비와 그 부수설비(플라스틱 제품, 필름 제품, 도기, 부품 및 석유화학 프로젝트에 사용되는 배관 부품 등)를 구입했을 때에는 구입에 관련된 증치세가 환급됩니다.

## 3) 국산설비의 투자세액 공제

외상투자기업 및 중국에 기구, 장소 등을 갖고 있는 외국기업이 투자총액 내에서 구입한 국산설비가 '외국투자산업 지도목록'의 장려분류에 속하는 항목이고, '외국투자항목 면세 불허가 수입상품 목록'에 해당되지 않는 것이라면 그 구입한 국산설비 투자액의 40%를, 설비를 구입한 연도와 전년도를 비교하여 새롭게 증가한 기업소득세에서 공제할 수 있습니다.

위에서 말한 기업이 기존의 설비에 대해서 선진적, 응용적인 신기술, 신공예, 신설비, 신재료 등을 채용하여 생산기술조건을 개조한다면 투자총액을 초과해서 구입한 국산설비 투자의 40%에도 설비를 구입한 연도와 전년도를 비교하여 새롭게 증가한 기업소득세에서 공제할 수 있습니다.

## 하이테크 우대정책

'중국공산당 중앙위원회 및 국무원의 기술창조와 혁신, 하이테크의 발전, 산업화의 실현에 관한 결정'에는 다음의 우대조치가 포함되어 있습니다.

### 1) 컴퓨터 소프트웨어의 증치세 환급

판매시에 17%의 세율로 과세하고 실제의 세부담이 6%를 초과한 부분을 환급합니다. 생산기업의 소규모 납세의무자에 대해서는 6%의 증치세를 과세하고, 상업기업의 소규모 납세의무자에 대해서는 4%의 증치세를 과세하고 있습니다.

### 2) 기술양도와 기술개발의 영업세 면제

외상투자기업, 외국투자연구개발센터, 외국기업, 외국국적 개인에게 적용됩니다. 이 영업세의 면세규정에 따라서 종래 로열티 등의 해외송금시에 기업소득세와 함께 과세되고 있던 영업세가 면제되게 되었습니다. 영업세의 면제는 기술양도, 기술개발, 관련 기술 자문, 관련기술 서비스를 대상으로 합니다.

면세가 되는 기술양도라는 것은 특허와 노하우의 소유권과 사용권을 유상양도하는 것을 말합니다.

기술개발이라는 것은 타인의 위탁에 의해 개발자가 신기술, 신제품, 신공예·신재료, 시스템을 연구개발하는 것을 말합니다.

관련기술 자문이라는 것은 특정의 기술항목의 실시가능성 검증, 기술예측, 기술조사, 분석 등을 말합니다.


## 소프트웨어 산업의 우대정책

'소프트웨어 산업 및 집적회로산업의 발전을 장려하는 약간의 정책'

에는 다음의 우대정책이 포함되어 있습니다.

### 1) 소프트웨어 제품의 증치세의 환급

자사에서 개발생산한 소프트웨어 제품을 판매하는 것에 대해서는 2010년까지 17%의 법정세율로 증치세를 과세하고 실제의 세부담이 3%를 초과하는 부분에 대해서는 즉시과세 즉시환급(일단 과세한 뒤에 즉시 환급하는 방법)합니다.

### 2) 소프트웨어 산업의 기업소득세의 감면

새롭게 창업한 소프트웨어 기업은 인정을 받은 후, 이익을 획득한 연도부터 기업소득세의 2免3減(2년간의 면세와 3년간의 절반 감세)의 우대조치를 누릴 수 있습니다.

### 3) 소프트웨어 기업의 경감세율

국가기획국이 공포한 중점 소프트웨어기업은 10%의 세율로 경감하여 기업소득세가 과세됩니다.

### 4) 소프트웨어의 내용연수 단축

기업이 소프트를웨어를 구입하여 고정자산 또는 무형자산으로 계상한 경우에는 그 감가상각 또는 상각년수를 적당하게 단축할 수 있고 최단기로는 2년으로 할 수 있습니다.

## 집적회로산업의 우대정책

집적회로산업에 대한 우대정책에는 다음의 것이 포함되어 있습니다.

### 1) 집적회로산업의 증치세의 경감

### 정보산업의 우대정책

**정보산업 전반의 우대정책**
① 수입설비의 면세
② 국산설비의 증치세 환급
③ 국산설비의 투자세액 공제

**하이테크의 우대정책**
① 소프트웨어의 증치세 환급
② 기술양도, 기술개발의 영업세 면제

**소프트웨어 산업의 우대정책**
① 소프트웨어 제품의 증치세의 환급
② 소프트웨어 산업의 기업소득세의 감면
③ 소프트웨어 기업의 경감세율
④ 소프트웨어의 내용연수의 단축

**집적회로산업**
① 집적회로산업의 증치세 경감
② 15% 경감세율 적용
③ 수입 자가생산용 원자재 등의 수입면세
④ 집적회로 생산기업의 내용연수의 단축
⑤ 가공칩의 관세 경감
⑥ 기술개발비의 소득공제

증치세의 일반 납세의무자가 그 자사가 생산한 집적회로제품(단결정 실리콘을 포함)을 판매한 경우에 대해서는 2010년까지 17%의 법정세율로 증치세를 과세하고, 실제의 세부담율이 6%를 초과하는 부분에 대해서는 즉시과세, 즉시환급합니다.

## 2) 15%의 경감세율 적용

다음 중 하나의 조건에 부합하는 집적회로 생산기업에 대해서는 15% 의 경감세율이 적용됩니다.

- 투자액이 80억 인민폐를 초과할 것
- 집적회로선이 0.25 마이크로 미터(1/1000 밀리미터)보다 작을 것

### 3) 수입한 자가 생산용 원자재 등의 수입면세

집적회로 생산기업이 자가사용의 생산성 원자재, 소모품을 수입하는 경우에는 관세와 수입단계의 증치세가 면제됩니다.

### 4) 집적회로 생산기업의 내용연수의 단축

집적회로 생산기업의 생산성 설비의 내용연수는 최단기로 3년입니다.

### 5) 가공칩의 관세 경감

국내의 집적회로 설계기업이 집적회로를 설계하는 경우에 국내에서 생산할 수 없는 칩을 국외에서 생산하는 경우에는 수입시 우대 잠정세율 로 관세를 과세할 수 있습니다.

### 6) 기술개발비의 소득공제

외상투자기업 및 외국기업이 당년도에 국내에서 발생한 기술개발비 가 전년도 대비 10% 이상 실질적으로 증가하고 세무기관이 인정한 경우 에는 당해년도에 발생한 기술개발비의 실제 발생액의 50%를 당해년도 과세소득액에서 공제할 수 있는 것으로 되어 있습니다. 당해년도의 과세 소득액을 초과하는 소득공제액(실제 발생액의 50%)은 당해년도 밖에 공 제할 수 없고, 이월공제는 인정하지 않습니다. 단, 결손보전 후에 과세소 득액이 없어지는 기업은 가능합니다.

**집적회로 설계기업:** 집적회로 설계기업은 소프트웨어 산업으로 간주하 여, 소프트웨어 산업 관련정책이 적용됩니다.

# 보세구, 수출가공구의 조세우대정책에는 어떠한 것이 있습니까?

국외에서 구내로 반입되는 설비, 원자재 부품 등은 과세되지 않습니다. 보세구와 수출가공구의 다른 점은 증치세의 면세환급에 있습니다.

## 보세구의 조세우대정책

**보세구내 가공기업의 기업소득세 세율은 15%로 경감됩니다.** 세관의 기준으로 보면, 보세구는 국외이므로 국외와 보세구를 반출입하는 화물의 수입관세, 증치세, 소비세는 과세되지 않습니다. 보세구 내와 보세구 밖의 화물의 반출입은 수출입이 되지만, 수출에 관련된 증치세의 면세와 환급에 대해서는 보세구 밖에서 보세구 내로 반입되는 것만으로는 수출로 간주되지 않습니다. 보세구에서 국외로 실제의 수출이 조건이 되므로 증치세의 수출환급은 실제로 해외로 수출되지 않으면 이루어질 수 없습니다.

## 수출가공구의 조세우대정책

**수출가공구기업은 경제기술개발구의 소득세정책(경감세율 15%)이 적용됩니다.** 구내기업이 구내에서 가공생산하는 화물에 대해서는 직접 수출에 속하는 화물 및 구내기업에게 판매하는 화물인 경우 증치세와 소비세는 과세되지 않습니다. 구내에서 생산하는 인프라 건설을 위해 필요한 기기, 설비와 생산공장, 창고시설을 위해 필요한 건설물자의 반입은 면세됩니다.

구내기업의 생산에 필요한 기기, 설비, 주형(鑄型) 및 스페어 부품은 면세됩니다. 구내기업이 수출제품의 가공에 필요한 원자재, 부품, 조립품, 포장재료 및 소모재료는 과세유보됩니다. 구내기업이 자기 사용에 합리적인 수량의 사무용품은 면세됩니다.

## 보세구와 수출가공구의 다른 점

구외(보세구 밖의 국내)로부터 구내로 제품 등이 판매된 것만으로는 수출로 간주되지 않고 그 판매화물이 보세구로부터 국외로 실제 반출되어야만 수출판매로서 매출 증치세의 면제, 매입 증치세의 세액 공제 또는 환급이 인정됩니다.

구외(수출가공구 밖의 국내)에서 수출가공구로의 제품 등의 판매는 수출로 인정되기 때문에 구외기업은 수출가공구로 판매한 시점에서 매출 증치세의 면세, 매입 증치세의 세액 공제 또는 환급이 인정됩니다.

## 外高橋보세구의 조세우대정책

**생산형기업의 기업소득세 세율은 15%로 경감되고 있습니다.** 일반지역과 마찬가지로 경영기간 10년 이상의 생산형 기업은 최초로 이익을 계상한 연도(이월결손금을 보전한 후에 처음으로 이익이 계상된 연도)로부터 2년간은 기업소득세가 면제되고, 그 후의 3년간은 기업소득세가 반감됩니다.

外高橋보세구의 무역, 창고 등의 비생산형 기업의 기업소득세 세율도 15%입니다. 단 비생산형 기업이므로 경영기간 10년 이상의 경우는 최초로 이익을 계상한 연도부터 1년간은 기업소득세의 면제, 그 후의 2년간은 기업소득세가 반감됩니다.

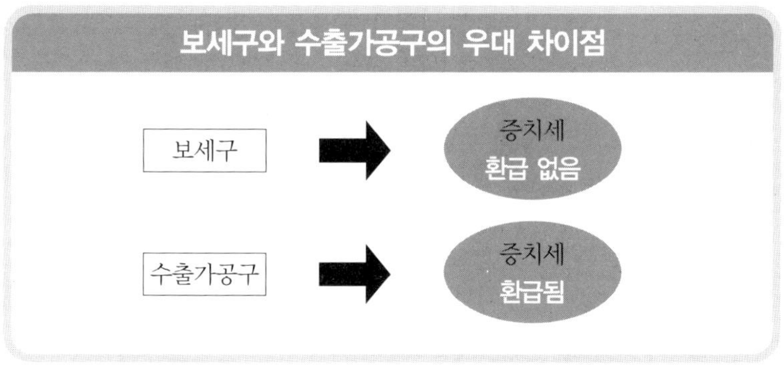


보세구 기업이 생산해서 구내의 기업에게 판매하거나 혹은 국외로 판매한 제품은 생산단계의 증치세가 면제됩니다. 그러나 보세구에서 구외(비보세구)로 판매한 제품은 증치세 등이 과세됩니다. 이 경우 제품을 생산하기 위해 국외에서 모든 원자재, 부품 등을 반입한 경우는 그 원자재, 부품의 가격에 따라 과세됩니다. 국외로부터 들여온 원자재, 부품과 보세구 내에서 조달한 원자재, 부품이 있는 경우에는 제품에 포함되어 있는 원자재, 부품의 비율에 따라 과세되는 것으로 되어 있습니다.

# 위탁가공의
# 장점과 단점은 무엇입니까?

장점은 ① 위탁가공에 사용되는 생산설비의 수입관세와 증치세를 면세로 반입할 수 있는 것 ② 가공임(加工賃)에 증치세가 붙지 않는 것 ③ 또한 가공을 위해 수입하는 원자재 부품에 수입관세와 증치세가 과세되지 않는 것입니다.

## 위탁가공

위탁가공이라는 것은 현지의 회사와 외국의 모회사 등이 위탁가공계약을 체결하고, 외국의 모회사가 원자재 부품 등을 현지의 회사에 무상으로 제공하여 현지의 회사가 이것들을 가공하여 생산한 제품을 모회사로 수출하고, 현지의 회사는 가공임을 모회사로 청구하는 것입니다. 원자재, 부품 등과 제품은 무상으로 교환됩니다.

## 위탁가공의 생산설비

위탁가공의 제일 큰 장점은 외국의 모회사가 현지회사에 무상으로 생산설비를 제공한 경우, 수입통관 시에 관세와 증치세가 면세되는 것입니다. 위탁가공계약이 종료되었을 때 이 생산설비는 현지회사의 소유가 됩니다. 또한 제 3자에게 전매하는 경우에는 수입 시의 관세와 증치세가 다시 과세됩니다.

## 위탁가공임(加工賃)

두 번째의 장점은 가공임에 증치세가 과세되지 않는 것입니다. 통상 중국에서는 물품의 판매, 가공, 수리, 조립수리, 물품의 수입에 대해서 17%의 증치세가 과세됩니다. 보통의 제조회사라면 매출고에 관계된 증치세, 즉 매출세와 구입에 관계되는 증치세, 즉 매입세의 차액을 납세해야 합니다. 매출과 매입의 차이가 가공임에 해당한다면 위탁가공의 증치세 면세가 상당히 큰 우대조치인 것을 알 수 있습니다.

## 무상지급의 원자재 부품 등

세 번째의 장점은 수입하는 원자재, 부품 등이 보세취급되어 제품으로서 수출되기까지 관세와 증치세가 과세되지 않는 것입니다. 통상의 수입과 수출이라면 원자재, 부품이 수입될 때에 관세와 증치세가 과세되고, 제품이 제조되어 수출될 때에 수입 시에 납부했던 증치세가 환급되는 구조입니다.

그러나 이런 경우, 관세는 환급되지 않습니다. 또한 수입 시에 관세와 증치세의 납세자금 부담이 발생하게 됩니다. 따라서 현행의 위탁가공에 대한 보세 취급은 현지기업에게 있어서 상당히 유리한 조치라고 말할 수 있습니다.

## 위탁가공의 단점

**위탁가공은 단 한 가지 단점이 있습니다.** 그것은 위탁가공이 외국의 모회사로부터 무상으로 공급된 원자재, 부품만으로 제품 가공이 이루어진다면 문제는 없지만, 일부 원자재, 부품을 중국 국내에서 조달하지 않으면 안 되는 경우에는 그 국내에서 구입한 원자재, 부품에 증치세가 과세되는 것입니다.

### 위탁가공의 장점과 단점

**위탁가공(來料가공)의 장점**
① 원자재 부품 등은 수입면세
② 위탁가공임도 면세
③ 가공생산비도 수입면세

**위탁가공(來料가공)의 단점**
① 국내매입 원자재 부품의 증치세는 부담

위탁가공은 보세에 의한 특별조치가 적용되고 있기 때문에 매출에 관계되는 증치세 즉, 위탁가공임의 증치세는 면세되고 있지만, 통상의 수출제품에서 인정되고 있는 매출의 면세 이외의 매입 증치세 공제와 환급은 인정되지 않고 있습니다.

위탁가공은 완전히 세금이 면제되는 것이 아니고 국내 조달 원자재, 부품에 관계되는 증치세는 부담하지 않으면 안됩니다.

# 유상지급의
# 위탁가공이란 무엇입니까?

원자재 부품을 무상으로 공급하는 것이 위탁가공(來料加工)이고,
원자재 부품을 유상으로 공급하는 것이 수입가공입니다.

## 위탁가공과 수입가공

위탁가공이라는 것은 원자재, 부품 등을 무상으로 지급하고 제품을 무상으로 인수하여 가공임만을 지불하는 계약입니다.

위탁가공은 중국어로는 '來料가공'이라고 씁니다. 또한 원자재를 들여온다는 점에서 중국에서는 이 來料가공과 같이 취급되고 있는 것으로 '進料가공'(수입가공)이라고 하는 거래가 있습니다.

'進'의 의미는 수입의 뜻으로, 해외에서 원자재, 부품 등을 유상으로 매입하여 가공, 생산한 제품을 유상으로 판매합니다. 원자재, 부품의 수

입계약과 제품의 수출계약이 각각 이루어지고 대금은 각각 결제합니다.

수입가공과 위탁가공의 차이점은 원자재, 부품 등과 제품이 유상인가 무상인가 하는 것으로, 위탁가공이나 수입가공 모두 실질적으로는 동일한 가공무역 거래입니다.

## 수입가공

수입가공도 위탁가공과 동일하게 우대정책을 받을 수 있습니다. 즉, 생산설비를 무상으로 현지기업에게 제공하였을 때는 생산설비의 수입 시의 관세와 증치세는 면제됩니다.

또 유상으로 공급된 원자재, 부품 등도 보세 취급을 받기 때문에 원칙적으로는 수입관세와 증치세는 과세되지 않습니다. **그러나 두 가지 형태 사이에 한 가지 다르게 취급을 받는 점이 있습니다. 그것은 '증치세의 수출환급에 관계되는 취급'입니다.** 위탁가공은 관세와 증치세는 일체 부과되지 않는 것에 비해, 수입가공은 증치세의 수출환급 계산의 구조에서 증치세 환급률이 증치세 세율보다도 낮은 경우에 세금 코스트 부담이 발생합니다.

따라서 그만큼 위탁가공보다 불리한 취급을 받습니다. 그 세금 부담의 계산은 다음과 같은 방식입니다.

> **Tip** 세금 코스트 부담액＝(제품 수출가격－원자재, 부품 등의 보세가격)
> ×(증치세 세율－증치세 환급률 등)

이러한 방식에서 보여지듯이 만일 증치세의 환급률이 증치세의 징세율 17%와 동일하다면 전체가 제로가 되기 때문에 세금 코스트는 발생하지 않습니다.

현재 전기제품, 전자제품 등 대부분 제품의 세금환급률이 징세율과 같은 17%로 되어 있으므로 대부분의 업종에서 세금 코스트는 발생하지 않습니다. 그러나 일부 업종에서는 세금 환급률이 17%보다 낮은 경우가 있어서 이럴 때는 세금 코스트가 발생하고, 그만큼 불리한 대우를 받습니다.

---

### 위탁가공과 수입가공

**공통점**
- 무상으로 제공한 생산설비의 수입관세와 증치세는 면제됩니다.
- 원자재,부품의 수입은 보세처리로 수입관세와 증치세는 과세되지 않습니다.

**다른점**
- 수입가공은 증치세의 수출환급에서 환급률이 징세율보다 낮으면 원가부담이 발생합니다.
- 위탁가공은 국내 매입 원자재, 부품의 증치세에 의한 원가부담이 발생합니다.

---

## 국내 매입 증치세의 취급

앞에서 말한 바와 같이, 進料가공에서는 증치세의 세금 환급률이 징세율보다 낮은 경우에 증치세의 부담이 발생하므로, 來料가공보다 불리한 경우가 됩니다.

그러나 Q30에서 답한 바와 같이 來料가공에서 국내 매입의 원자재, 부품등에 대해서는 공제 또는 환급이 불가능하므로 매입 증치세의 부담이 발생합니다. 이에 비해 進料가공에서는 국내매입 원자재, 부품 등에 대해서 매입세액 공제 또는 환급이 인정되고 있습니다. 따라서 업종 분야, 취급 제품, 지리적 요소 등을 고려하여 어떻게 할 것인가를 선택할 필요가 있습니다.

# Q 32

## 중국에는 **어떤 세금**이 있습니까?

중국은 유통세인 증치세가 가장 비중이 큰 세금입니다. 법인세,
소득세 등과 같은 기본적인 세법은 있지만 상속 증여세는 아직
정비되어 있지 않습니다.

중국의 세금은 다음의 표와 같이 분류하고 있습니다. 이 표에서 알 수
있듯이 중국의 세금은 내자기업을 대상으로 하는 국내세법과 외자기업
을 대상으로 하는 섭외세법으로 나뉘어져 있고, 아직 통일된 조세체계로
되어 있지 않습니다. 중국은 WTO에 가맹하고 세법의 통일을 위해 조세
개정이 이루어질 예정입니다. 여기서는 현행의 세법에 대해 개략적으로
소개합니다.

중국의 세제는 **유통세**를 중심으로 하는 체계로 이루어져 있습니다. 가
장 세수가 많은 것은 증치세인데, 이것은 외국의 부가가치세와 같은 개

념입니다. 외국의 부가가치세는 물품과 서비스의 양쪽을 과세대상으로 하고 있지만, 중국의 증치세는 물품만을 과세 대상으로 하고 있고, 용역에 대해서는 영업세로 과세하고 있습니다.

그러나 중국의 영업세는 매출고에 대해서 세율을 곱해서 세액을 계산

## 중국의 세금

| 세금의 종류 | 법규 | 국내 | 섭외 |
|---|---|---|---|
| 유통세 | 증치세 잠정조례 적용 | 적용 | 적용 |
| | 소비세 잠정조례 적용 | 적용 | 적용 |
| | 영업세 잠정조례 적용 | 적용 | 적용 |
| 소득세 | 기업소득세 잠정조례 | 적용 | |
| | 외국투자기업 및 외국기업소득세법 | | 적용 |
| | 개인소득세법 | 적용 | 적용 |
| 자원세 | 자원세 잠정조례 | 적용 | 적용 |
| | 도시향진토지사용세 잠정조례 | 적용 | |
| 특별목적세 | 도시용호건설세 잠정조례 | 적용 | |
| | 고정자산투자방향조절세 잠정조례 | 적용 | |
| | 토지증치세 잠정조례 | 적용 | 적용 |
| 재산행위세 | 부동산세 잠정조례 | 적용 | |
| | 도시부동산세 잠정조례 | 적용 | |
| | 차량선박사용세 잠정조례 | 적용 | |
| | 차량선박감찰사용세 잠정조례 | | 적용 |
| | 차량구입설치세 잠정조례 적용 | 적용 | 적용 |
| | 인지세 잠정조례 | 적용 | 적용 |
| | 도살세 잠정조례 | 적용 | 적용 |
| | 연석(宴席)세 잠정조례 | 적용 | |
| 농업세 | 농업세 조례 | 적용 | |
| | 경지점용세 잠정조례 | 적용 | |
| | 거래세 잠정조례 | 적용 | 적용 |
| 관세 | 수출입관세 조례 | 적용 | 적용 |
| 징수관리 | 조세징수관리법 | 적용 | 적용 |

하는데 **한국에는 이에 해당하는 세금이 없습니다.** 중국의 소비세는 한국의 **특별소비세에 해당하는 것입니다. 한국의 법인세에 해당하는 것이 기업소득세입니다.** 중국의 기업소득세는 현재의 시점에서 중국의 내자기업을 위한 '기업소득세법'과 외자계 기업을 위한 '외국투자기업 및 외국기업 소득세법'으로 나뉘어져 있지만, 가까운 장래에 통일될 예정입니다. **개인소득세는 한국의 소득세에 해당합니다.**

그 밖에도 외자계 기업에게는 자원세, 토지증치세, 도시부동산세, 차량선박 감찰사용세, 차량구입 설치세, 인지세, 도살세(屠殺稅), 거래세, 관세가 적용됩니다. 조세징수관리법은 한국의 국세징수법에 해당하는 것으로, 2001년에 개정되었고 2002년에 실시세칙이 개정되고 있습니다.

# 주요 세금은 어떤 것입니까?

한국의 법인세에 상당하는 것으로서 외국투자기업 및 외국기업
소득세법이 있고, 한국의 소득세에 상당하는 것으로서 개인소득
세법, 그 밖에도 한국의 부가가치세에 상당하는 것으로서 증치세,
영업세 등이 있습니다.


## 유통세

**증치세**의 '증치'라는 것은 부가가치를 의미하는데, 물품의 제조 판매
및 가공의 제공에 대한 부가가치세입니다.

한편 **영업세**는 공업적 용역 이외의 용역, 무형자산과 부동산의 판매,
금융서비스 등에 부과되는 세금입니다. 따라서 **증치세와 영업세를 합한
것이 한국의 부가가치세에 상당한다**고 생각할 수 있는데 엄밀히 말하면,

영업세의 과세방법이 완전히 같다고는 할 수 없습니다. 즉, 증치세와 한국의 부가가치세는 매출세에서 매입세를 뺀 부가가치부분에 대해서 세율을 계산하는데 반해 영업세는 매출금액 그 자체에 대해 세금을 부과합니다. 중국의 소비세는 술, 담배 등의 사치품 등에 대한 세금입니다.

## 소득세

**기업소득세**는 중국기업용(기업소득세)과 외자계 기업용(외국투자기업 및 외국기업 소득세)이 있고, 어느 것이나 한국의 법인세에 해당됩니다. **개인소득세는 한국에서 말하는 소득세입니다.** 이전에는 기업, 개인 모두 외자계 기업용과 국내기업용으로 나뉘어져 있었으나 94년에 개인소득세는 일원화되었습니다.

그러나 기업소득세 쪽은 그 당시 국유기업, 집체기업, 사영기업 등으로 나뉘어져 있던 기업소득세법이 중국기업이라는 명칭으로 일원화되고, 외자계와 같은 세율(33%)로 조정되어 기업소득세법으로서 확립된 상태입니다.

**외자계 기업에 해당되는 주요한 세금**

| 구 분 | 세 법 | 유사한 외국(한국)의 세법 |
| --- | --- | --- |
| 유통세 | 증치세 | 부가가치세 |
|  | 소비세 | 특별소비세(술, 담배 등) |
|  | 영업세 | 해당없음 |
| 소비세 | 기업소득세 | 법인세 |
|  | 개인소득세 | 소득세 |
| 특별세 | 토지증치세 | 특별부과세 |
| 재산세 | 부동산세 | 부동산보유세 |
| 행위세 | 인지세 | 인지세 |

WTO에도 가맹했고, 중국기업과 외자계 기업을 공평하게 취급해야 하기 때문에 기업소득세가 통일되어 법인세가 되는 것도 눈앞의 목표가 되었습니다.

## 기타 세금

자원세는 외국의 석유세, 광산세 등과 같은 것입니다. 도시향진(都市鄕鎭) 토지사용세, 부동산세, 도시부동산세는 어느 것이나 한국의 부동산보유세와 같은 것이지만, 외자계에 대해서는 도시부동산세 만이 적용됩니다.

도시옹호건설세는 외국의 도시계획세와 같은 것으로 아직 외자계에 대해서는 적용되지 않고 있으나 가까운 장래에 세법개정을 통해 적용될 예정인 세금입니다.

고정자산 투자방향 조절세, 도살세, 경지점용세, 농업세, 거래세는 외국에서도 별로 해당되는 세금은 아닙니다. 토지증치세는 한국에서도 과거에 법인의 특별부과세로서 특별세율로 토지의 양도소득에 대해서 과세되고 있었던 것과 비슷합니다.

차량선박 관계에는 3가지의 세금이 있고, 한국의 자동차세와 비슷합니다. 단, 차량구입 설치세는 최근 제정된 것인데, 한국의 등록세에 해당됩니다.

# Q 34



'기업소득세법'과 '외국투자기업 및 외국기업 소득세법'의 통일
은 외자계에 대한 우대정책에 영향이 있어서 특히 중요합니다. 또
증치세의 과세범위가 확대되게 됨에 따라 현행 영업세의 불합리
가 개선될 예정입니다.


## 세율의 통일

'기업소득세법'과 '외국투자기업 및 외국기업 소득세법'의 세율
(33%)은 이미 일치되어 있습니다. 하지만 문제는 **중국기업에게 인정되고
있는 우대정책과 외자계 기업에게 인정되고 있는 우대정책의 차이를 어떻
게 조정하는가 하는** 것입니다.

외자계 기업의 우대정책이 곧 없어진다고 하는 것은 아니겠지만, 중국

의 WTO 가맹에 따라서 중국기업도 세계경제의 테두리 안에서 격심한 경쟁에 나서게 되어, 중국 국내에서 비교적 우대받아 왔던 외자계기업 우대정책이 공평한 경쟁력의 확보라고 하는 관점에서 문제가 되어 왔습니다.

따라서 **우대정책은 중국기업도 외자계 기업도 동일하게 취급되는 방향으로 개선될 것으로 보입니다.**

## 개인소득세의 개정

최근에는 연해도시지역의 경제발전이 눈부시고, 여러 부유층이 출현하였습니다. 그러나 개인소득세의 징세 관점에서는 아직 납세가 충분히 이루어지지 않기 때문에 개인소득세를 공평하게 징수하기 위해 개정될 예정입니다. 예를 들면 종합과세보다 분리과세를 늘리고, 소득공제 항목을 적게 하여 소득총액에 의한 원천징수 과세제도를 강화하는 것이 검토

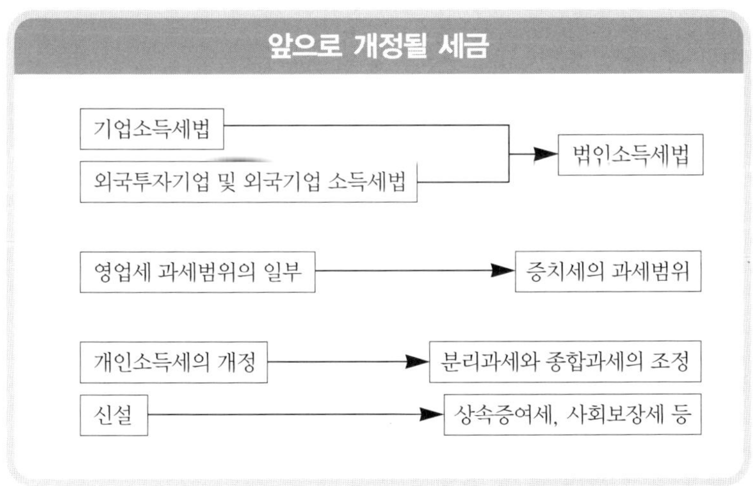

되고 있습니다. 법인세와의 조정을 꾀하여 세율은 사업소득에 따라서 법인세와 같게 하고, 그 밖에 개인소득의 세율도 낮게 하는 것도 검토되고 있습니다.

## 증치세의 개정

고정자산을 구입했을 때의 증치세에 대해서는 매출세에서 뺀 매입세액 공제가 불가능합니다. 고정자산의 매입 증치세는 자산의 원가에 계산하여 넣고, 고정자산의 감가상각을 통해서 생산 코스트가 되어 갑니다. 그 결과 많은 액수의 설비투자를 하는 중국의 기업은 세금 부담만큼 비용 경쟁력이 약화되고, 국제경쟁에서 불리하게 됩니다.

따라서 외국의 부가가치세와 마찬가지로 고정자산에 부과된 매입세도 매출세에서 공제되도록 세제를 개정할 것이 예정되어 있습니다.

또한 영업세의 과세범위인 운수업, 건설업, 부동산업의 분야에서 발생한 영업세가 코스트가 되어 경쟁력이 약화되는 것을 개선하기 위해 이들 업종의 과세범위를 증치세의 과세범위로 변경할 것도 검토되고 있습니다. 즉, 이들 분야에서 발생한 세금을 매입세액에서 공제함으로서 기업의 세금 코스트를 경감시키도록 하는 것입니다. **그밖에도 상속증여세의 신설, 사회보장세의 창설 등이 검토되고 있습니다.**

# 중국의 세금징수는
## 어떻게 이루어집니까?

중국의 세금징수 시스템의 특징은 증치세를 중심으로 하는 간접
세 위주의 세수구조와, 지방정부의 독립성의 강화에 있습니다.

## 국세와 지방세

현재로는 어느 지역에 가노 국가세무국과 시빙세무국이 있습니다. 원
칙적으로 국세는 국가세무국, 지방세는 지방세무국이 징수하도록 되어
있습니다. 가장 많은 세수입인 증치세는 공통세로서 징수는 국가세무국
이 일괄하여 하고, 75%는 중앙정부, 25%는 지방정부에게 귀속됩니다.

외자계 기업과 관계가 깊은 외국투자기업 및 외국기업 소득세(지방세
도 포함)와 소비세도 국가세무국이 징수하지만, 개인소득세와 영업세는
현재의 시점에서 지방세로 분류되어 있기 때문에 지방세무국에서 징수

하는 것으로 되어 있습니다.

단, 이러한 국세와 지방세의 분류는 중앙정부와 지방정부의 교섭도 있어서 개정이 이루어질 경우도 있습니다.


## 중앙정부와 지방정부

증치세도 그렇지만, 이전에는 세금의 징수는 모두 지방정부의 세무기관이 징수하고, 그 징수한 세금의 일부를 중앙정부에게 상납하는 시스템이었습니다.

그 당시는 세금수입의 약 60%가 지방정부로, 약 40%가 중앙정부로 귀속되었으나 1994년 세제개정으로 중앙집권화가 강화되어 새롭게 국가세무국이 각 지역에 설치되고, 중앙정부가 직접 세금을 징수할 수 있는 체제가 정비되었습니다.

이 세제개혁으로 중앙정부의 세수는 약 60%가 되고, 지방정부의 세수는 거꾸로 40%가 되었습니다. 중앙정부가 세수를 늘려 인프라의 정비, 연해지역과 내륙지역의 경제격차 시정 등을 하는 것을 목적으로 하고 있습니다. 그러나 세금징수의 역사가 원래 지방정부가 주체였던 원인으로 인해 중국에서는 전국적으로 통일된 조세정책, 세무해석이 아니라 때로는 지방정부가 중앙정부가 말하는 대로 징수하지 않는 습관이 지금도 뿌리 깊게 남아 있습니다. 중앙정부의 통지가 아니라 각 지방정부의 관행이 우선되어 지방에 따라서 징수방법이 다른 것이 일반적으로 통용되고 있습니다.


## 지방정부의 우대정책

외국기업이 중국에 진출할 때에 부딪쳤던 한 장면으로서, 그 지방정부 또는 지방정부 산하의 개발회사가 그 지방 독자의 우대정책을 설명하고 외자도입을 권유하였습니다.

지방정부의 조세우대정책은 지방정부가 권한을 가지고 있는 지방세라면 각 지방정부가 자신의 권한으로 우대하는 것이 인정되고 있습니다.

### 현행의 국세와 지방세

| | |
|---|---|
| **국세** | 관세<br>소비세<br>중앙정부 소속기업의 기업소득세<br>지방은행, 외자계은행 이외의 금융기관의 기업소득세<br>국유전업은행, 보험공사 등의 영업세 등 |
| **지방세** | 영업세<br>지방정부 소속기업의 기업소득세<br>개인소득세<br>부동산세, 인지세, 토지증치세 등 |
| **공통세** | 증치세(75%는 중앙정부, 25%는 지방정부) 등 |

그러나, 과거 지방정부의 조세우대정책에는 경우에 따라서 국세에 대해서까지 감면세를 마음대로 처리해 버리는 경우가 있었습니다. 이렇게 통일되지 않은 지방의 우대정책을 시정하기 위해서 **중앙정부는 2001년에 각 지방정부가 지금까지 제정하고 있었던 조세우대정책을 폐지하도록 통지를 전국에 하달하였습니다. 이에 따라 2002년부터 각 지방정부 단위로 독자의 우대정책을 폐지하는 규정이 나오게 되었습니다.**

# 현지법인과 관계가 있는 세금은 무엇입니까?

합자계약의 체결부터 시작하여, 생산설비의 수입과 현지조달, 공장건물의 건설, 차량의 구입, 게다가 기술자와 파견자의 파견, 생산 가동에 따르는 원자재 부품의 수입과 현지조달과 함께 세금이 발생합니다.

## 합자기업의 예

다음 표의 과세 관계를 합자회사 설립의 예를 들어 설명하겠습니다. 우선 중국에 합자회사를 만들기 위해 담당자가 몇 차례에 걸쳐 출장을 하여 합자계약 교섭 등의 회사 설립 준비를 하는 동안은 일반적으로 세금은 발생하지 않습니다. 단, 출장자가 1년에 183일을 초과하여 중국에 체재하면 개인소득세가 체재일 수에 따라서 과세되는 것으로 되어 있습니다.

합자교섭이 결말이 나고, 중국에서 합자계약이 체결되었을 때에는 합자계약서의 작성에 대해 인지세가 과세됩니다.

다음으로 합자계약이 인가를 받고, 회사의 설립등기도 완료되고, 자본금이 납입되어 합자회사도 공장이나 사무동을 건설하여 외국으로부터 생산설비도 수입합니다.

외국으로부터 생산설비가 합자회사로 수출될 때는 **그 합자회사가 수입설비의 면세수속을 하고 있으면 수입설비의 관세와 증치세는 면제됩니다.**

국내에서 설비와 비품을 구입하면 대금의 지불 시에 증치세가 발생합니다. 합자회사가 자동차를 구입하면, 자동차 번호판 세금으로서 **차량선박 감찰사용세가 과세**되고 **차량구입 설치세**도 과세됩니다.

완성된 공장과 사무동은 건물로서 외국에서 말하는 고정자산세와 같은 **도시부동산세**를 납세하지 않으면 안됩니다. 또한 도시부동산세에는 건물뿐만 아니라 토지사용권의 취득도 포함되어 있지만 외자계 기업에 대해서는 토지사용권의 취득에 대해 현재의 시점에서 과세하지 않고 있습니다. 건물만이 대상이 됩니다. 가까운 장래에 중국기업을 위한 부동산세와 함께 세법이 개정될 예정입니다.

### 합자회사에 부과되는 세금

| 거래형태 | 관계되는 세금 |
| --- | --- |
| 합자계약의 체결 | 인지세 |
| 생산설비 구입 등 | 수입관세, 증치세 |
| 차량구입 | 차량선박 감찰사용세, 차량구입 설치세 |
| 공장완성 | 도시부동산세(도시건설세) |
| 외국인 주재 | 개인소득세 |
| 로얄티 지불 | 기업소득세, 영업세 |
| 원자재 수입 | 수입관세, 증치세 |

## 파견자에 부과되는 세금

합자회사에 출장하는 외국인 주재원으로 중국에서 1년 이상 거주할 예정으로 파견되는 경우에는 중국의 거주자로서 **개인소득세**의 납세의무자가 됩니다.

설립 시에 외국에서 지원 기술자가 파견되어 외국의 모회사와 합자회사와 기술서비스와 같은 계약을 체결하고 어떤 비용이 외국의 모회사로 송금되는 경우가 있습니다. 그 비용의 내용에 근거하여 로열티에 대한 기업소득세가 원천징수됨과 동시에 영업세가 과세될 수도 있습니다. 또는 용역계약으로서 외국 모회사가 **기업소득세**와 **영업세**의 자진신고를 하지 않으면 안 될 수도 있습니다. 합자회사는 원자재와 부품을 국내와 해외에서 조달하여 매입 또는 수입 증치세를 지불하겠고, 제품을 국내판매하였을 때에는 판매선으로부터 증치세를 매출세로서 회수하지 않으면 안 됩니다.

이러한 **매출세와 매입세의 차이가 합자회사가 세무국에 납세할 증치세액**이 됩니다. 이때에 수입 판매하고 있으면 수출제품 관계되는 원자재와 부품의 매입 또는 수입시에 지불하였던 증치세가 환급되게 됩니다. 합자회사가 제품의 판매뿐만 아니라 서비스의 제공도 사업으로서 하고 있다면 그 서비스 수입에 대하여 영업세가 과세됩니다. 연도 말에는 기업소득세의 확정신고도 있습니다.

# 현지법인의 세무신고서에는
## 어떤 종류가 있습니까?

증치세의 신고와 환급, 소비세와 영업세의 신고, 기업소득세의 4
분기 예정신고와 확정신고 및 원천징수 신고, 개인소득세의 월차
신고 또는 원천징수 등에 따라 각각의 신고가 있습니다.

## 증치세

'**증치세 신고서**'에는 일반납세자용과 소규모납세자용이 있습니다. 증
치세의 매입 세액 공제를 하기 위해서는 증치세의 일반납세자 인정신청
표를 제출하여 일반납세자가 되어야만 합니다.

## 소비세 및 영업세

'**소비세 신고서**'와 '**영업세 신고서**'는 특별히 설명을 필요로 하지 않으

나, '**영업세 대리공제 대리납세 신고서**'는 외국기업에게 특허권 사용료를 지불했을 때 영업세를 원천징수하는 경우와 하청업자에게 대금을 지불할 때 영업세를 공제하고 납세하는 경우에 사용하는 것입니다.

## 기업소득세

외국투자기업 및 외국기업의 4분기 예납 시에 '**4분기 소득세 신고서**'를 사용하고, 확정신고 시에 '**연도 소득세 신고서**'를 사용합니다. '**외국투자기업청산소득 신고서**'는 기업을 청산할 때 사용하는 것입니다. '**원천소득세 보고서**'는 현지기업이 이자, 로열티의 사용료 등을 모회사 등에 송금하는 경우에 기업소득세를 원천징수하였을 때 제출하는 것입니다. '**외국투자기업지점기구 연도소득세 신고부속서**'는 본점 이외에 지점 기구를 설립한 외상투자기업이 소득을 합산신고하지 않을 경우 사용하는 것입니다.

## 개인소득세

'**개인소득세 월차 신고서**'는 급여를 지급받고 있는 주재원, 현지법인 부임자 등이 매월 원천징수되는 소득을 신고할 때에 사용하는 것입니다. 일반의 주재원, 부임자는 회사 단위로 원천징수되고 있으므로 회사가 원천징수세액을 납부한 때에는 '**원천 개인소득세 보고서**'를 제출합니다. '**개인소득 연도 신고서**'는 외국소득이 있는 사람이 연도 말에 신고하기 위한 것입니다.

**현지법인의 세무신고서**

| 세금의 종류 | 신고서 명칭 |
|---|---|
| 증치세 | 증치세 신고서(일반납세자용과 소규모납세자용)<br>생산기업 수출화물 면세, 공제, 환급 신고서 |
| 소비세 | 소비세 신고서 |
| 영업세 | 영업세 신고서<br>영업세 대리공제 대리납세 신고서 |
| 기업소득세 | 외국투자기업 및 외국기업 4분기 소득세 신고서<br>외국투자기업 및 외국기업 연도 소득세 신고서<br>외국투자기업 청산소득세 신고서<br>원천소득세 보고서<br>외국투자기업 지점기구 연도소득세 신고부속서 |
| 개인소득세 | 개인소득세 월차신고서<br>개인소득세 연도 신고서<br>원천개인소득세 보고서 |

## 증치세의 수출 환급신고

앞에서 말한 바와 같이, 증치세의 매입 공제를 받기 위해서는 증치세의 일반 납세의무자 신청을 하고, 증치세 납세신고서를 제출하지 않으면 안됩니다. 또한 수출판매를 하는 생산회사가 수출판매에 의한 증치세의 면세 매입세액의 공제 · 환급을 받기 위해서는 다음과 같은 등기와 신고 절차도 필요하게 됩니다.

우선 세무당국에서 수출세금 환급 등기수속을 하고, 수출판매가 이루어진 후에 '생산기업 수출화물 면세, 공제, 환급 신고 총괄서', '생산기업 수출화물 면세, 공제, 환급 신고 명세서' 등의 서류를 제출하지 않으면 증치세의 수출 판매에 의한 면세, 공제, 환급은 받을 수 없습니다.

# Q 38

## 외국의 모회사가 현지에서 과세되는 경우가 있습니까?

현지법인 설립을 위해 기술자 파견이 기업소득세, 영업세, 개인소득세의 과세문제로 발전될 가능성이 있습니다. 또한 로열티계약에서도 기업소득세와 영업세의 과세 가능성이 있습니다.

### 사업소의 과세

일반적으로, 보통의 외국회사는 중국에 사업소를 갖는 것이 아니고 따라서 중국에서 사업소득세가 과세되는 경우도 없습니다. 왜냐하면 중국에서는 지금까지 자유롭게 사업활동을 할 수 있는 것이 아니고, 외국회사가 지점이나 사업소를 설치하는 것은 극히 예외적인 일이었기 때문입니다. 예를 들면, 외국의 건설회사는 중국 내에서 직접 건설공사를 수주할 수 없고, 당연히 사업등기도 할 수 없습니다. 건설공사를 수주하려면 건설공사 자격을 갖고 있는 현지법인을 설립해야 합니다.


## 현지공장의 설립

과세문제가 발생하는 케이스로는 중국에 새롭게 회사를 설립함에 있어서 외국으로부터 가져온 기계설비를 공장에 설치하기 위해 기술자를 현지에 투입하여 사업을 시작하는 사례가 있습니다.

**'기술자를 파견하여 그 보수를 취득한다' 라고 하는 계약이 현지에서 기업소득세와 영업세의 과세문제로 발전할 가능성이 있습니다.** 예를 들면 대형 기계설비를 설치하기 위해서 공장의 기초건설 공사까지 관계되면 건설도급 공사계약으로서 과세될 경우도 있습니다.

공장건설의 설계감리계약으로서 과세되는 경우도 있을 수 있습니다. 또한 단순한 기계설비의 시운전이 아닌 테크니컬 서비스의 제공으로서 기술용역계약으로 과세되는 경우도 있습니다. 따라서 현지기업과 본사와의 사이에 이러한 용역, 청부계약으로서 그 보수에 대해서는 충분한 세무상의 검토가 필요합니다.

<br>

| 기술자 파견에 의한 과세 가능성 |
| --- |
| • 로열티 과세 　• 노하우 과세 |
| • 건설도급 과세 　• 설계감리 과세 　• 기타 |


## 공장 설립 후

회사를 세운 후에도 기술자를 장기간에 걸쳐 파견할 필요가 있을 수 있습니다. **기술자의 파견이 단순한 기술이전계약이 아니라 기술용역계약**

**으로 연결되는 경우도 있습니다.** 로열티나 노하우라면 기업소득세는 10% 의 원천징수로 끝나지만, 기술용역에 해당되면 원천징수가 아닌 사업소 득으로서 납세신고하지 않으면 안됩니다.

## 사업소득 등의 신고

신고 납부함에 있어서 당연히 수입 뿐만 아니라 비용도 근거를 제출하여 계상하지 않으면 안되는데, 인건비와 경비를 정확하게 파악하여 외국에서 발생한 관련비용도 포함하여 코스트로 계산하는 것은 상당히 번거롭습니다. 근거가 있는 자료를 제출하는 것이 곤란한 경우 세무당국이 사정하는 추정의 이익률로 과세소득이 결정되는 경우도 있습니다.

## 관련세금

일단 세무당국에 기술용역계약으로서 인정되고 기업소득세의 사업소 득으로서 납세하게 되면 영업세도 과세될 가능성이 있습니다. 또 그 기 술용역 제공을 위해 파견된 기술자 개인도 개인소득세의 납세의무자에 해당되게 됩니다.

# Q 39

로열티의 송금에 대한
세무관계에 대해 가르쳐 주십시오

기업소득세가 10%의 세율로 원천징수됩니다. 영업세는 면세가 인정되지 않는 경우 5%의 세율로 과세됩니다. 외국에서는 일반적으로 기업소득세는 법인세에서 세액공제되지만, 영업세는 세액공제가 되지 않으므로 손비로서 경비처리됩니다.

## 로열티의 과세관계

현지법인이 외국의 모회사로 로열티를 송금할 때에는 기업소득세 10%와 영업세 5%가 과세됩니다. 단, 영업세에 대해서는 정보산업에 관련되는 장려정책(기술창조와 하이테크기업의 장려)에 해당되는 기술양도, 기술개발, 기술자문, 기술서비스에 대해서는 영업세가 면세됩니다.

## 기업소득세와 영업세의 관계

로열티를 포함한 특허권 사용료의 기업소득세 원천징수세율은 10% 이고 영업세의 면세 적용이 되지 않는 경우는 기업소득세가 과세되기 전에 5%의 세율로 영업세가 과세됩니다. 예를 들면 100의 로열티라면 영업세의 세금 5를 뺀 95에 대해서 10%의 세율로 9.5가 기업소득세의 원천세가 됩니다. 따라서 해외송금되는 로열티의 금액은 85.5가 됩니다.

## 외국에서의 실무처리

로열티를 받은 모회사 등의 외국에서의 처리는 기업소득세와 영업세가 다릅니다. 기업소득세는 소득세이므로 외국의 법인세로 외국세액 공제가 가능합니다. 한편 영업세는 수입에 과세되는 것이고, 소득에 대한 과세가 아니기 때문에 소득세의 세액공제 대상이 되지 않습니다.

영업세는 외국에서는 비용, 손실과 같이 과세소득에서 공제될 수 있는 손비가 되지만 법인세 그 자체에서 공제될 수는 없습니다.

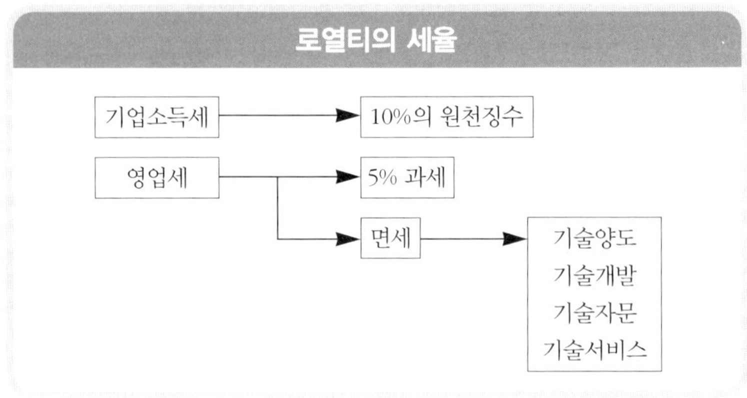

## 로열티에 대한 영업세의 과세와 면세

영업세의 규정으로는 무형자산의 양도가 과세대상으로 되어 있고, 당초는 로열티는 무형자산의 양도에 해당되지 않아 과세대상이 되지 않았습니다. 그러나 1998년부터 로열티도 무형자산의 양도로 영업세 과세대상이 되었습니다.

국제과세의 관례로도 로열티에 대한 과세는 법인소득세의 원천징수 과세일 뿐 그 외의 세금이 동시에 과세되는 경우는 통상은 없습니다. 따라서 외자계 기업 및 외국정부 등이 개선을 요구하였으나 중국정부 당국은 이러한 요청을 받아들이지 않고 과세를 계속 해왔습니다. 외자계 기업들의 의견은 중국정부가 바라고 있는 기술도입과 이 영업세의 과세가 상반되는 것이라는 뜻을 강조하였습니다.

2001년이 되고서 중국정부 당국의 최종판단이 나와서 기술창조, 하이테크 기술, 컴퓨터 소프트웨어 등의 국가가 장려하고 있는 기술양도, 개술개발, 기술자문, 기술서비스에 대해서만 영업세를 면세하게 되었습니다.

따라서 현재에도 이들 하이테크 등의 장려대상의 기술양도 이외의 로열티 송금에 대해서는 영업세가 과세됩니다. 또한 기술양도 등과 관계없는 무형자산의 양도에 대해서는 영업세가 과세되고 있습니다.

# Q 40

## 본사 **경영지도료**의 **송금**에는 문제가 없습니까?

기업소득세와 영업세가 과세될 가능성이 있고, 파견된 외국인의 개인소득세의 과세에도 영향이 있으므로 주의해야 합니다.


### 경영지도료

현지법인을 설립했을 때 경영관리의 지원을 하기 위해서 외국의 모회사에서 사람을 파견하여 현지법인이 순조롭게 세워지도록 교육지도를 하는 경우가 있습니다.

상황에 따라서는 경영노하우를 제공하기 위해 장기간에 걸쳐 인력을 배치하는 경우도 있습니다. 이러한 경영관리 지원을 위한 인건비 등의 회수를 위해 현지법인과 모회사간에 경영지도 계약이 이루어지는 경우가 있습니다.

## 경영 지도료의 과세관계

중국의 기업소득세법에서 본다면 이러한 **경영지원을 위한 인력파견은 용역청부계약이고, 경영관리계약으로서 기업소득세와 영업세의 과세대상이 됩니다.** 또한 파견된 개인은 개인소득세의 납세의무자가 됩니다.

이런 경우, 외국의 모회사는 현지법인 속에 경영관리를 위한 사업소(항구적 시설이라고도 말합니다)를 갖고 있는 것이 되어 모회사가 그곳에서 직접 사업을 하고 있는 것으로서 중국에서 사업소득의 신고를 하지 않으면 안 됩니다.

즉, 경영지도료가 사업 수입이고, 파견한 사람의 급여가 인건비이며 경비도 발생합니다. 수입에서 인건비와 경비를 뺀 금액이 이익이 되며 과세소득이 됩니다.

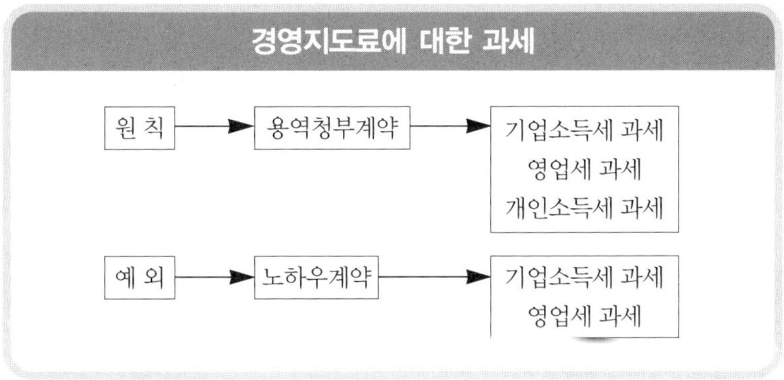


## 노하우와 용역계약

경영관리계약은 원칙적으로 용역청부계약이지만 경영노하우로서 원천징수 과세가 이루어지는 경우도 있습니다. 단, 최근에는 현지법인이 외국기업에게 해외송금하는 거래에 대해서, 특히 용역거래와 무형자산의 양도거래 등에 대해서 외환관리법상으로는 비무역의 용역거래로 보고 실체가 없는 것에 대해서 송금을 인정하지 않는 경우도 있으므로 계약의 내용에 따라서는 생각지 않았던 문제점으로 발전하는 것도 있습니다.

또한 이들 거래에 대해서는 외화를 송금하기 전에 관련된 기업소득세와 영업세가 이미 납세되었는지의 여부가 외환관리은행에 의해 송금 전에 확인하도록 되어 있습니다.

용역청부계약 또는 경영노하우 어느 경우에도 영업세는 5%의 세율로 과세됩니다. 그 밖에도 파견된 사람의 개인소득세가 과세되므로 이들 3가지의 세금을 합하면 상당한 세액이 됩니다.

## 등기와 송금수속

호텔의 경영관리계약 등의 경우에는 공상행정관리국에서 영업등기를 할 필요가 있고, 영업집조의 발행을 받습니다. 일반적인 사업 회사에서의 경영관리계약은 영업등기까지는 하지 않습니다.

외국기업이 영업 근거지 등을 갖는 경우에는 세금은 신고납부해야 하는데, 영업 근거지도, 대리 납부할 기구 등도 없는 경우에는 보수 지불자가 송금시에 원천징수납부하게 됩니다.

경영관리료를 송금할 때에는 계약서, 청구 인보이스, 납세증명서 등의 첨부자료를 은행에 제출하고 문제가 없으면 외국으로 송금할 수 있습니다.

| 경영지도료의 외화송금 확인서류 |
| --- |
| • 계약서 |
| • 청구 인보이스 |
| • 납세증명서 등 |

# Q 41

## 현지법인에게 대여한 이자에 대한 세금은 어떻게 됩니까?

이자는 10%의 원천징수 과세를 합니다. 국내세법에서는 20%의 원천징수 과세가 되지만, 2000년부터 이자, 리스요금, 사용료, 기타 소득의 원천세율은 10%가 되고, 한·중 조세협약으로도 10%의 원천세율입니다.

### 이자의 원천세 과세

중국 현지법인이 해외의 모회사에게 지불하는 차입금의 이자에 대해서는 외국투자기업 및 외국기업소득세가 원천징수 과세됩니다. 이 원천징수 세율은 세법체계로는 20%이지만 2000년에 특별한 세무통지가 공표되어 일률적으로 10%로 경감되었습니다.

경감의 취지는 중서부 개발을 위해서와 공평한 과세를 위해서입니다.

이 결과 **이자, 리스요금, 특허권 사용료, 기타 소득에 대한 원천징수 세율은 10%가 되었습니다.** 단, 우리나라 기업이 그 현지법인에게 대여한 경우에는 한·중 조세협약의 적용에 의해 이자의 원천세율은 10%로 제한되어 있기 때문에 종래부터 10%로 과세되고 있습니다.

## 중국에서의 민간기업 간의 대여행위

중국 국내에서는 기업간에 자유롭게 대여행위를 할 수는 없습니다. 중국기업간의 대여는 원칙적으로 금지되어 있고, 꼭 기업간에 대여의 필요가 있을 경우에는 위탁대여금이라고 하는, 기업이 대여자금을 은행에 위탁하고 은행이 상대방의 회사에 대여를 하는 제도가 있습니다.

외상투자기업에서도 대여행위(파이낸스)를 할 수 있는 경우는 금융업

### 기업소득세 경감의 통지

공평한 세부담과 중서부지역의 경제개발을 지지하기 위해 '중화인민공화국 외국투자기업 및 외국기업 소득세법'의 제 19조의 규정에 근거하여 외국기업이 중국에서 취득하는 이자, 리스요금, 특허권 사용료 등의 소득에 대한 기업소득세 과세문제에 대해서 다음과 같이 통지한다.

2000년 1월 1일부터 중국 국내에서 기구, 장소를 설립하고 있지 않은 외국기업이 중국에서 취득하는 이자, 리스요금, 특허권 사용료 및 기타 소득, 또는 기구, 장소를 설립하고 있더라도 위에서 말한 각종의 소득이 그 기구, 장소와 실질적인 관계가 없는 경우에는 10%로 세율을 경감하여 기업소득세를 과세한다.

(외국기업의 중국 국내 원천의 이자 등의 소득에 대한 소득세의 원천문제에 관한 통지. 〈국무원 국발 [2000] 37호 2000년 11월 18일〉)

무가 특별히 인가된 외국은행의 지점, 외국투자 리스회사, 투자성 공사 등으로 한정됩니다.

외국투자의 투자성 공사조차도 산하기업에게 대여를 할 때는 개별적으로 인민은행에서 인가를 받지 않으면 안되고, 실제로는 별로 기능을 하지 않습니다.


## 외국 모회사의 현지법인에 대한 대여

한편, 해외의 모회사가 중국의 현지법인으로 대여행위를 하는 것은 문제없이 당국으로부터 인가를 받습니다.

단, 차입을 한 현지법인은 회사 설립 시에 외화관리등기와 차입금의 외채등기를 해야 합니다. 또한 외화관리국의 인가를 받아 외화차입금 원리금변제용의 외화전용 예금계좌를 개설할 필요가 있습니다. 이러한 소정의 수속을 밟은 후에 중국의 현지법인에게 대여를 할 수가 있습니다.

또한 외국 모회사에서 현지법인으로 대여를 하는 경우에 유의하지 않으면 안 되는 점은 현지법인 설립시의 투자총액과 자본금의 관계입니다. 투자총액과 자본금의 차액이 차입금이 되기 때문에 외국 모회사로부터의 외화 차입금은 이 투자총액과 자본금 차액의 범위 내이어야만 합니다.

# Q 42

## 배당금의 재투자에
### 대해서 가르쳐 주십시오

배당금으로 그 기업의 증자를 한다든지, 다른 회사의 증자 또는 신규설립을 하면, 배당 연도에 납부한 기업소득세의 40% 또는 100%가 출자자에게 환급되는 제도가 있습니다. 단, 재투자처의 경영기간이 5년 이상일 것이 조건입니다.

### 재투자

배당금의 재투자라는 것은 외상투자기업(합자, 합작, 외자기업)의 배당을 배당한 기업의 증자나 별도의 신규회사로의 출자, 혹은 기존기업의 증자에 사용하는 것을 말합니다. 중국의 우대정책의 하나로서 이러한 이익배당을 직접 재투자함으로써 재투자에 사용된 배당에 대해 과세된 기업소득세의 일부가 그 출자자에게 환급되는 제도입니다.

## 재투자의 유의사항

이러한 배당의 재투자에 따른 세금의 환급을 받기 위해서는 배당기업의 증자의 경우, 외상투자기업의 출자자가 실제로 배당을 받지 않고, 그 기업의 증자 자금에 충당되는 것이 필요합니다. 일단 배당을 받고나서 납입을 하면 배당금이 충당되었는지의 여부를 확인할 수 없게 되기 때문입니다.

한편으로 다른 외상투자기업의 신규설립 출자 또는 증자를 위해 사용되는 경우는, 배당지불기업으로부터 투자대상기업으로 자금이 이전된 것을 나타내도록 하여 그 자금의 추적이 가능하도록 해 둘 필요가 있습니다.

또 이들 재투자 대상기업의 경영기간은 5년 이상이어야만 합니다. 중국에서 복수의 회사를 설립하여 사업을 확대해 가는 것이라면 이러한 배당에 의한 재투자가 유효할 것입니다. 단, 타이밍이 중요합니다. 2免3減의 적용기업인 경우, 기업소득세의 과세가 시작되는 것은 2년간의 면세기간이 종료된 후가 됩니다.

따라서 기업소득세를 납부하고 배당이 이루어질 수 있게 되기까지는 기업을 설립한 뒤에 빠르면 3년째(2년간의 면세기간 종료 후), 늦으면 6년째(적자 해소 3년 + 2년간의 면세) 정도부터 효과적으로 사용할 수 있는 우대조치라고 말할 수 있습니다.

## 환급세금

환급받는 세금은 그 배당을 한 외상투자기업이 실제로 납세한 기업소득세의 금액입니다. 따라서 '배당에 돌려진 이익이 언제의 회계연도에 발생된 것인가', '그 때의 기업 소득세의 납부세액은 얼마인가' 가 중요하게 됩니다. 반대로 배당이 귀속되는 연도에 기업소득세가 면세되어 세금이 없었던 경우에는 당연한 일이겠지만 환급되는 세금도 없습니다.

### 배당금의 재투자

#### 재투자의 방법
- 배당기업의 증자에 충당
- 신규기업의 설립에 납입
- 기존 타기업의 증자

#### 환급세금
- 원칙 : 40%의 세금 환급
- 예외 : 100%의 세금 환급 / 제품수출형기업
  선진기술기업

#### 환급을 받는 대상자
- 배당기업의 외국투자자(배당기업이 아님)

세금의 환급을 받으려면 이러한 배당을 한 기업의 배당 귀속년도의 증명서류 외에 배당승인결의의 동사회 의사록과 투자대상기업의 재투자에 따른 출자금의 출자검증증명서 등이 필요합니다. 세금의 환급률은 통상 40%이지만, 제품수출형기업과 선진기술기업으로 인정받은 기업의 신규 설립 또는 확장을 위해 직접 재투자하였다고 인정되는 경우에는 세금의 환급률은 100%가 됩니다.

# 현지법인을 매각한 경우에 세금이 부과됩니까?

외국기업이 매각한 경우에는 출자지분의 양도가격에서 지분의 원가와 양도비용을 뺀 양도이익에 대해 10%의 세율로 기업소득세가 부과됩니다. 양도계약 기재 금액의 0.05%의 세율로 인지세도 부과됩니다.

## 지분의 양도

중국의 현지법인을 매각한다는 것은 외상투자기업(합자, 합작, 외자기업)의 출자지분을 양도한다는 것입니다. 외상투자기업은 유한책임회사이고, 통상은 주식회사가 아니기 때문에 주권의 양도는 아닙니다. 따라서 출자지분이라고 하는 무형의 자산을 양도하는 것이 됩니다.

구체적으로는 합자회사라면 매매 당사자로 지분양도계약서를 체결하고, 합자계약서와 정관의 수정안과 함께 인가기관에 제출하여 출자자 변경의 인가를 받습니다. 경우에 따라서는 출자자의 변경과 동시에 등록자본금의 변경, 회사명칭의 변경, 합자계약에 부수되는 계약의 변경 등도 행해집니다.

## 지분양도이익 과세

**중국의 세법으로는 이러한 외상투자기업의 매각에 따르는 그 지분양도이익에 대해 기업소득세가 부과됩니다.** 양도자와 양수자가 모두 국외 법인의 경우, 외상투자기업이 중국 국내에 등록되어 있다면, 그 양도소득은 국내 원천소득으로서 10%의 세율로 과세를 받습니다. 외국의 회사가 현지법인의 지분을 양도한 경우는 이 지분의 양도소득은 사업소득에 해당되는 것이 아니라 원천징수과세의 대상이 되는 소득 중 기타 소득에 해당됩니다. 세법의 규정으로는 원천징수세율은 20%이지만 원천징수세율은 특별한 장려규정으로 10%로 되어 있습니다. 양도소득은 양도가격에서 그 지분의 원가와 관련비용을 뺀 차액이 양도이익이 되고, 과세소득이 됩니다.

## 인지세의 과세

이 기업소득세 이외에 지분양도계약이 인지세의 과세문서에 해당되기 때문에 재산권 양도이전증서로서 계약서 기재 금액의 0.05%상당의 인지를 양도인과 양수인이 각각 첨부하지 않으면 안됩니다.

## 그 밖의 과세 문제

이러한 지분양도계약에서 주의해야만 하는 점은 그 외상투자기업이

### 외국기업에 의한 지분양도 과세

**기업소득세**

양도가격 − (지분취득 원가 + 양도비용) = 지분양도이익

지분양도이익 × 10%의 원천세율 = 기업소득세의 세금

**인지세**

양도가격 × 0.05% = 인지세

**영업세**

없음

**증치세**

없음

설립된 시기에 토지사용권 등의 무형자산이 현물출자된 경우입니다.

이 경우, 지분양도에 의해 간접적으로 토지사용권이 양도되는 경우가 되기 때문에 현물출자 시에는 과세되지 않았던 영업세가 여기서는 처음으로 과세됩니다.

회사 설립 시에 현물출자가 아닌, 그 외상투자기업이 현금 등으로 토지사용권을 취득하고 있었던 것이라면 이러한 문제는 발생하지 않습니다. 영업세는 무형자산의 양도에 대해서 양도가격에서 5%의 세율로 과세되기 때문에 주의가 필요합니다.

또한 순전한 지분의 양도 즉 기업의 재산권 모두가 일체로 양도되었을 때에는 증치세도 영업세도 과세되지 않는 취지의 세무통지가 2002년에 발표되었으므로, 특수한 상황이 아니라면 지분의 양도에 증치세와 영업세는 과세되지 않습니다. 또한 감사가 완료된 대차대조표와 손익계산서는 공인회계사에 의한 감사보고서가 첨부되어 있습니다.

Q **44**

# 현지법인을 청산한 경우에 세금이 부과됩니까?

청산기간 중의 청산이익에 대해서 기업소득세가 부과됩니다. 감면세 조치가 취소되었을 때에는 관련세금이 추징됩니다.

## 청산의 수순

현지기업을 해산하는 경우, 동사회에서의 해산결의에 의해 동사 중에서 청산위원을 임명하여 청산위원회가 조직(동사 이외의 변호사 등을 청산위원에 임명하는 것도 가능)됩니다. 청산위원회의 주임을 중심으로 청산사무가 개시됩니다. 청산업무의 준비로서는 채권자에 대한 통지(기존의 채권자에 대한 개별통지와 기타 채권자에 대한 공고)가 행해집니다.

기업의 재산을 조사하여 청산대차대조표, 재산목록 등의 관련서류를 작성합니다. 다음으로 재산평가안과 청산안을 결정하고, 재산의 처분과 청산작업이 행해지며, 채권의 회수와 채무의 지불이 실시되고, 세금의 납부가 이루어집니다. 마지막으로 잔여재산을 분배하고, 청산완료 보고서를 작성, 보고하며, 법인등기를 말소하여 수속을 완료합니다.

## 청산처리의 세무 유의사항

### 1) 수입설비의 면세취소

또한 외상투자기업을 경영기간 도중에 해산시키는 경우에는 면세조치의 취소에 유의해야할 필요가 있습니다. 가장 금액적으로 큰 부분이 되는 면세는 회사 설립 시에 국외로부터 수입한 생산설비의 관세와 증치세의 면세입니다.

이러한 면세의 세관에 의한 감독기간은 기계설비인 경우 수입통관되고 나서 5년으로 정해져 있으므로 통관일로부터 5년 이내인 경우, 면세되었던 관세와 증치세의 일부가 취소되어 과세됩니다.

### 2) 기간별 세금감면(Tax Holiday)의 취소

다음으로 중요성이 높은 것이 경영기간 10년 이상의 생산형 외상투자기업에게 인정되는 '2免 3減' 입니다. 해산의 시기에 따라서는 경영기간이 10년 미만이 되어 버리기 때문에 과거에 감면세되었던 세금을 납부해야만 합니다. 또 외상투자기업의 해산뿐만 아니라, 예를 들면 합자기업의 출자자였던 외국기업이 지분을 중국측 파트너에게 매각하고 사업을 철수하려고 하는 경우에도 같은 사정이 발생합니다. 외자가 완전히 철수하는 경우에는 이 외상투자기업은 중국기업으로 조직을 변경하지 않으면 안되기 때문에 외상투자기업에게만 부여되었던 조세우대조치는 취소되어 세금이 과세되게 됩니다.

**청산처분 후의 분배가능 재산**

- 등록 자본금
- 자본 잉여금
- 준비기금
- 기업발전기금
- 청산확정 후의 미처분이익

### 3) 청산소득의 계산

사업연도의 개시일로부터 청산이 개시되기까지의 기간은 통상의 사업연도로 간주되어 통상의 확정신고가 행해집니다.

다음으로 청산개시일부터 청산종료일까지의 기간에 재산처분과 채권채무의 지불, 청산비용의 발생 등에 의해 손익이 발생하는데, 이들 손익이 청산소득을 구성합니다.

따라서 청산개시일 이전의 손익에 대해서 이중으로 기업소득세가 과세되는 것은 아닙니다. 청산소득이 있으면 기업소득세를 납부합니다. 청산소득은 청산처분 후의 순자산액에서 청산비용, 청산직전의 미처분이익, 기업발전기금, 준비기금, 자본잉여금, 등록자본금을 빼는 것으로도 산정할 수 있습니다.

또한 청산처분 후에 분배의 대상이 되는 기업의 순자산액은 등록자본금, 자본잉여금, 준비기금, 기업발전기금, 청산 후의 미처분이익으로 구성됩니다.

# 중국상장기업의 주식을 매각하였다면 세금이 부과됩니까?

증권우대세제로서 중국 국내의 상장주식을 매각한 경우에는 그 매각이익에 대해 기업소득세도 개인소득세도 과세되지 않습니다.

### A주와 B주

중국의 상장회사는 A주와 B주를 발행합니다. A주는 국내의 중국인과 중국기업을 위한 주식이고, 인민폐로 매매되고 있습니다. B주는 외국인과 외국기업을 위한 주식으로서, 외화로 매매되고 있습니다.

바로 최근까지 A주와 B주는 엄밀하게 구분되고, 같은 회사이면서도 A주의 주가와 B주의 주가가 완전히 다른 가격으로 거래되고 있었습니다. 그러나 최근에는 국내의 잠재적인 증권투자자금을 확대하여 증권투자자금의 조달을 증가시키기 위해, 상장가격이 비교적 싼 느낌이 있는 B

주를 중국인과 중국기업에게 개방하였습니다.

지금까지 거래량이 적었던 B주도 이렇게 함으로서 활발하게 거래할 수 있도록 하기 위한 것으로 생각됩니다.

### 외상투자기업의 국내상장

외상투자기업도 회사의 발전에 따라 주식회사로 조직 변경되어 중국 국내의 증권거래소에 상장되는 경우도 가능합니다. 단, 현행규정으로는 외상투자기업이 상장 주식회사가 되는 경우에도 그 상장회사는 상장주식 이외에 비상장주식(비유통주식)도 발행하지 않으면 안됩니다. 비유통주식의 25% 이상은 외자가 소유하지 않으면 외상투자기업이라고 인정하지 않으며, 외상투자기업에 대한 우대조치도 적용되지 않습니다.

| 주식 매각이익의 우대조치 |
| --- |

**외국기업**

외상투자기업의 지분매각    지분양도이익 × 10%의 세율 = 기업소득세
중국 국내상장기업의 주식매각    주식매각이익 = 면세

**외국인**

기업의 지분매각    지분양도이익 × 20%의 세율 = 개인소득세
중국 국내상장기업의 주식매각    주식매각이익 = 면세

> A주식 – 중국 국내 상장기업의 중국인 투자자를 위한 주식
> B주식 – 중국 국내 상장기업의 외국인 투자자를 위한 주식
>      현재는 중국인 투자자도 매매가능
> H주식 – 중국 내자기업의 직접 또는 간접에 의한 홍콩 상장기업 주식
> N주식 – 중국 내자기업의 직접 또는 간접에 의한 뉴욕 상장기업 주식

## 상장주식의 매각

중국에서는 증권투자를 장려하기 위해 이러한 중국기업 및 외상투자 기업의 **B주를 취득하여 매각했을 시에 그 양도이익에 대해서 기업소득세 는 면세로 되어 있습니다.**

보통의 외상투자기업의 지분을 양도한 때에는 10%의 세율로 양도이 익에 과세하기 때문에 B주는 상당한 우대를 받고 있습니다. 이러한 우대 조치는 국내 증권시장의 활성화를 위한 조치인데, B주의 배당소득에 대 해서도 기업소득세와 개인소득세가 모두 면세로 되어 있습니다. 외국기 업과 외국인은 B주의 양도이익과 배당에 대해서 기업소득세와 개인소득 세는 과세되지 않습니다.

## 상장회사의 비유통 주식

중국의 주식시장은 다소 독특한 특징이 있고, 상장회사의 발행 주식에 는 A주와 B주와 같은 상장주식 외에 비유통주식도 동시에 발행하고 있 습니다.

이러한 비유통 주식에는 발기인 주식, 법인주식 등이 있고, 마음대로 매매할 수 없거나 제한되어 있습니다. 이 비유통 주식의 시가도 상장주 식의 시가와 다릅니다.

중 국  현 지  법 인  설 립 에 서  경 영 · 세 무 · 회 계 까 지

1_ 현지법인의 설립과 운영

2_ 현지법인의 세금

③ 기업소득세

4_ 개인소득세

5_ 유통세

●6_ 현지법인의 회계

# 기업소득세는 어떠한 경우에 과세됩니까?

기업소득세가 과세되는 것은 현지법인과 비법인형 합작기업, 중국 국내에서 사업활동을 하고 있는 외국기업, 또한 중국 국내원천의 투자소득, 재산소득을 취득하고 있는 외국기업입니다.

## 과세소득의 범위

합자, 합작, 독자기업은 현지법인으로서 중국 국내외 모든 소득이 과세대상이 됩니다. 이에 대해 비법인형 합작기업과 외국기업의 기구, 장소(공사현장, 사업소 등의 사업을 하고 있는 경우를 말하며, 항구적인 시설이라고도 말합니다.)는 중국 국내원천 소득만이 과세대상이 되어 중국 국외에 원천이 있는 소득은 과세되지 않습니다.

## 비법인

'비법인형 합작기업'이라는 것은, 법인을 설립하지 않고, 외국기업과 중국기업이 공동사업을 중국 국내에서 하는 방식이며, 외국에서 말하는 공동사업체와 같은 것입니다.

이러한 합작기업은 외국기업이 스스로 사업을 하고 있는 것과 같은 상태가 되기 때문에 외국기업의 기구, 장소와 같은 취급을 받습니다.

## 외국기업의 기구, 장소

외국기업의 기구, 장소라는 것은 구체적으로 말하면, 우선 '주재원 사무소'가 있습니다. 주재원 사무소는 본사와의 업무연락, 시장조사, 상담 업무라고 하는 보조적, 준비적 업무만을 하기 때문에 본래는 과세되지

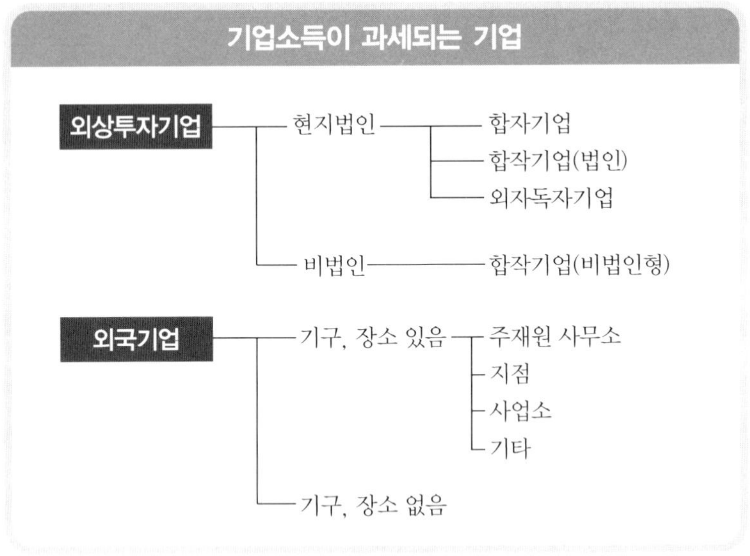

않지만, 영업활동을 하고 있다고 판단되는 주재원 사무소는 과세됩니다.

주재원 사무소로서 과세되고 있는 것은 우선, 상사의 주재원 사무소, 제조업체 판매자회사의 주재원 사무소가 있습니다. 주재원 사무소의 과세에 대해서는 구체적인 규정이 있습니다. 대략적으로 말하면, 자사 제품이 아닌 타사제품을 중국에서 대리무역하는 상사, 판매 자회사의 주재원 사무소가 과세대상으로 되어 있습니다.

다음으로 항공대리점, 광고대리점, 회계사무소, 법률사무소 등의 주재원 사무소도 중국 국내에서 수입을 얻고 있는 경우에는 과세대상입니다.

다음으로 **'지점'**인데, 현재 시점에서 외국기업으로 지점을 개설할 수 있는 업종은 은행, 보험, 항공회사 등으로 매우 한정되어 있으므로 보통의 외국회사는 지점 개설을 할 수 없습니다. **'사업소'**라는 것은 건설도급 공사사무소 또는 공사현장, 설계감리사무소, 기술용역제공장소, 경영관리위탁사무소 등을 가리키며, 일정의 조건을 충족시킴으로서 중국에서 사업을 하는 것으로 간주되어 과세되고 있습니다.

## 기구, 장소가 없는 외국기업

중국 국내에서 기구나 장소를 갖고 있지 않는 외국기업이라도 중국 국내원천이 투자소득과 재산소득(이자소득, 사용료 소득, 지분, 부동산의 양도소득)이 있으면 그 중국 국내원천소득에 대해서 기업소득세의 원천징수 과세 등이 행해집니다.

# Q 47

# 기업소득세의 과세소득은
## 어떻게 계산합니까?

과세내용에 따라 다릅니다. 사업소득은 수입에서 원가, 비용, 손실을 뺀 금액이고, 투자소득(이자, 사용료)도 수입이 과세대상이 됩니다. 양도소득은 수입에서 원가, 비용을 뺀 금액이 됩니다.

## 현지법인 등

**제조업**은 아래의 표와 같이 과세소득을 계산합니다. 대개 외국의 일반 손익계산과 비슷하지만, 다음의 점에서 약간 차이가 있습니다.

① 재무비용(지불이자에서 수취이자를 뺀 것)이 구분되고 있는 것.

② 기타 업무이익이라는 것은 주요업무가 아닌 포장, 운송 등의 관련 부대업무에 의한 매출수입인 것.

③ 영업외 수익과 영업외 지출이라는 것은 외국에서 말하는 영업외 수

제조업의 과세계산

과세소득액 = 제품매출고 − 제품매출원가 − (판매비용 + 관리비용 + 재무비용) + 기타 업무이익 + 영업외 수익 − 영업외 지출

익(수취이자, 배당금 등, 유가증권 매각이익)과 영업외 비용(지불이자, 잡손)이 아니라 외국에서의 특별손익(임시 거액의 특별손실, 투자손익 등)이 포함되는 것입니다. 상업, 서비스업도 제조업과 같이 과세소득 계산을 합니다.

## 주재원 사무소, 사업소의 과세소득 계산

### 1) 소득과세

수입과 원가, 비용, 손실이 정확하게 계산되는 경우에는 위에서 말한 바와 같은 과세소득 계산이 행해지고, 이러한 과세 방법을 소득과세라고 말합니다. 현지법인은 회계장부를 정비하여 수입, 원가, 비용을 정확하게 계산할 수 있으므로 소득과세가 당연하지만, 주재원 사무소 또는 지점, 사업소에 따라서는 수입, 원가, 비용을 계산하는 회계장부, 회계증빙이 정비되지 않아 과세소득 계산을 할 수 없는 경우도 있습니다. 예를 들면, 영업활동을 하고 있는 주재원 사무소에서 과세업무와 비과세 업무의 구별이 확실하지 않다든지, 수입 중에서 어느 부분이 본사로 귀속되고, 어느 부분이 주재원 사무소에 귀속되는지 알 수 없는 것과 같은 사정이 있습니다. 이렇게 현지법인은 스스로 손익계산을 하여 과세소득을 정확하게 산출하는 소득과세 방식에 의해 사업소득을 산정하지만, 주재원 사무소, 건설도급공사 사무소 등에서는 경비과세와 추정이익 과세방식도 채용하고 있습니다.

### 2) 경비과세

경비의 금액에서 추정의 이익률을 사용하여 영업수입을 역산해서 과세소득을 계산하는 '경비과세' 라고 하는 방법이 있습니다.

### 3) 추정이익 과세

건설도급공사 사무소 등에서는 모든 인건비, 경비를 파악하는 것이 곤란한 경우도 있고, 비용이 부정확하기 때문에 추정의 이익률을 사용하여 계약수입금액에 추정이익률을 적용하여 과세소득을 산정하는 '추정이익 과세' 라고 하는 방법이 있습니다. 이 추정이익률은 관할 세무국이 동일 업종, 동일 사업의 평균이익률을 가지고 세무국의 판단으로 세율을 확정하는 것으로 적자의 사업이라도 과세소득이 발생하는 경우도 있습니다.

외국기업이 타당한 추정이익률이 되도록 교섭하는 경우는 정확한 손익이 산정되지 않는다고 하여도 상당히 설득력이 있는 근거자료를 제시할 필요성이 있습니다.


## 사업소득과 투자소득, 재산소득

현지법인과 비법인형 합작기업, 과세되는 주재원 사무소와 지점, 사업소의 과세소득은 사업소득이라고 할 수 있으므로, 이에 대해 외국기업이 중국 국내원천의 투자소득과 재산소득을 취득한 경우에는 원천징수의 방법으로 과세가 이루어집니다. 외상투자기업의 배당은 면세이지만, 이자와 사용료(로열티와 노하우 등)는 원칙적으로 수입에 대해서 10%의 세율로 원천징수 과세가 행해지고 있습니다.

또한, 외상투자기업의 지분 매각과 중국의 부동산 매각에 의한 양도소득에 대해서는 양도손익을 계산한 후에 10%의 세율로 과세되고 있습니다.

# 주재원 사무소에도 과세됩니까?

본래의 주재원 사무소 활동을 하고 있다면 비과세업무이므로 과세되지 않지만, 과세해당 업무를 하면 과세됩니다.

## 과세되지 않는 주재원 사무소

주재원 사무소가 영업활동을 하지 않으면 과세되지 않습니다. 주재원 사무소의 본래 업무는 '외국 본사와의 업무연락', '본사를 위한 시장조사', '상담업무'가 주요업무입니다. 이러한 준비적, 보조적인 활동만을 하고 있다면 중국에서도 과세되는 것은 아닙니다. 본사가 생산회사라면, 여기에 '본사 자사제품의 중국으로의 수입활동'이 포함됩니다. 본사제품의 중국 내 수입에 관련된 주재원 사무소의 연락상담, 시황자료 수집 등의 준비적 보조적 활동만을 하고, 중국기업과의 수출입계약은 본사가 체결하고 있다면, 주재원 사무소는 과세되지 않습니다.

## 과세되는 주재원 사무소

한편, 주재원 사무소가 과세되는 것은 자사제품이 아닌 타사의 제품을 취급하면서 연락상담, 계약체결 등의 중개업무에 종사하는 경우입니다. 또 타사를 위해 중국 국내에서 시장조사, 연락업무, 시황자료의 제공 등을 하고 보수를 취득하는 경우입니다.

본사의 고객이든, 중국 국내의 고객이든 타사를 위해 대리무역 업무 또는 컨설팅에 종사하면 과세됩니다. 한가지 유의하지 않으면 안 되는 것은 본사를 위한 컨설팅은 과세대상이 되지 않지만, 본사와 같은 그룹 내의 회사에 대한 컨설팅은 다른 회사에 대한 서비스의 제공에 해당되어 과세대상이 됩니다.

## 주재원 사무소의 과세소득 계산

주재원 사무소가 과세되는 경우, 세금은 기업소득세와 영업세가 됩니다. 기업소득세의 신고 시에 수입과 원가, 비용이 명확한 경우에는 그 이익에 따라서 신고하면 되지만, 수입을 명확하게 할 수 없는 경우가 있고, 또 원가 비용을 명확하게 할 수 없는 경우도 있습니다. 수입이 명확하지 않을 때는 원가, 비용 대신에 주재원 사무소 경비를 사용하여 이익률을 추정하여 역산으로 수입을 확정하고, 수입에서 경비를 빼서 과세소득을 추정합니다.

이러한 방법은 '경비과세'라고 부르고 있습니다. 경비과세는 주재원 사무소가 유효한 계약서, 협의서 등을 제공할 수 없고, 과세업무와 비과세업무를 구분할 수 없는 경우, 주재원 사무소와 본사가 공동으로 고객에 대해 서비스를 제공하여 양자를 구분할 수 없는 경우에 신청할 수 있습니다. 또 원가, 비용이 명확하지 않기 때문에 수입에 추정의 이익률을 부과하여 과세소득을 추정하는 '추정이익 과세'라고 하는 방법도 있습니다. 또 대리무역 업무의 추정 이익률은 10%, 영업세의 세율은 5%입니다.

**주재원 사무소에 대한 과세 비과세**

**비과세 업무**

본사와의 연락, 시장조사, 본사와의 상담업무

**과세 업무**

대리무역업무 – 타사제품의 상담, 계약체결, 중개
컨설팅 업무 – 타사를 위한 시장조사 등

**과세방법**

소득과세, 경비과세, 추정이익 과세

## 주재원 사무소 과세의 확대

주재원 사무소의 과세는 95년부터 시작되었는데, 당초에는 상사, 제조업의 판매회사, 광고대리점, 여행대리점, 외국 회계사무소 등에 한정되어 있었습니다.

97년에 과세범위가 한층 확대되어 비즈니스 컨설팅, 법률 컨설팅 서비스, 세무 컨설팅 서비스, 기업 그룹 지주회사의 주재원 사무소가 그룹 관련 기업에게 제공하는 서비스, 금융기관의 주재원 사무소가 하는 투자 컨설팅, 운송회사의 주재원 사무소가 하는 고객을 위한 서비스 활동 등도 주재원 사무소의 과세대상이 되었습니다.

# 회계상의 이익과 세무상의 과세소득은 어떤 관계가 있습니까?

이전에는 회계상의 이익과 세무상의 과세소득이 거의 일치하고 있었지만, 최근에는 '과세소득액 조정표(세무조정사항명세표)'를 작성하여 세무상의 가 · 감산이 이루어지고 있습니다.

## 회계와 세무의 일치

현지법인의 회계상 이익과 세무상 과세소득의 관계에 있어 이전에는 중국의 회계와 세무가 완전하게 일치하고 있었기 때문에 회계상의 이익이 그대로 과세소득이 되는 구조였습니다.

물론 교제비와 영업과 관계없는 기부금의 손금 불산입이라고 하는 세무만의 과세소득계산이 있기 때문에 양자가 일치하는 것은 있을 수 없습니다. 그러나 이전에는 이러한 세무상의 과세소득 계산과 회계상의 이익은 일치해야만 한다고 생각하는 공인회계사가 많았기 때문에, 감사의 결과 양자가 불일치하는 경우에는 회계싱의 이익을 수정하여 세무상의 과세소득에 일치시키는 경우도 있었습니다.

감사를 담당하는 공인회계사가 과세소득과 다른 이익의 계상을 발견한 경우는 감사의견 자체가 부적정 의견이 된 경우도 있고, 결산서의 이익을 과세소득으로 수정하여 적정의견을 첨부했던 사례도 있었습니다.

## 중국의 현지법인 감사

중국의 현지법인은 대기업이든 중소기업이든 결산서를 세무신고를 위해 제출하려면 공인회계사에 의한 감사를 받는 것이 의무로 되어 있습니다.

외국의 공인회계사에 의한 상법, 증권거래법에 의한 감사와는 달리 중국의 현지법인에 대한 감사는 감독관청을 위한 감사입니다. 그 중에서도 특히 중요하게 관심을 갖고 있는 것이 세무당국으로, 현지에서는 세무신고용의 세무감사 의미가 강한 것으로 되어 있습니다.

---

**회계상의 이익**

**세무상의 가산항목**
기부금, 교제비의 한도 초과액 등

**세무상의 감산항목**
세무상의 과세소득

---

## 이익과 과세소득의 조정

그렇기 때문에 현지법인의 결산서가 세무규정과 다른 경우에는 위에

서 말한 바와 같이 공인회계사가 결산서의 회계상 이익을 수정하여 과세
소득에 일치시키는 일이 많이 행해지고 있었습니다. 그 후에 세무당국은
회계상 이익과 과세소득과의 사이에 차이점이 있는 경우 양자의 차이점
을 과세소득액 조정표에 기재하여 감사보고서에 첨부하도록 의무화하였
습니다.

따라서 **현재에는 회계상의 이익과 과세소득을 일치시킬 필요는 없어지
고,** 양자의 차액은 과세소득액 조정표(세무조정사항명세표)로 조정하는
방법이 일반적이 되었다고 생각됩니다. 게다가 2001년에는 중국기업에
대해서 회계상의 원가, 비용, 손실과 세무상 손금의 차이점에 대해 '기업
소득세 세전 공제 규칙'을 제정하고 명확한 세무처리 기준을 규정하였습
니다. 이러한 세전공제규칙이 외상투자기업에 대해서는 아직 제정되어
있지 않고 있으며 일부의 규정밖에 없습니다.

그러나 **2002년부터 외상투자기업에 대해서도 중국기업과 동일한 기업
회계제도가 적용되었기 때문에** 앞으로 회계상의 이익과 과세소득의 조정
에 관계되는 규정이 순차적으로 제정되어 갈 것이라고 생각됩니다.


## 회계감독과 세무조사

공인회계사의 감사보고서가 있으면 세무조사가 없다고 생각하는 현
지법인이 있으나 세무당국의 견해는 감사와 세무조사를 전혀 별개의 것
으로 하고 있습니다.

제도상으로 회계감사는 기본적으로 재정부와 공인회계사 협회의 관할이
고, 세무조사는 국가 세무총국의 관할입니다. 세무조사는 세무당국의 권한
에 따른 것이기 때문에 감사의견과 관계없이 세무조사를 하고, 세무조사 결
과, 과세문제가 발생하면 감사결과와 관계없이 과세소득이 수정됩니다.

# Q 50

## 창업비는 어떻게
## 처리하는 것이 좋습니까?

창업비란 회사의 설립등기부터 생산경영 개시까지의 기간에 발생
한 비용인데, 그 창업비의 회계처리와 세무처리에는 차이가 있습
니다. 마찬가지로 창업준비기간에 발생한 외환손익도 회계와 세
무에서 처리방법이 다릅니다.

## 시작

외상투자기업의 회계제도는 2002년 1월 1일부터 변경되었습니다. 종
래에 적용되어왔던 외상투자기업회계제도(구제도)는 2001년 말까지 적
용되고, 2002년부터는 기업회계제도(신제도)로 변경되게 되었습니다.

이하에서는 주로 기업회계제도의 회계처리와 현행 세무처리를 비교
하겠습니다. 일부 구제도의 회계처리가 영향을 미치고 있는 것도 있으므

로, 그 때마다 구회계제도의 처리에 대해서도 소개하겠습니다.

## 창업비의 회계처리

회사의 설립등기부터 생산경영을 시작하기까지의 창업비는 생산경영을 개시하는 당월의 손익으로 일괄 계상합니다. 구외상투자기업의 회계제도에서는 창업비는 일단 자산 계상하여 5년간에 평균 상각하였으나, 현재의 기업회계제도로는 자산으로 계상하지 않고, 창업한 달에 전액을 비용으로 일괄계상 합니다.

## 창업비의 세무처리

세무에서 창업비는 생산경영을 개시한 달의 다음 달부터 5년이 지나지 않는 기간에 상각하도록 규정되어 있습니다.

## 창업준비기간 외환손익의 회계처리

구제도에서는 창업 준비기간 중 발생한 외환손익의 회계처리에 특별한 방법을 선택하여 처리하고 있었습니다.

### 1) 외환손실
외환손실은 자산으로 계상하여 생산경영 개시 때부터 5년 이상 균등 상각합니다.

### 2) 외환수익
외환수익은 다음 중 하나를 회계처리방법으로 선택합니다.

① 자산으로 계상하여 생산경영 개시로부터 5년 이상 균등 상각합니다.

② 결손보진을 위해 개업준비기간 외환수익으로서 유보하고, 부채로 계상합니다.

③ 개업준비기간 외환수익으로서 유보하고, 청산 시의 청산수익으로 산입합니다.

새로운 제도에서는 개업준비기간 외환손익에 대해 규정이 없습니다. 구제도로부터 신제도로 변경되는 2002년의 회계처리에 대해서는 다음과 같은 규정이 있습니다. 2002년도 이후 설립된 회사는 관계가 없습니다.

### 1) 5년간 균등상각의 외환손실과 외환수익

2001년도 말까지 자산으로 계상되었던 외환손익이 있는 경우로서 그 잔액이 비교적 커서 변경연도인 2002년도의 이익에 중대한 영향이 있는 경우에는 발생한 과거연도에 일괄 손익처리된 것으로 처리합니다. 그 잔액이 작은 경우에는 2002년도에 일괄하여 손익으로 대체합니다.

### 2) 결손보전 또는 청산 시까지 유보하는 외환수익

2001년도 말까지 결손보전 또는 청산 시까지 유보되어 왔던 외환수익은 장기 선급 비용으로 계상합니다.

## 창업준비기간 외환손익의 세무처리

현행의 세무에서는 국가가 별도로 규정하는 것을 제외하고, 각각 기간의 손익을 합리적으로 계상하고, 회계처리와 세무처리는 대체로 일치시키고 있습니다.

## 미대체상각 외환손익

또 창업 준비기간의 외화손익과 비슷한 회계과목으로서 미대체상각 외환손익이라고 하는 과목이 있습니다. 이 과목은 예를 들어, 94년에 이루어진 인민폐의 절하와 같은 외환율의 대폭적인 변경에 의해 거액의 외환손익이 발생한 때에 사용됩니다.

미대체상각 외환손익은 5년 이상의 기간으로 균등상각되기도 하고, 결손보전 또는 청산손익으로 대체하기 위해 장기간에 걸쳐 자산(기타 장기자산) 또는 부채(기타 장기부채)로 계상합니다.

# 대손충당금과 대손상각의 회계처리와 세무처리는 서로 같습니까?

대손충당금과 대손상각의 계상 기준이 회계와 세무는 서로 다르기 때문에 회계처리상 계상해도 세무상으로 세무기준에 해당되지 않으면 인정되지 않습니다.

## 대손충당금의 회계처리

대손충당금은 기말(期末) 수취 어음, 외상대금, 기타 미수입금 등의 미수채권에 대해서 발생가능한 대손손실을 추산하여 계상합니다. 대손충당금의 계상방법은 기업 자신이 추산하여 결정합니다.

대손충당금의 계상범위, 계상방법, 잔고의 연수조사에 의한 구분, 계상비율 등은 현지의 재정국, 세무당국 등의 관계당국에 신고해야만 합니다.

계상비율은 기업의 과거 경험, 채무자의 재무상황과 현금흐름 상황 등의 관련정보를 합리적으로 평가하여 결정합니다.

## 대손충당금의 세무처리

현행의 세법으로는 대손충당금은 대부업과 리스업에 종사하는 기업에 대해서만 인정되고 있으므로, 일반 제조업에서는 세무당국의 승인을 받아야만 계상할 수 있고, 회계상 계상된 대손충당금은 세무상으로는 인정받지 못합니다. 또한 대부업과 리스업의 대손충당금은 대출금 또는 외상대금, 받은어음 등의 잔고의 3%를 초과하지 않는 범위 내에서 계상이 인정되고 있습니다.

## 대손상각의 회계처리

확실히 회수할 수 없음을 증명하는 명확한 증거자료가 있는 미수채권에 대해서는 대손상각으로서 처리할 수 있습니다. 대손상각의 처리는 직접 대손손실을 계상하는 것이 아니라 대손충당금을 채권으로 상계함으로서 회계처리합니다. 대손상각을 인식하는 경우로서는 회계상 채무자가 이미 사업에서 철수했다든지, 파산하든지, 채무초과가 되든지 등의 심각한 현금흐름의 문제가 있는 것 등을 들 수 있습니다.

대손상각이 발생한 경우 절차상 주주총회 또는 동사회, 혹은 지배인(공장장) 회의, 이와 유사한 기구의 승인을 받음으로서 처리할 수 있습니다.

## 대손상각의 세무처리

현행의 세법으로는 대손상각이 손금으로 계상되려면 다음의 경우에

## 회계와 세무에서 다른 계상기준

### 대손충당금

회계처리 : 기업이 자주적으로 계상범위, 계상비율 등을 합리적으로 결
정한다.

세무처리 : 대부업, 리스업 이외는 계상할 수 없다.
제조업은 원칙적으로 계상이 인정되지 않는다.

### 대손상각

회계처리 : 확실히 회수 불가능하다는 증거가 있는 미수채권을 대손상각
으로 처리 (대손충당금과 상계)

세무처리 : 다음의 특정 사실에 따른 회수 불가능한 미수채권을 대손상
각으로 처리
① 채무자의 파산
② 채무자의 사망
③ 변제기한 후 2년 경과 (세무국의 승인 필요)

해당되어야 합니다.

① 채무자의 파산에 의해 파산재산으로 청산한 뒤에 여전히 회수 불가
한 것

② 채무자의 사망에 의해 유산으로 상환한 뒤에 여전히 회수 불가능한
것

③ 채무자가 기한을 넘겨도 변제의무를 이행하지 않아 이미 2년이 경
과되어도 회수가 불가능한 것

따라서 회계상 대손상각으로서 계상한 경우에도, 위의 사실에 해당하
는 것이 아니라면 세무상으로는 인정받지 못합니다.

# 부실 재고자산은
# 평가감액이 가능합니까?

부실재고자산의 가치가 감소하거나, 재고품을 팔다 남았을 경우 회계처리로 평가감액을 할 수 있으나 세무에서는 부실재고자산 평가충당금을 계상할 수 없습니다. 부도 손실도 세무당국의 승인을 얻지 않으면 손실로 계상할 수 없습니다.

## 부실재고자산 평가충당금의 회계처리

회계에서는 부실재고자산이 훼손 등의 이유로 가치가 하락하여 판매가격이 원가보다 낮게 되었기 때문에 실질 실현가능한 가격이 부실재고자산 가치보다 낮은 부분을 부실재고자산 평가충당금으로 계상할 수 있습니다. 실질 실현가능 가격이란 기업의 생산경영 활동에서 정상적으로 판단된 추정 판매가격에서 추정 추가제조원가와 추정 판매비용을 공제한 뒤의 가격(價額)을 말합니다. 다음과 같은 상황 중의 하나가 존재할 때는 부실재고자산 평가충당금을 계상합니다.

① 시가가 지속적으로 하락하고 또한 예견 가능한 장래에 재상승할 기대가 없는 경우

② 기업이 해당 원자재를 사용하여 생산하는 제품의 원가가 제품의 판매가격보다 높은 경우

③ 기업이 제품의 모델을 변경하여 기존의 재고 원자재가 신제품의 수요에 이미 적합하지 않게 되고 또한 해당 원자재의 시장가격도 그 장부원가 보다 낮게 된 경우

④ 기업이 제공하는 상품 용역이 시기를 넘겼거나 소비자의 취향이 변화했거나, 또한 시장의 수요에 변화가 생겨서 시장가격에 하락을 초래한 경우

⑤ 그 밖에 해당 부실재고자산이 실질적으로 감손이 발생한 것을 증명하기에 충분한 경우

## 부실재고자산 평가충당금의 세무처리

세법으로는 부실재고자산 평가충당금의 계상이 인정되고 있지 않기 때문에 회계상으로 계상된 부실재고자산 평가충당금이 세무상으로는 인정되지 않습니다.

## 부실재고손실의 회계처리

다음의 사실에 해당하는 경우는 부실재고자산 장부가 전액을 당기손익으로 대체해야만 한다고 되어 있습니다.

① 이미 창고에서 변질된 부실재고자산

② 이미 시기가 지나서 양도가액이 없는 부실재고자산

③ 생산중에 수요가 없어져 사용가치와 양도가치가 없어진 부실재고
자산

④ 기타 이미 사용가치와 양도가치가 없음을 증명하기에 충분한 부실
재고자산

## 부실재고손실의 세무처리

부실재고자산 재고의 재고손실, 부식손실, 도난손실, 자연재해 손실,
자연도태 손실이 발생한 경우는 필요한 증거자료를 첨부하여 세무당국
의 승인을 얻어 처리할 수 있습니다.

**회계와 세무에서 다른 부실재고자산 평가감**

|  | 회계상의 처리 | 세무상의 처리 |
| --- | --- | --- |
| **부실재고자산 평가충당금** | 회수불가능액을 계상 | 충당금의 계상은 불허 |
| **부실재고자산 손실** | 일정의 사실로 계상 | 세무당국의 승인 필요 |

## 실제의 회계 분개(分介)

부실재고자산 평가충당금은 매기(每期) 가격조정방식으로 계상하게
되어 있습니다. 즉, 부실재고자산의 장부가가 100이고, 실질 실현가능
가격이 80인 경우, 20이 전입이 되기 때문에 회계의 분개는 다음과 같이
됩니다.

(차변) 부실재고자산 평가충당금 전입액　　　20

(대변) 부실재고자산 평가 충당금　　　20

다음 회계연도에 부실재고자산 기말 장부가가 120으로 그 실질 실현 가능값이 110인 때에는 부실재고자산 평가충당금을 10으로 감액할 필요가 있고, 다음과 같이 회계 분개를 합니다.

(차변) 부실재고자산 평가충당금　　　　　　10
(대변) 부실재고자산 평가충당금 전입　　　　10
또한 부실재고자산 평가충당금 전입은 관리비용에 속합니다.

# 자산감손충당금이란 무엇입니까?

중국에서는 주요한 자산에 대해서 감손충당금을 계상하지 않으면 안됩니다. 그러나 세법에서는 대부분의 경우, 감손충당금의 계상을 인정하고 있지 않으므로, 세무상으로는 손금(損金)으로 인정되지 않습니다.

## 자산감손(차감표시)충당금

자산의 감손이라는 것은 자산가치의 감소를 말하고, 자산에 감손이 발생한 때에 자산감손 충당금을 계상하는 회계처리입니다.

자산에 발생한 가능한 손실을 합리적으로 추정하여 감손충당금을 계상합니다. 자산감손충당금은 다음의 금액을 적립합니다.

① 단기투자 – 원가와 시가의 차액

② 위탁대여금 – 회수금액이 대여금 원금보다 낮은 차액

③ 미수채권 – 대손충당금을 참조

④ 부실재고자산 – 부실재고자산 평가충당금을 참조

⑤ 장기투자 – 원가와 시가 또는 회수금액과의 차액

⑥ 고정자산 – 실질적인 감손의 금액

⑦ 무형자산 – 실질적인 감손의 금액

회수금액이란 순매각 가격과 추정장래 현금흐름의 현재가치 중 높은 금액을 말합니다. 순매각 가격이라는 것은 매각 가격으로부터 견적처분 비용과 세금비용을 공제한 금액입니다. 추정장래 현금흐름은 자산의 계속적인 사용과 처분에서 얻을 수 있는 금액을 말합니다.

## 단기투자 감손충당금

단기투자는 원가가 시가보다 낮은 경우의 차액을 적용하여 계상합니다.

## 장기투자 감손충당금

### 1) 시가가 있는 경우

① 시가가 2년간 계속하여 장부가치보다 낮은 경우

② 해당투자가 1년 또는 1년 이상 잠정적으로 거래가 정지되어 있는 경우

③ 피투자처가 당해년도에 심각한 결손을 발생시킨 경우

④ 피투자처가 2년간 계속하여 결손을 발생시킨 경우

⑤ 피투자처가 정리정돈, 청산 또는 기타 경영을 지속할 수 없는 현상이 발생

## 2) 시가가 없는 경우

① 피투자처의 경영에 영향을 미치는 정치 또는 법률환경의 변화, 예를 들면 조세, 무역 등의 법규 발표 또는 수정이 피투자처에게 거액의 손실을 발생시킬 가능성

② 피투자처가 공급한 상품 또는 제공한 용역이 시대의 흐름에 맞지 않거나 소비자 취향의 변화로 인한 시장 수요의 변화로 말미암아 피투자처의 재무상황에 심각한 악화를 초래한 경우

③ 피투자처의 업종 생산기술 등에 중대한 변화가 발생하고, 피투자처가 이미 경쟁력을 상실하여 예를 들면 정리절차, 청산 등과 같은 재무상황에 심각한 악화가 초래된 경우

④ 해당투자가 실질적으로 이미 기업에 경제이익을 가져올 수 없다고 인정하는데 충분한 증거가 있는 기타 사실

## 고정자산감손충당금

다음의 사실이 발생한 고정자산에 감손충당금을 계상합니다.

① 장기 유휴로 사용하지 않고, 예견 가능한 장래에 있어서도 사용하지 않으며 또한 이미 양도가치가 없는 고정자산

② 기술진보 등의 원인에 의해 이미 사용 불가능한 고정자산

③ 고정자산은 아직 사용가능하지만, 사용 후 대량의 불합격품을 발생시키는 고정자산

④ 이미 훼손을 당하여 사용가치와 양도가치를 다시 가질 수 없는 고정자산

⑤ 기타 실질적으로 기업에게 경제적인 이익을 가져올 수 없는 고정자산

## 건설가계정 감손충당금

　건설가계정이란 건설 도중에 있는 고정자산의 경우입니다. 다음의 사실이 발생한 건설가계정에 감손충당금을 계상합니다.

① 장기간 건설이 정지되어 있고, 또한 장래 3년 이내에 공사를 재개할 수 없다고 추정이 되는 건설가계정

② 건설되는 프로젝트가 성능적, 또는 기술적 문제와 관계없이 기업에게 초래하는 경제적 이익에 커다란 불확실성이 존재하는 경우

③ 기타 건설공사에서 이미 감손이 발생하고 있음을 증명하기에 충분한 사실


## 무형자산 감손충당금

다음의 사실이 발생한 무형자산에 대해 감손충당금을 계상합니다.

① 어떤 종류의 무형자산이 이미 다른 신기술 등에 의해 대체되어 기업을 위해서 경제적 이익을 창출 능력에 크게 불리한 영향을 받고 있는 경우

② 어떤 종류의 무형자산의 시가가 당기에 있어서 대폭적으로 하락하여, 잔여 상각기간 내에 회복이 불가능하다고 추정되는 경우

③ 어떤 종류의 무형자산이 이미 법률의 보호기간을 초과하였으나 여전히 일부의 사용가치를 갖는 경우

④ 그 밖에 어떤 무형자산이 실질적으로 이미 감손을 발생시키고 있음을 증명하기에 충분한 사실

## 위탁대여금 감손충당금

위탁대여금이란 중국에서 기업간의 융자가 원칙적으로 인정되고 있지 않기 때문에 기업이 간접적으로 금융기관을 통해서 대여할 경우 금융기관에 지불하는 대여금 상당액입니다. 이 위탁대여금 회수액이 원금보다 낮은 경우에 감손충당금을 계상해야 합니다.

### 자산감손(차감표시) 충당금의 종류

| 대상이 되는 자산항목 | 자산감손 충당금의 명칭 |
| --- | --- |
| 미수채권 | 대손충당금 |
| 단기투자 | 단기투자 평가충당금 |
| 부실재고자산 | 부실재고자산 평가충당금 |
| 장기투자 | 장기 투자 감손충당금 |
| 고정자산 | 고정자산 감손충당금 |
| 무형자산 | 무형자산 감손충당금 |
| 건설가계정 | 건설가계정 감손충당금 |
| 위탁대여금 | 위탁대여금 감손충당금 |

## 감손충당금의 세무처리

세법은 대손충당금과 부실재고자산 평가충당금을 제외하고, 감손충당금의 계상을 인정하지 않습니다. 따라서 회계상으로는 감손충당금을 계상해야만 하는 경우라도 세무상으로는 인정받지 못하여 손금으로 계상하는 것은 불가능합니다. 현행의 세무규정상 외자계 기업에 대해서 감손충당금 전입 비용(손금)계상을 인정하고 있는 규정이 없습니다.

앞으로 세무법규 등에 의해 감손충당금 전입의 비용 계상을 정식으로 인정하지 않는 한 감손충당금은 기업이 자주적으로 계상하여도 세무상으로 손금이 되지 않습니다.

현행의 규정으로는 대손충당금도 대부업과 리스업 이외에는 계상이 인정되지 않습니다. 따라서 제조업은 어떠한 형태의 감손충당금 전입도, 세무상으로는 비용으로 인정되지 않으므로 세금은 부담하고 감손충당금을 계상하는 수밖에 없습니다.

이에 비해 중국의 내자기업에 대해서는 대손충당금에 대해서만 충당금의 전입을 세무상으로도 손금으로 인정하고 있습니다. 즉, 중국기업의 경우 연도말 미수채권의 0.5%까지 계상이 인정되고 있습니다. 그러나 중국기업이라고 해도 대손충당금 이외의 감손충당금에 대해서는 세무상으로 손금 산입이 인정되지 않습니다.

중국에서는 감손회계와 같은 국제회계기준을 도입한 기업회계제도를 시행하기 직전에 회계와 세법의 분리를 추진하였습니다.

기업회계제도는 2000년에 제정되어 2001년부터 주식회사에 대하여 시행되었습니다. 2002년에는 외자계 기업에 대해서도 적용되었습니다. 기업회계제도가 제정된 같은 해에 세무당국에서는 세전공제규칙이라고 하는, 회계상의 비용 중 어떤 부분을 세무상의 손금(비용)으로 세전이익으로부터 공제할 수 있는가에 대한 규정을 공포 시행하고 있습니다.

이것은 세무 과세기준을 확립하기 위해 과세소득 계산을 회계처리와 분리하기 위해 규정되었습니다. 이 단계에서 감손충당금의 대부분은 손금으로 인정되지 않게 되었습니다.

# Q 054

## 고정자산의 회계와 세무처리에
### 대해서 가르쳐 주십시오

고정자산의 회계 세무처리에는 어떤 것을 고정자산으로 계상하는지, 감가상각에는 어떤 것이 있는지 하는 것과 리스 도입 고정자산의 처리, 고정자산 건설에 있어서 차입비용의 처리 등이 있습니다.

### 고정자산의 범위

고정자산이라는 것은 기업의 사용연수가 1년을 초과한 건물, 구축물, 기기, 기계, 운수공구 및 기타 생산, 경영과 관련된 설비, 기구, 공구 등을 말합니다.

생산, 경영의 주요한 설비에 속하지 않는 물품으로는 단가가 2,000위엔 이상이고, 또한 사용연수가 2년을 초과한 것도 고정자산이 됩니다. 기업은 고정자산의 목록, 분류방법, 내용연수(耐用年數), 추정 잔존가 가치, 감가상각방법을 결정하여 기업 내부의 적절한 승인, 즉 동사회 등의 승인을 받을 필요가 있습니다.


## 고정자산의 취득원가

고정자산을 취득한 때에는 취득시의 원가로 기장합니다. 취득시의 원가에는 구입대가, 수입관세, 운송비 및 보험료 등의 관련비용이 포함되고, 또한 그 고정자산을 당초 예상한 사용가능 상태로 유지하기 위해 필요한 지출도 포함됩니다. 고정자산은 취득의 형태에 따라서 다음의 것을 취득원가로 합니다.

### 1) 구입

구입대가, 포장비, 운송비, 설치원가, 관련 세금

### 2) 자사건설

그 고정자산을 예상한 사용가능 상태로 유지하기 위해 필요한 모든 지출

### 3) 현물출자

투자의 각 당사자가 인식한 가치, 예를 들면 합자기업이라면 합자계약서로 확정한 출자평가액 등을 말합니다. 또한 출자평가액에 문제가 발생하는 경우도 있는데, 회계규정이 그 문제 해결까지 언급하고 있지 않습니다.

### 4) 금융리스

금융리스로 수입한 고정자산은 리스 개시일의 리스자산 원시장부가격과 최저 리스료 지불액의 현재가치 양자 중에서 어느 쪽이든 낮은 가격으로 기장합니다.

최저리스 지불액이란 리스기간 내에 리스의 임차인이 지불해야만 하

는 또는 지불을 요구받을 가능성이 있는 금액에다 리스 종료시 자산 잔존가액(잔존가치)으로서 임차인 등이 보증한 금액을 가산한 금액입니다.

### 5) 개조, 확대건설

기존의 고정자산을 개조, 확대하여 당초 예상대로 사용가능한 상태로 유지하기 위해 필요한 순지출금액

**고정자산에 관련되는 처리**

**고정자산으로 계상하는 것의 정의**

- 감가상각방법
- 금융리스 도입 고정자산
- 차입비용의 고정자산 계상

## 감가상각의 회계처리

기업이 채용하는 감가상각방법으로는 정액법(定額法), 작업량법, 연수합계법, 배액잔고저감법(倍額殘高低減法), 200% 정율법 등이 있습니다. 앞에서 말한 바와 같이, 기업은 자주적으로 추정 내용년수와 추정 잔존가치를 합리적으로 결정하지 않으면 안됩니다. 그럴 경우에는 고정자산의 성질과 소모방법, 과학기술의 발전, 환경, 기타 요소를 고려합니다.

## 감가상각의 세무처리

현행세법으로 감가상각은 원칙적으로 정액법(定額法) 등이며, 그 외 가속상각법 등의 채용도 인정되고 있지만, 세무당국의 승인이 필요합니다.

세법에서 내용년수는 건물·구축물 20년, 기계 등 생산설비 10년, 전자설비·운수 공구·기구 등 5년이라고 정해져 있고, 추정 잔존가격은 10%로 되어 있습니다. 따라서 기업이 적용한 감가상각방법과 세법이 정하는 감가상각방법이 다른 경우는 세무상의 조정계산이 필요하게 됩니다.

## 고정자산의 리스

중국의 기업회계제도에서는 리스회계가 본격적으로 도입되고 있습니다. 리스회계처리에는 운용리스와 금융리스의 두 가지 회계처리가 있습니다.

운용리스에서는 리스자산의 임대인이 그 고정자산을 계상하여 감가상각을 합니다. 리스자산의 임차인은 리스료를 비용 계상합니다. 파이낸스리스에서는 역으로 리스자산의 임차인이 그 고정자산을 장부에 계상하여 감가상각합니다. 리스 자산의 임대인은 고정자산을 매각한 것과 같이 처리하고, 수익인 금리 등을 기간에 따라서 계상합니다.

## 파이낸스리스의 정의

중국에서는 기업회계제도와는 별개로 기업회계준칙이라고 하는 것이 있고, 기업회계제도보다 구체적으로 규정하고 있습니다.

이 기업회계준칙에서는 금융리스의 정의를 실질적으로 자산의 소유권과 관련되는 모든 리스크와 보수가 이전되는 리스라고 규정하고 있습니다. 금융리스는 다음 중 하나에 해당되는 것입니다.

① 리스기간 만료 시에 리스 자산의 소유권이 임차인에게 이전되는 것

② 임차인에게 저렴하게 구입할 수 있는 선택권이 있고, 권리행사 시

의 공정가치보다 훨씬 낮은 가격으로 구입하는 것을 합리적으로 예
측할 수 있을 것(공정가치의 5% 이하)

③ 리스기간이 리스자산의 사용가능 예측기간의 75% 이상일 것

④ 최저 리스지불액의 현재가치가 리스자산 원시장부가격의 95% 이
상일 것

⑤ 리스자산의 성질이 특수하여 비교적 큰 수리없이 임차인만이 사용
할 수 있는 것

기업회계제도에서는 금융리스로 수입한 고정자산은 리스 자산의 원
시장부가격과 최저 리스지불액의 현재가치의 어느 쪽이든 낮은 가격으
로 계상하는 것으로 되어 있습니다. 또한 금융리스 자산이 자산총액의
30% 이하이면 최저 리스지불액으로 금융리스 도입 고정자산에 계상할
수 있습니다.

금융리스의 고정자산은 자사소유의 자산과 동일한 감가상각 방침으
로 리스자산의 사용연장 가능년수, 혹은 리스기간 어느 쪽이든 짧은 기
간으로 감가상각합니다.

## 금융리스의 세무처리

현행세법으로는 금융리스의 처리에 대해 규정이 없습니다.

## 고정자산 건설 등에 있어서 차입비용의 회계처리

고정자산의 구입건설과 관련된 다음의 비용은 고정자산의 사용가능
상태 전에 발생한 것은 자본화하여 고정자산 원가에 산입하고, 사용가능
상태 후에 발생한 것은 당기의 재무비용으로 합니다.

## 차입비용의 자본화

고정자산으로서 계상할 있는 차입비용에는 특정 차입금의 이자, 사채 발행차금의 상각비와 보조비용(수수료), 외화특정 차입금의 외환차손익 등이 있습니다. 자본화하기 위해서는 다음의 조건을 모두 만족시킬 필요가 있습니다.

① 자산지출이 이미 발생 종료한 것

② 차입비용이 이미 발생해 있는 것

③ 자산을 예정의 사용가능상태에 도달시키기 위해 필요한 구입건설 활동이 이미 개시되어 있는 것

참고로 자본화의 계산식을 예시하면 다음과 같습니다.

### 자본화의 계산식

1. 이자의 자본화 금액 = 당기말까지의 고정자산 구입건설의 누계지출 가중평균 수치 × 자본화율 (특정차입금 이자 등의 가중평균)

2. 누계지출의 가중평균수치 = Σ [매 건별 자산지출 금액 × 매 건별 자산지출이 실제로 차지하는 일수 / 회계기간에 포함되는 일수]

## 차입비용의 세무서리

현행 세법으로는 차입비용을 고정자산으로 계상해야만 하는 취지의 규정은 있으나 구체적인 방법에 대해서는 아무것도 규정하고 있지 않습니다. 따라서 실무적으로는 회계의 처리방법을 허용할 가능성이 있습니다.

# 장기투자는 어떻게 계상하여 평가합니까?

장기투자에는 장기 지분투자와 장기 채권투자가 있으며, 실제 원가로 계상하지만, 장기 지분투자는 원가법 또는 지분법에 의해 평가합니다.

## 장기투자

장기투자에는 장기 지분투자와 장기 채권투자가 있습니다. 장기 지분투자라는 것은 투자기간이 1년 이상인 지분의 성질을 갖는 투자로 주식과 그 밖의 지분투자입니다.

장기 채권투자라는 것은 1년 이내에 현금화 할 수 없거나 수시로 현금화할 예정이 없는 채권과 그 밖의 채권입니다.

## 평가방법

장기 지분투자의 평가방법에는 원가법과 지분법이 있습니다. 지분법이라는 것은 처음에 초기투자 원가로 계산하고 그 후에 투자대상의 소유자지분 변동에 근거하여 투자의 장부가치를 수정하는 것입니다. 예를 들면 처음에 투자지분을 100으로 구입했다고 한다면, 원가법으로는 100이 투자지분의 초기원가가 됩니다. 만약 투자대상이 20의 이익을 올리고, 그 투자대상에 대한 출자지분 비율이 20%였다고 한다면, 그 투자지분의 가치는 4만이 상승합니다. 지분법은 이렇게 투자지분을 취득한 후의 가치변동을 초기 투자가치에 증감시켜 투자지분을 평가하는 방법입니다. 원가법으로는 이러한 투자지분의 변동을 인식하지 않기 때문에 투자지분 그 자체를 증감시키지 않는 한, 투자원가의 가치가 변동하지 않습니다.

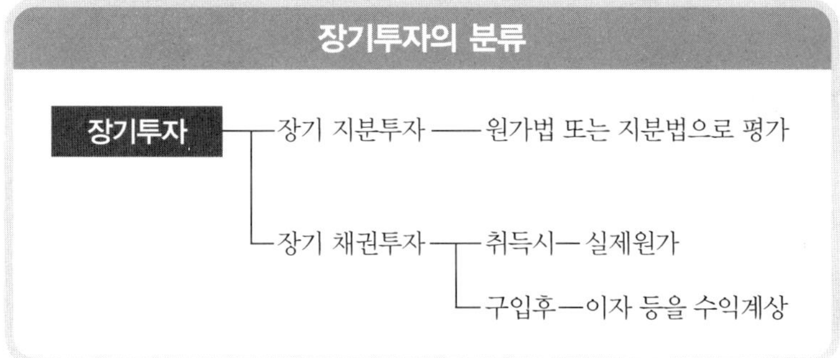


## 장기 지분투자의 평가

투자회사가 투자대상에 대해 지배, 공동지배의 관계가 없거나 혹은 중대한 영향을 미치는 것이 없는 경우에 원가법으로 평가할 수 있습니다. 다음과 같은 경우 지배관계가 없거나, 중요한 영향을 미치는 경우가 없으므로 원가법으로 계산할 수 있습니다.

① 의결권이 20% 미만인 지배, 공동지배의 경우

② 의결권이 20% 이상인 지배, 공동지배이지만 중대한 영향이 없는 경우

이에 비해 투자대상에 대해 지배, 공동지배의 관계가 있거나 혹은 중대한 영향이 있는 경우에는 지분법으로 평가해야 합니다. 다음과 같은 경우 지배관계가 있거나 혹은 중요한 영향을 미치기 때문에 그 투자지분은 원가법이 아닌 지분법으로 평가해야 합니다.

① 의결권이 20% 이상인 지배, 공동지배 관계로서 중대한 영향을 미칠 수 있는 경우

② 의결권은 20% 미만이지만 투자대상에게 중대한 영향을 미칠 수 있는 경우

## 장기투자의 세무처리

현행법에 기업회계제도가 규정하는 지분법의 세무에 대한 취급 규정이 없습니다. 따라서 장기투자가 세무에서 어떻게 취급되는가에 대해서는 앞으로 새로운 규정이 만들어 질 것으로 보입니다.

## 장기투자의 취득원가

장기 지분투자에는 주식투자와 유한회사에 대한 출자지분투자 등이 있습니다. 이에 비해 장기 채권투자에는 사채, 전환사채, 이자부채권 등이 포함됩니다.

장기 지분투자 또는 장기 채권투자를 현금으로 취득했을 때는 실제

로 지불한 구입대금 총액(세금, 수수료 등의 제반비용을 포함함)에서 확정배당과 확정이자의 미수부분을 뺀 금액이 초기투자의 원가가 됩니다. 세금과 보험료가 적을 때는 그 제반비용을 재무비용으로 처리할 수 있습니다.

# 무형자산의 회계와
# 세무의 처리는 어떻게 합니까?

무형자산의 회계처리와 세무처리는 약간 차이가 있으며, 현행세
법이 개정되지 않는 한, 세무상의 조정이 필요합니다.

## 무형자산의 범위

무형자산에는 식별가능한 무형자산과 식별 불가능한 무형자산이 있
습니다. 식별가능한 무형자산에는 특허권, 비특허기술, 상표권, 저작권,
토지사용권 등이 있습니다. 식별 불가능한 무형자산이란 영업권입니다.

## 무형자산의 상각

무형자산은 취득한 달로부터 추정 사용연수로 평균상각합니다. 추정
사용연수가 계약으로 정해진 수익연수 또는 법률로 규정된 유효연수를

초과하는 경우에는 다음의 규정으로 상각년수를 결정합니다.

① 계약이 수익연수를 규정하고 있으나 법률이 유효연수를 규정하지 않은 경우 상각년수는 수익연수를 초과해서는 안된다.

② 계약이 수익연수를 규정하고 있지 않으나 법률이 유효연수를 규정할 경우 상각년수는 유효연수를 초과해서는 안된다.

③ 계약의 수익연수와 법률의 유효연수가 규정되어 있을 경우 어느 쪽이든 짧은 연수를 초과해서는 안된다.

④ 계약의 수익연수도 법률의 유효연수도 규정되어 있지 않을 경우 상각년수는 10년을 초과해서는 안된다.

## 장기 선급비용

장기 선급비용에는 고정자산의 대수리지출, 리스 도입 고정자산의 개량지출, 상각기간이 1년 이상인 기타 선급비용이 있습니다. 고정자산 대수리지출은 대수리가 진행되는 기간에 균등상각합니다. 리스 도입 고정자산의 개량지출은 리스기간과 리스자산의 사용가능년수 중 짧은 기간으로 균등상각합니다.

## 무형자산의 세무처리

세법에서 무형자산의 상각은 정액법(定額法)을 채용하고 있고, 이 점은 회계처리와 동일합니다. 무형자산은 계약 등으로 정해진 사용연수로 균등상각하도록 규정되어 있어 회계처리와 약간 차이가 있습니다.

사용연수의 규정이 없는 경우 또는 자사개발의 무형자산에 대해서는 상각기간이 10년 이상이라고 되어 있습니다.

## 자사 개발자산의 회계처리

자사가 개발한 무형자산은 법적 권리 취득을 위한 등록비용, 변호사 비용 등만 무형자산의 실제원가로 계상합니다. 그러나 연구개발 과정의 재료비, 개발 직접인력의 임금 · 복리비, 리스료, 차입비용은 직접 발생시의 당기비용으로 계상합니다.

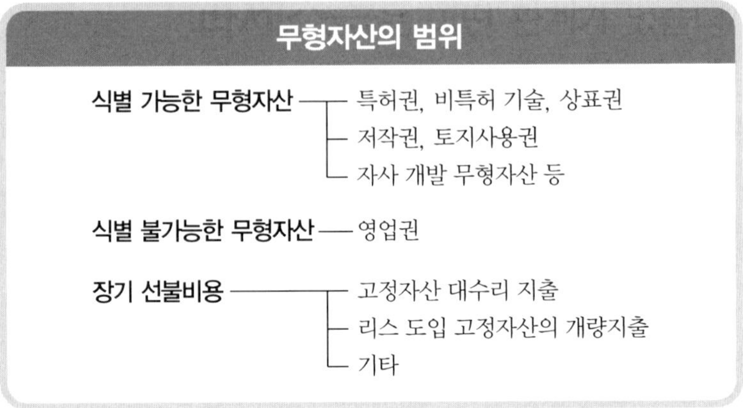


## 자사 개발자산의 세무처리

현행세법상 자사 개발 무형자산은 개발과정의 실제 지출액을 취득원가로 하는 규정만 있습니다.

## 회계처리와 세무처리

이상과 같이 회계처리와 세무처리가 약간 차이가 있기 때문에 현행의 세무로는 회계처리의 조정이 필요하게 됩니다. 또한 개별의 세목에 따라서는 명확하게 다른 처리를 하도록 요구되는 경우도 있으므로 유의해야 합니다.

# Q 57

**결손금**이 있어도
**배당**이 가능합니까?

결손금이 이익으로 보전되지 않는한 배당은 불가능합니다. 은행
에서 배당송금 수속 시에 기업소득세 납부영수증의 제출을 요구
합니다.

## 이월 결손금과 배당

회계상으로도 세무상으로도 이월 결손금을 이익으로 보전한 후가 아
니라면 배당을 하는 것은 불가능합니다. 배당송금 시에는 그 이익처분에
관련된 의사록 외에 그 해의 이익에 대한 기업소득세의 납세 증빙도 확
인하기 때문에 필요한 제출서류가 없는 경우에는 송금할 수 없습니다.

## 이월 결손금과 2免 3減

**현행세법상 현지법인의 결손금은 5년간의 이월이 인정되고 있습니다.** 일반적으로 개업 당초는 많은 액수의 투자가 이루어지기 때문에 적자가 발생하기 쉬운 상황입니다. 따라서 처음에 결손금이 계상되고 그것이 서서히 그 후 연도의 흑자로 보전되어 최종적으로 누적 결손금이 해소되므로 최종이익이 흑자가 됩니다.

세무상으로는 예를 들면 01년도에 발생한 결손금은 06년도까지 밖에 이월이 허용되지 않습니다. 또한 결손금의 보전은 시작 연도의 결손금부터 차례로 충당되어갑니다. 이렇게 이월 결손을 이익으로 보전하고 누적 베이스로 이익이 처음 발생한 연도를 이익계상 개시연도라고 합니다.

주의하지 않으면 안되는 것은 이익계상 개시연도부터 시작되는 '2免 3減'의 감면세 조치는 일단 적용되기 시작하면 중지 또는 보류하는 것이 불가능하다고 하는 것입니다.

예를 들면 첫해의 이익이 얼마 없고 다음해에 적자가 되어도 2년간의 면세 적용연도는 변동하지 않으므로 거의 면세받는 것이 없게 되는 결과가 됩니다. 따라서 2免 3減의 적용 첫해에 대해서는 신중한 검토가 필요합니다. 자주있는 예로서, 개업 첫해에 이익이 발생하기 시작한 것이 연도 말쯤이 되어 그대로 결산을 하면 적은 액수이나 연도 이익으로 끝나버리

| 배당 유의점 |
| --- |
| • 이익으로 이월 결손금을 해소 |
| • 2免 3減 개시의 타이밍 |
| • 결손금의 보전 방법 |
| • 미지급 배당금을 미리 계상 |

는 경우가 있습니다. 이렇게 연도말경에 이익이 계상되는 케이스에는 세무당국의 승인을 얻어 그 손익을 다음해로 이월시키는 것이 가능합니다.

## 이월 결손금의 보전

외국에서는 이월 결손금이 누적되면 배당이 불가능해지므로 자본금을 감소시켜 결손금을 충당하고, 배당가능한 상태로 만드는 경우도 있습니다. 중국에서는 외상투자기업의 감자(減資)는 일단 가능하다고 되어 있으나, 외국과 달리 인가당국의 인가가 필요합니다. 회사의 생산규모를 감소하지 않으면 안되는 경제적 합리성 등의 이유가 없을 때는 반드시 감자가 인가된다고는 할 수 없습니다.

이월 결손금의 보전방법으로서 준비기금의 차용을 생각할 수 있습니다. 준비기금의 적립목적은 원래 손실의 보전과 자본금의 증가에 있기 때문입니다. 따라서 상황에 따라서는 준비기금을 사용하여 이월 결손금에 충당하여, 결손금을 해소하는 것도 있을 수 있습니다.

## 이익처분의 방법

외국에서는 결산 후에 주주총회가 개최되어 거기서 이익처분된 배당금은 결의 후에 회사의 미지급 배당금으로 확정 계상되어 지불합니다. 이에 비해 중국에서는 12월 결산 후에 동사회가 개최되고, 거기서 이익처분된 배당금은 그 이익이 계상된 12월 말 현재의 결산서 중에서 미지급 배당금으로서 계상됩니다. 이렇게 외국과 중국은 확정계상과 소급하는계상의 이익처분 방법이 완전히 다르게 처리되기 때문에 주의가 필요합니다.

# Q 58

## 기업소득세의 납세기한에 대해서 유의해야 할 점은 무엇입니까?

4분기 예납과 연도말 확정신고가 있습니다. 매분기는 15일 이내에 세금을 예납하고, 연도말에는 4개월 이내에 확정신고하며, 5개월 이내에 정산합니다.

### 회계년도

현지법인의 회계년도는 원칙적으로 양력 1월 1일부터 12월 31일까지라고 되어 있습니다. 종래에는 외상투자기업 중 독자기업에 대해서는 12월 31일 이외의 결산년도가 인정되어 왔으나, 최근의 세무통지에 따라 사업년도는 원칙대로 양력 1월 1일부터 12월 31일까지의 기간 이외는 인정하지 않게 되었습니다.

## 납세신고

    12월 31일을 연도결산일로 하는 현지법인은 우선 4분기 베이스로 기업소득세를 예납할 필요가 있습니다. 예납신고는 원칙적으로 매분기 실제 이익액에 따라 예납합니다. 하지만 이것이 어려운 경우에는 전년 사업연도 실적의 1/4에 의한 신고도 괜찮고, 이익계획에 의한 예정신고 납부도 가능합니다. 이 예납신고 납부를 매분기 종료 후 15일 이내에 하고, 연도 종료 후 4개월 이내에 확정신고(연도 기업소득세 신고서와 회계결산 보고서를 감사보고서 첨부하여 제출)하며, 5개월 이내에 예납세액과 확정세액의 차액을 추가납부 또는 환급받습니다.

    통상은 현지법인인 2월 초순경까지 결산서의 숫자를 확정하여 2월중에 공인회계사의 감사를 받아서 3월에 동사회를 개최하고 결산서와 이익처분을 확정한 뒤, 4월에 확정신고를 합니다. 단, 중국의 기업은 대부

---

### 납세신고 납부의 기한

**납세신고 납부**

① 예납신고
- 매분기 종료 후 15일 이내에 신고 납부
  실제 이익액에 의한 신고
  전년 실적에 의한 신고
  이익 계획에 의한 신고

② 확정신고
- 연도종료 후 3개월 이내에 결산서류 승인
- 연도종료 후 4개월 이내에 확정신고
- 연도종료 후 5개월 이내에 정산납부

**원천징수 신고납부**

사용료 등을 송금한 날로부터 5일 이내에 원천납부

---

분이 12월 결산이고, 공인회계사의 감사도 1월부터 3월까지 집중되기 때문에, 회계사무소에 따라서는 예정대로 감사를 하는 것이 불가능한 곳도 있으므로 주의해야 합니다. 또한 합자, 합작의 경우에는 중국측 파트너와의 의견조정에도 시간이 걸리는 경우가 있고, 예정대로 결산일정을 처리하는 것이 쉽지 않은 경우도 있습니다.

### 원천징수 신고납부

외국기업이 중국 국내원천 소득을 취득하여 원천징수를 하는 경우(현지법인과 중국기업이 외국기업에게 로열티의 사용료를 지불하는 경우 등), 현지법인과 중국기업이 사용료를 송금할 때 10%의 세율로 기업소득세를 원천징수하여 공제하고, 5일 이내에 그 지방의 세무국에 대해서 원천소득세 신고서를 제출하여 원천징수세액을 국고에 납입하지 않으면 안된다고 되어 있습니다.

### 체납금

기업소득세 뿐만 아니라 개인소득세도 포함한 세금 일반에 대해서 말할 수 있는 것으로, 세금을 납세기한을 넘겨서 납세한 경우에는, 세금을 체납한 날로부터 시작하여 매일 0.0005의 체납금이 가산됩니다. 매일 0.0005의 체납금이라는 것은 연율로 환산하면 18.25%의 가산금이므로 연수가 지나면 상당한 금액이 됩니다. 이 체납금은 조세징수관리법이 개정 시행된 2001년 5월 1일부터 실시되고 있는데, 개정 전에는 연율 73%로 상당히 고율의 체납금이었습니다.

# 중국에서 **원천징수**된 세금은 어떻게 처리하는 것이 좋습니까?

중국 자회사가 원천징수하여 모회사가 납세의무자가 되는 '실제 납부한 외국세액' 과 중국자회사가 납세의무자가 되는 '간주 외국세액' 은 외국의 모회사에서 외국세액 공제가 가능합니다.

## 실제 납부한 세액 공제

한국의 모회사와 중국의 현지법인이 대여계약과 기술이전계약을 체결하고 현지법인으로부터 로열티(기술사용료와 특허권 사용료)와 이자의 송금을 받았을 때, 현지에서 10%의 원천징수가 이루어지는데, 그 10%의 세금 납세의무자는 한국의 모회사입니다.

즉 한국의 모회사에 의해 납부되어야 하는 세금이 현지법인에 의해 원천징수되고, 원천징수된 세금은 한국의 모회사에서 세무관련 처리를 해야 합니다. 이 10%의 중국 세금은 기업소득세이고, 한국의 법인세와 같기 때문에 한국과 중국에서 동일 소득에 대해 동일 소득세가 2중 과세되지 않도록 한국에서는 '외국세액 공제'라고 하는 제도가 있습니다.

## 실제 납부한 세액공제의 계산

로열티와 이자가 100의 수입이라면 중국의 현지법인이 한국으로 송금할 때에 10이 원천 징수되므로 90이 송금되어 옵니다. 한국에서는 일단 90의 수입으로 받아들이지만 세금을 포함하여 수입은 100으로 하고 10이 선납 세금이 되며 100의 수입에 대해 임시로 법인세 등이 실질적으로 30%의 실효세율로 과세된다면 한국에서의 법인세 등의 세금은 20이 됩니다.

중국에서 납부한 10의 기업소득세는 외국세액으로서 한국의 법인세 등에서 공제할 수 있기 때문에 이자의 경우에 30에서 선불한 10을 공제하고 20이 한국에서 법인세 등의 납부액이 됩니다.

이렇게 한국의 모회사가 직접 납세의무자가 된 외국에서 실제로 지불한 세금을 한국에서 법인세 등으로부터 세액공제하는 것을 '실제 납부한 외국세액 공제'라고 합니다. 중국의 예에서는 **실제 납부한 외국세액 공제**

### 중국에서 납부된 세금

**실제 납부한 외국세액**
이자, 사용료 등에서 원천징수된 기업소득세

**간주 외국세액**
중국 자회사가 직접 납부한 기업소득세

로는 특허권 사용료, 리스 요금, 이자, 양도소득 등이 해당됩니다.

## 간주 세액공제

이에 비해서 **'간주 외국세액 공제'**라고 하는 말도 있는데, 이것은 한국의 모회사가 직접 납세의무자는 아니지만, 현지법인이 납부한 것을 간접적으로 납세하고 있는 것으로 간주하여 한국에서 세액공제하는 것입니다.

중국의 현지법인은 현지에서 기업소득세를 납세할 의무가 있는데, 간단히 예를 들어 말하면 현지법인(한국 모회사가 100% 출자한 회사)의 이익이 100이고 기업소득세의 세율이 33%라면 100에서 세금인 33을 뺀 67이 배당으로서 전액 한국으로 송금되어 옵니다. 한국의 모회사가 받은 67의 배당은 실질적으로 100의 수입에서 한국의 모회사 대신에 현지법인이 납세한 것과 같은 상황이 됩니다.

한편, 한국의 본사가 현지법인이 아닌 지점을 중국에 개설하고 있다고 한다면, 지점의 이익 100에 대해서 과세되는 33의 기업소득세는 한국의 본사가 직접 납부하게 됩니다.

이렇게 지점과 자회사라고 하는 해외진출의 형태에 따라서 한국에서 세액공제가 되기도 하고 되지 않기도 하는 것은 2중과세의 방지와 실질적인 세부담의 공평성의 관점에서 문제가 있습니다.

한국의 본사가 주식 등의 25% 이상을 배당확정일 현재 6개월 이상 보유하는 해외 자회사의 경우, **그 해외 자회사가 직접 납부한 기업소득세도 한국의 본사가 간접적으로 납부한 것으로 간주하여 한국의 법인세 등에서 외국세액공제할 수 있습니다.**

> **Tip** 외국자회사의 당해년도 기업소득세 × (수입배당금액 / 자회사의 당해년도 소득 − 자회사의 기업소득세)

232

## 현지에서 **면세된 세금**은 어떻게 **처리**하는 것이 좋습니까?

중국 자회사의 배당은 원천세가 면제되지만 일본에서 10% 또는 20%의 외국세액 공제가 가능하고, 사용료는 10%의 원천징수되지만 일본에서 20%의 외국세액 공제가 됩니다.

### 의제 세액공제

중국에서는 외상투자기업이 배당할 때에는 배당에 대한 기업소득세의 원천징수를 면세로 하고 있습니다. 따라서 중국의 현지법인으로부터 송금받은 배당에는 세금이 과세되지 않습니다. 한국의 법인세법 제 57조 제3항에서는 '국외원천소득이 있는 한국법인이 조세협약의 상대국에서 당해 국외원천소득에 대하여 법인세를 감면받은 세액상당액은 세액공제 되는 외국법인세액으로 본다' 라고 되어 있으며 구체적인 것은 당해조세협약이 정하는 범위에 따르도록 되어 있습니다. 하지만 의제 세액공제에 대한 한·중 조세협약 상의 근거는 마련되지 않았습니다. 아래에서는 일본의 예를 중심으로 살펴보겠습니다.

구체적으로는 일본법인이 중국의 합자기업으로부터 배당을 받았을 때에는 10%의 의제 세율로 과세된 것으로 하여 그 세액을 일본의 법인세 등의 세액에서 공제할 수 있습니다. 독자기업 또는 합작기업에서 배당을 수령했을 경우에는 20%의 의제 세율로 외국세액 공제가 됩니다.

따라서 의제 외국세액공제에 있어서는 외자기업과 합작기업 쪽이 합자기업에 비해서 유리하다고 말할 수 있습니다. 이렇게 현지에서 면세된 세금을 일본에서 세금 공제할 수 있도록 하고 있는 이유는 현지에서의 우대조치를 최후까지 살리기 위해 일본에서 그 부분의 세금을 과세하지 않고, 현지의 투자를 촉진시키려는 목적에서입니다.

마찬가지로 현지에서 원천징수를 면세 또는 감세받는 것으로서 일본 법인세에서 의제 세율로 외국세액공제를 할 수 있는 것으로 사용료가 있습니다.

사용료에는 저작권, 특허권, 상표권, 의장, 노하우, 설비 등의 사용료가 포함됩니다. 사용료에 대해서는 중국에서 원래 원천징수 세율이 20%였으나, 2000년부터 10%로 경감되었습니다.

일·중 조세협약에서는 사용료에 대해서는 20%로 과세된 것으로 의제하여 외국세액공제를 받을 수 있기 때문에 차액인 10%의 감면세가 일본에서 의제 외국세액공제를 할 수 있게 되었습니다. 이러한 외국세액공제를 '의제 외국세액공제' 라고 합니다.


## 실제 납부한 세액공제와 의제 세액공제

'실제 납부한' 의 의미는 현지법인이 원천징수한 세액 또는 면세액은 본래 납세 의무자인 한국의 모회사가 직접 납부한 것과 같기 때문입니다. '의제'의 의미는 현지에서 면세받은 것이 현지에서 과세된 것으로 간주하여 한국에서 외국세액공제를 받을 수 있는 것을 의미합니다. 또한 일·중 조세협약에서는 일본 법인의 직접 납세에 대해 간주세율을 규정하고 있는 것은 이 배당과 사용료뿐입니다.

**배당 유의점**

|  | 현지의 원천징수 세율 | 현지의 원천징수세 |
|---|---|---|
| 합자기업의 배당 | 0% | 10% |
| 외자, 합작기업의 배당 | 0% | 20% |
| 현지기업으로부터의 사용료 | 10% | 20% |

## 영업세에 대하여

중국에서는 로열티에 10%의 기업소득세를 원천징수할 때에 영업세도 5%의 세율로 과세하는 경우가 있습니다. 현행의 규정으로는 로열티에 대해서 5%의 영업세를 과세하는 것이 원칙이고, 하이테크 기술 등의 장려규정에 의해 일정 범위 내의 기술양도계약 등 에 해당되면 영업세가 면세라고 해석하고 있습니다.

따라서 면세되지 않은 경우에는 영업세도 동시에 과세되는데, 이 영업세는 소득에 대한 세금이 아니기 때문에 외국세액공제는 적용되지 않습니다. 과세된 영업세를 한국에서는 결손금으로서 처리할 필요가 있습니다.

# Q 61

## 현지법인에서 면세된 세금은
### 어떻게 처리하는 것이 좋습니까?

현지법인에서 면세된 기업소득세도 조세협약의 교환공문으로 정해진 것이라면 한국의 모회사로 간주하여 의제 세액공제가 적용됩니다.

### 의제 외국세액공제

중국의 조세우대 조치로 '생산형 외상투자기업이고 경영기간 10년 이상' 인 것은 누적 결손금을 보전한 후의 이익이 흑자가 된 후 처음의 2년간은 면세, 그 후의 3년간은 기업 소득세가 절반이 되는 소위 2免 3減이라고 불리는 일정기간 감면세 조치가 있습니다.

한국의 모회사가 100% 출자하고 있는 현지법인이 이러한 기업소득세의 2免 3減의 적용을 받아서 원칙적으로는 국세 부분이 30%의 세율인

기업소득세를 납부해야 하지만 면세를 받고, 지방세 부분인 3%도 면세가 되는 경우에는, 기업소득세를 전부 납부하는 것이 아닙니다. 만약에 현지법인의 이익이 100이고, 세무상의 가산, 감산 항목도 없이 그 외의 적립도 일체 없었다고 한다면 100이 배당가능 이익이 되고, 그대로 한국 모회사로 송금됩니다.

한국의 모회사에서 100의 배당에 대해서 그대로 한국의 법인세율 등이 적용되면 현지법인에서 정당하게 면세된 33%의 세금이 한국의 법인세 등에 포함되어 과세되고, 중국에서의 조세우대 혜택을 살릴 수 없게 됩니다.

따라서 한·중 조세협약과 조세협약을 보충하는 의정서 중에서 이렇게 한국의 모회사를 대신하여 현지법인이 간접적으로 납부하는 기업소득세에 대해서는 **특정의 감면세에 한하여 현지에서 감면된 세금을 마치 납부한 것처럼 한국의 모회사도 그 세금의 상당액을 법인세 등에서 세금 공제할 수 있도록 되어 있습니다.**

이러한 외국세액공제를 '**의제 외국세액공제**' 로 부르고 있습니다. 의제 외국세액공제가 적용될 수 있는 감면세 조치는 위에서 말한 2免 3減 외에도 경제특구, 경제기술개발구, 연해경제개방구 등의 생산형 외상투자 기업에 대한 경감세율(15%, 24%) 등이 있습니다.

## 외국세액공제의 요약

외국세액공제에는 '실제 납부한 세액공제' (한국의 모회사에게 송금된 배당, 이자, 사용료 등에 직접 과세된 원천징수세)와 '간접세액공제' (자회사인 현지법인이 신고 납부하는 세금)가 있습니다.

현지에서는 감면세 또는 면세되어 납부하지않은 세금을 마치 납부한 것처럼 한국에서 외국세액공제를 하는 '의제 외국세액공제' 가 있습니다.

자회사와 모회사에 대해서 이들 외국세액공제가 적용되지만, **간주 외국세액공제는 자회사에게만 적용되고 孫회사에게는 적용되지 않으므로** 주의해야 합니다.

## 외국세액공제시 주의사항

외국세액공제로는 한국의 법인세 등의 금액을 초과하여 외국세액공제를 하는 것은 불가능합니다. 또한 외국세액공제 계산으로는 공제할 수 있는 상황과 조건이 설정되어 있으므로 항상 전액이 공제되는 것은 아닙니다.

## 현지처리의 보충설명

중국에서는 이익처분 방법이 한국과는 다릅니다. 한국에서는 어디까지나 이익처분 결의가 행해진 연도에 미지급 배당금이 계상되고, 배당금의 지불이 이루어집니다. 따라서 이익처분은 그 이익이 계상된 연도가 아니라 이익처분이 이루어진 다음해에 처리됩니다. 임시로 이 방법을 확정 결산처리라고 부른다면 **중국의 이익처분 방법은 미확정 결산처리라고도 부를 수 있습니다.**

즉, 중국에서는 이익을 계상한 결산연도가 03년 12월 말이라면, 이익처분은 04년 3월 말까지 동사회가 개최됩니다. 동사회에서는 03년 12월 말 현재의 결산서와 그 이익처분안이 제출되고, 승인결의가 이루어집니다.

그러나 한국과 다른 점은 여기서 승인결의된 이익처분 중 배당금에 대해서는 03년 12월 말의 결산서에 미지급 배당금으로서 계상되는 것입니다. 한국에서는 이러한 미지급 배당금은 이익처분이 이루어진 04년도에 계상됩니다. 이에 비해 중국에서는 이익이 계상된 03년도의 결의서에 미지급 배당금이 계상되는 것입니다.

만약에 이익처분의 승인결의가 예정대로 열리지 않은 경우에 그 차액은 다음 연도의 결산서 중 기초 미처분 이익의 수정이라고 하는 형태로 처리가 이루어집니다. 특수한 상황에 따라서는 한국의 외국세액공제의 적용도 미묘한 문제가 발생하기 쉽기 때문에 전문가와 상담을 하는 등 특별히 유의할 필요가 있습니다.

또 중국에서는 배당금을 자본금으로 대체하거나 다른 외상투자기업에게 출자하는 등에 따라서 과거에 납부한 세금이 환급되는, 소위 재투자에 의한 세금환급이 있는데, 이러한 경우도 유의해야 합니다.

# Q 62

## 이전가격이란 무엇입니까?

이전가격이란 간단하게 말하면 외국의 모회사와 중국의 자회사 사이에서 거래가격을 조작함으로서 중국 자회사의 이익을 감소시키는 것입니다.

### 이전가격제도

이전가격이라는 것은 '현지법인이 특수한 관계를 갖고 있는 중국 국외 관련기업(예를 들면 외국의 모회사)과의 사이에 거래가격을 조작하여 중국에서의 과세소득을 감소시키는 것' 입니다.

이에 대해 세무당국은 이 조작된 거래가격을 독립된 기업간의 거래가격(제 3자 가격)으로 고쳐서 과세소득을 재계산하여, 세금을 확보하는 제도가 있는데, 이것을 '이전가격세제도' 라고 합니다.

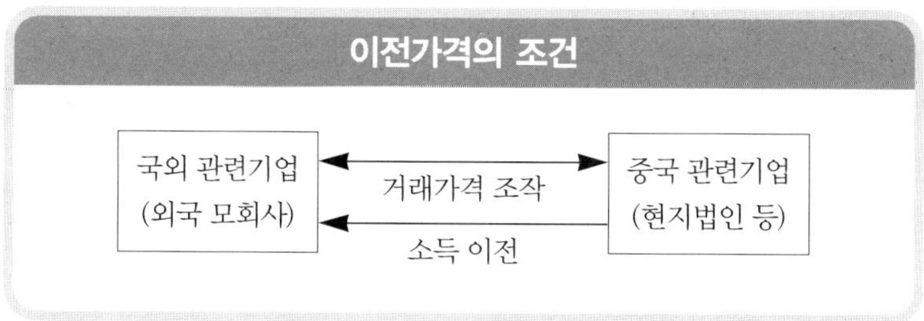


## 이전가격의 예

이전가격제도는 이전가격을 이용한 세금의 회피를 방지하는 것입니다. 즉, 거래가격을 조작함으로서 외상투자기업의 이익(과세소득)을 국외의 관련기업으로 이전하는 것을 대상으로 하고 있습니다.

구체적으로는 외상투자기업은 원자재 부품을 고가격으로 수입하고, 제품을 저가격으로 수출함으로서 이익을 국외의 관련기업으로 옮길 수가 있습니다. 또 지불거래에서는 국외 관련회사로부터의 수입설비 가격을 높게 하고, 모회사로부터 받고 있는 용역계약의 금액을 높게 책정합니다. 그 밖에 모회사에게 지불하는 특허권 사용료의 가격을 올리거나 대여금의 이자를 높게 책정하는 등 외상투자기업의 이윤을 줄이고, 그만큼 소득을 국외의 관련기업으로 이전하는 일도 있습니다.

## 국외 관련기업의 정의

국외의 관련기업은 다음과 같은 관계를 갖는 것으로 정의하고 있습니다.

① 양 당사자의 어느 일방의 지분이 전체의 25% 이상을 직접 또는 간접적으로 소유하고 있는 관계

② 직접 또는 간접적으로 제 3자에 의해서 지분이 25% 이상 소유되거

나 또는 지배되는 관계

③ 기업과 타기업 간의 차용자금이 기업의 자기자금의 50% 이상을 차지하거나 기업의 차용자금 총액의 10%를 타기업이 보증하고 있는 관계

④ 기업의 동사(출자자에 의해 지명받은 출자자를 대표하는 이사, 임원)나 부문책임자 등 고급관리직의 과반수 이상, 또는 1명의 상근동사가 타기업으로부터 파견되어 있는 관계

⑤ 기업의 생산경영활동이 타기업이 제공하고 있는 특허권리(공업소유권, 점유기술 등)에 의존하여 운영되고 있는 관계

⑥ 기업이 생산경영을 위해 들여오는 원자재, 부품 등(가격 및 거래조건 등을 포함)이 타기업에 의해 지배 또는 공급되는 관계

⑦ 기업이 생산하는 제품 또는 상품의 판매(가격 및 거래조건 등을 포함)가 타기업에 의해서 지배되는 관계

⑧ 기업의 생산경영, 거래에 대해서 실질적으로 지배하는 것과 같은 가정, 친척관계 등을 포함한 기타의 이익으로 상호연결되는 관계

## 국외관련 기업의 정의

- 직접 또는 간접적으로 25%이상의 소유관계
- 차입금이 자기자본금의 50%이상의 차용관계
- 차입금의 10% 이상의 보증관계
- 과반수 이상의 임원, 고급관리직의 파견
- 1명의 상근임원의 파견
- 생산을 일방의 특허권 등에 의존하는 관계
- 생산을 일방의 원자재, 부품에 의존하는 관계
- 판매를 일방에게 의존하고 있는 관계
- 기타 실질적 지배관계

# 어떤 **거래**가 **이전가격** 조사의 **대상**이 됩니까?

이전가격의 대상이 되는 거래는 ①유형재산의 판매, ②무형자산의 양도, ③금전의 대여, ④용역의 제공으로 4가지가 있습니다.

## 유형재산의 판매 등

유형재산의 매매, 양도 및 사용에는 건물구축물, 운수수단, 기계설비, 공구, 상품(제품) 등 유형재산의 매매, 양도 및 임대거래를 포함합니다.

## 무형자산의 양도 등

무형재산의 양도 및 사용에는 토지사용권, 판권(저작권), 상표, 상호, 전매특허 및 노하우 등의 특허권, 공산품의 디자인 · 설계 또는 실용신안 등 공업재산권의 소유권 양도 및 사용권의 제공 거래를 포함합니다.

## 금전의 대여

금전의 대여에는 각종의 장단기 자금의 대여 및 보증, 유가증권의 매매 및 각종 이자부의 선급대금과 기한경과 미지급대금 등의 거래를 포함합니다.

## 용역의 제공

용역의 제공에는 시장조사, 판매, 관리, 행정사무, 기술서비스, 유지보수, 설계, 컨설팅, 대리, 과학연구, 법률, 회계실무 등 서비스의 제공을 포함합니다.

## 이전가격 조사

앞에서 말한 대로, 이전가격의 대상이 되는 거래는 폭넓게 되어 있습니다. 이전가격의 거래는 중국에 있어서 외상투자기업(합자, 합작, 외자기업)과 중국 국외의 관련기업 간의 거래관계가 대상이 됩니다.

또 중국에 있어서 외국기업의 사업장소(항구적 시설 또는 기구, 장소라고도 말합니다)와 중국 국외 관련기업 간의 거래관계도 대상이 되고, 소득이 중국에서 국외로 이전되는 거래를 대상으로 하고 있습니다.

이러한 대상 거래 중에서 문제가 되는 거래는 통상적으로 구입판매 거래가 많은 것 같습니다. 예를 들면, 중국의 현지법인이 생산거점으로 되어 있고, 외국의 모회사가 원자재, 부품을 공급하고 제품을 인수하여 외

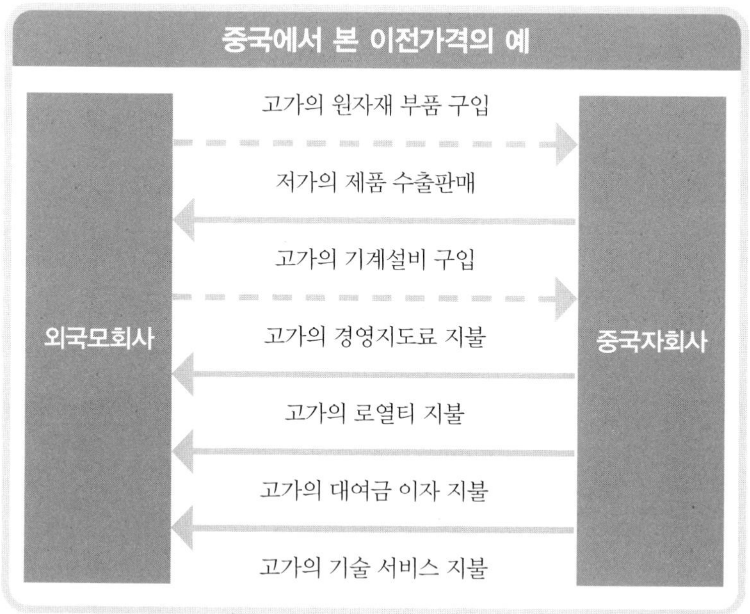


국국내 또는 아시아 등에서 판매하는 경우 외국에서 구매한 원자재 부품의 가격과 중국에서 수출하는 제품의 가격이 문제가 됩니다.

이런 종류의 거래에 대해서 현지의 세무당국은 **'어떻게 동일 지역 동일 업종의 외상 투자기업의 이익률이 완전히 다른가'** 라고 하는 의문을 갖고 있는 것 같습니다.

또 **'같은 외상투자기업에서 수출가격과 국내 판매가격이 왜 다른 것인가'** 라고 하는 의문도 갖고 있습니다. 게다가 **'몇 년이 지나도 좀처럼 흑자가 나지 않는 것은 이상하다'** 라는 의문도 있어서 이전가격 조사에 관여하는 일이 많은 것 같습니다.

# 이전가격의 조사는
# 어떤 경우에 이루어집니까?

회사의 이익이 부자연스러운 움직임을 보이고 있는 경우에 이전 가격조사의 대상이 될 가능성이 있습니다. 또 그 지역의 동업종의 평균이익 수준도 참고하게 됩니다.

### 이전가격조사의 대상

중국의 이전가격 관련 규정에 의하여 아래의 사례에 해당하는 기업은 중점적으로 조사의 대상으로 선택될 수 있습니다. 이 중에서 ①과 ②는 외자계의 출자비율이 높고, 이사 등을 파견하고 있는 외상투자기업에서 수출입 거래를 하고 있는 경우라면 대부분이 해당되기 때문에 그다지 특징은 없습니다.

③이하의 선정이유는 상당히 흥미 있는 내용이 있어 이전가격 관련 규

정이 발표되기 전에 이러한 외자계 기업이 존재하고 있었던 것을 나타내고 있다고 생각됩니다.

① 생산, 경영관리의 정책결정권이 관련기업의 지배를 받고 있는 기업
② 관련기업과의 거래금액이 비교적 큰 기업
③ 장기간의 결손기업(연속해서 결손이 2년 이상인 경우)
④ 장기에 걸쳐 이익이 미미하거나 또는 경미한 결손이 있음에도 불구하고 끊임없이 경영규모를 확대하고 있는 기업
⑤ 손익 변동폭이 큰 기업(격년으로 이익 또는 결손이 생기고 경영효율이 비정상적인 기업)
⑥ 조세회피지역(홍콩 등)에 설립된 관련기업과 거래를 발생시킨 기업
⑦ 동업종의 이익수준보다 낮은 기업(해당지역의 동업종의 이익수준과의 상대적 비교)
⑧ 집단공사(그룹기업)의 내부비교에서 이익률이 낮은 기업(관련기업과의 상대적 비교에서 이익률이 낮은 기업)
⑨ 명목을 만들어 관련기업에게 각종 불합리한 비용을 지불하고 있는 기업
⑩ 법정 감면세 기간을 이용하거나 또는 감면세 기간만료 후 이익을 급락시켜 조세회피를 하고 있는 기업 및 그 밖의 조세회피의 의심이 가는 기입

## 이전가격조사의 실태

현재 행해지고 있는 이전가격의 조사는 앞에서 말한 대상기업을 향하고 있는 경우가 많은 것 같습니다. 즉, 일정기간 세금감면(2免 3減기간)이 지나고 나서 이익이 급격하게 감소하거나, 생산규모가 확대되고

있음에도 불구하고 이익률이 저조하거나 하면, 조사대상이 되기 쉬운 경향이 있습니다.

> ### 이전가격조사의 계기
>
> - 2년 이상의 적자결손
> - 경영규모가 확대되었어도 이익이 발생하지 않는 기업
> - 적자와 흑자의 반복
> - 조세회피지역 기업과의 관련 거래
> - 평균이익률보다 낮은 이익률
> - 그룹 기업 사이에서도 낮은 이익률
> - 명목적인 지출
> - 기간별 세금감면 이후의 급격한 이익 저하

또한 자주 발견되는 예로서는 본사로의 수출판매가 주력인 회사가 설립 이래, 적자가 계속되고, 장기에 걸쳐서 결손회사가 된 경우도 회사의 이익률이 의문시되고 있습니다.

중국에 있어서 이전가격조사의 특징은 가격 형성과정이 문제가 되기보다도, 회사의 이익률이 문제가 되는 점입니다.

일반론이지만, 조사대상기업이 소재하는 지역의 평균이익률과의 비교가 중요시되고 있는 것 같습니다. 본래는 평균 이익률이 아니라 독립 제 3자의 가격형성이 중요한 부분이지만, 이익률이 중요시되고 있기 때문에 유의해야 할 필요가 있습니다.

이전가격의 규정에는 '기업이 정확한 가격, 비용 등의 증빙자료를 제공할 수 없는 상황에서는 추정이익률의 방법으로 조정할 수 있다' 라고 규정되어 있으며 추정이익률에 의한 조정이 많이 이루어지는 경향이 강합니다.

# 이전가격의 조사시에는
## 무엇을 조사합니까?

중점 조사대상에 선정된 기업은 사전 조사자료를 제출해야 하고,
사전 조사 후에 회사에서 실지조사가 행해집니다. 실지조사에서
는 관련 거래의 상세한 자료를 제출하게 됩니다.

### 사전조사

이전가격의 규정에는 현지법인은 결산일 후 4개월 이내에 이전가격에
관한 일련의 신고서류를 제출하도록 의무화되어 있으나, 실제로는 지금
까지 별로 실시되지 않은 것 같습니다. 단, 세무당국은 이전가격 때문에
중점조사 대상으로 선정한 기업에 대해서는 사전 자료의 제출을 요구하
고 있습니다. 제출을 요구받는 서류는 상당한 분량에 이릅니다. 세무국
의 조사 담당자는 사전에 그 기업의 인가문서, 등기서류, 설립 관계서류,

결산서, 계약서 등을 조사합니다.

또한 손익액, 투자이익률, 매매이익률, 매출액 분석, 원가비용의 지출 합리성, 융자 자금의 이자수준, 유형 무형자산의 양도가격, 사용료 가격의 합리성 등을 중점적으로 분석합니다.

## 실지조사

이러한 사전조사를 거쳐서 세무조사원이 기업으로 직접 출장하여 현장 조사, 증거수집, 공장 등의 현지시찰, 장부 증빙 계약서 등의 감사, 문제점의 설명 청취 등의 실지조사를 실시합니다. 실지조사는 2인 이상의 조사원이 하며, 3일내지 7일 이전에 조사 시간, 장소, 내용이 기업에게 통지됩니다. 실지조사 과정에서 발견된 문제와 상황은 정식으로 기록된

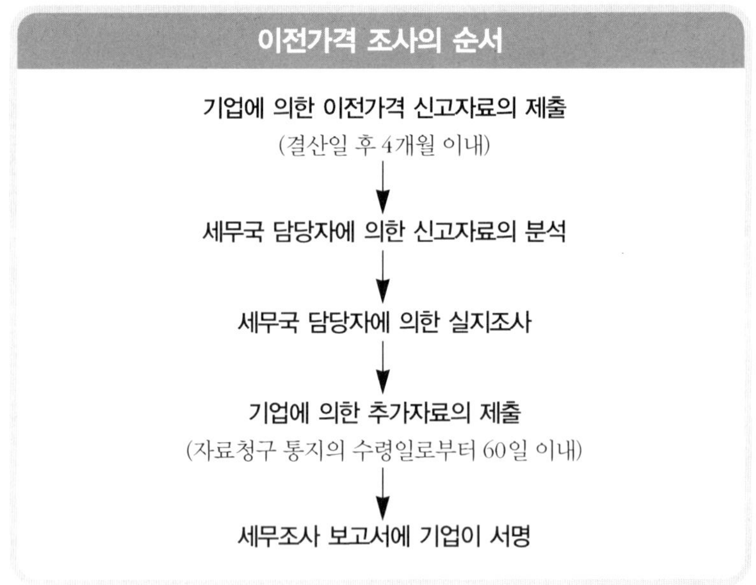

피조사자의 서명을 요구합니다. (서명을 거부당했을 때에는 세무조사원 2인에 의한 서명이 필요하게 됩니다)

조사원이 세무조사에서 기업에게 관련거래의 가격, 비용기준 등의 자료를 요구할 때에는 서면으로 자료제공에 관한 통지를 발행해야 한다고 되어 있습니다.

## 납세자의 입증책임

기업은 통지를 수령한 날로부터 최장 60일 이내에 관련 거래의 유형, 내용, 범위, 기간, 수량, 금액 등에 대한 상세한 자료를 제출해야 합니다.

세무조사에서는 기업이 관련 거래에 관계되는 이전가격의 정당성, 합리성에 대한 입증책임을 지고 있습니다. 세무당국이 조사 결과에 따라 이전가격을 조정할 때에는 주로 기업이 제공하는 신고자료를 근거로 해야 합니다.

증거자료의 입증책임이 납세자에게 부과되어 있기 때문에 세무조사가 일단 시작되면 회사의 사무 부담은 인적으로도 시간적으로도 방대하게 될 가능성이 있습니다.

사례를 보면 세무조사를 수년에 걸쳐서 받은 회사도 있고, 세무조사를 받는 것은 기업에 따라서 상당한 부담이 됩니다. 이러한 방대한 시간과 사무처리의 손실을 피해서 세무당국과 적절히 타협하는 케이스도 있습니다.

**중국의 세무조사에서는 회사가 정확한 증빙자료를 제공할 수 없는 경우에, 추정이익률로 조정할 수 있다는 취지의 규정이 있기 때문입니다.**

# 이전가격의 조사방법에는 어떤 것이 있습니까?

주된 조사방법은 '독립가격비준법', '재판매가격기준법', '원가기준법' 의 3가지입니다. 이들 3가지 방법을 적용할 수 없을 때는 그 외의 방법이 적용됩니다.

## 독립가격비준법

'독립가격비준법' 은 독립 기업간에 행해지는 동종 또는 유사한 거래활동의 가격으로 조정하는 방법입니다. 즉, 기업과 그 관련기업 간의 거래가격을 그 비관련기업 간의 거래가격(제 3자 가격)과 비교하고 분석함으로써 공평한 거래가격을 확정하는 방법입니다.

## 재판매가격기준법

'재판매가격기준법'은 제3자에게 재판매하는 가격으로 판매하였을 때의 이익수준으로 조정하는 방법입니다. 즉, 제3자에게 재판매했을 때에 취득하는 판매수익에서 합리적 비용과 정상적인 이익수준의 이윤을 공제한 차액의 금액을 파는 쪽의 정상적인 판매가격으로 하는 것입니다.

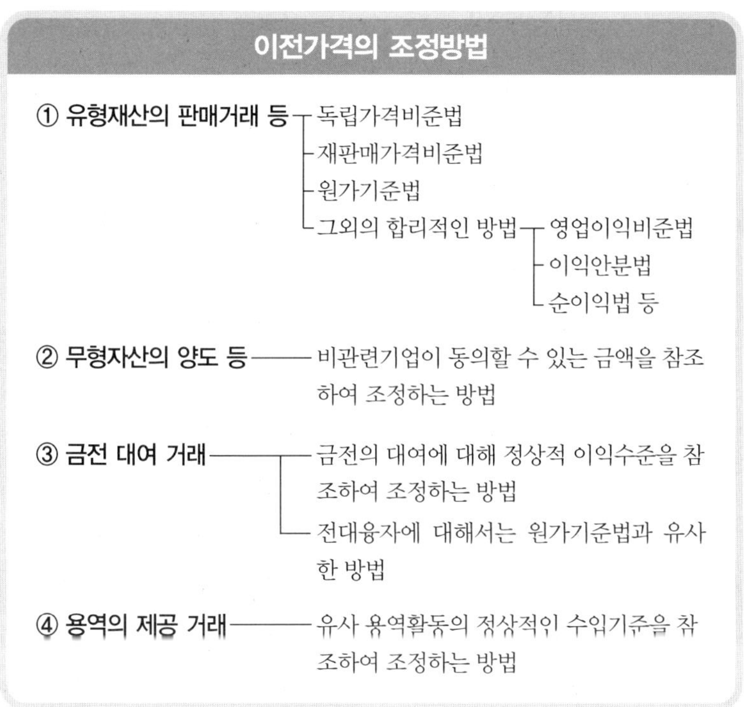


## 원가기준법

'원가기준법'이라는 것은 원가에 합리적인 비용과 이윤을 가산한 것에 의해 가격을 조정하는 방법입니다. 즉, 매도하는 쪽의 상품(제품)원가에 정상적인 이윤을 가산한 것을 공평한 거래가격으로 하는 것입니다.

## 그 외의 합리적인 방법

그 외의 합리적인 방법은 위에서 말한 3가지의 조정방법이 모두 적용되지 않을 때에 적용되는 것입니다. 그 외의 합리적인 대체방법으로서 예를 들면 '영업이익비준법', '이익안분(按分)법', '순이익법' 등을 채용하여 조정을 할 수 있습니다.

**영업이익비준법(비교대상이익비준법)**이란 독립 제3자의 비교대상 가능한 영업이익률과 비교하는 방법으로, 거래의 순마진을 비교하는 방법입니다. **이익안분법(이익분할법)**이란 관련기업간의 수익 등에 대한 기여도에 따라서 이익을 안분하는 방법입니다. 예를 들면, 제조부문, 개발부문, 판매부문이 수익에 어느 정도 기여했는가를 측정해서 일정의 안분비율을 사용하여 이익을 분할하는 방법입니다.

**순이익법**은 중국의 규정에 구체적인 조항이 없으므로, 확정적이라고는 말할 수 없지만 독립 제3자의 순이익과 비교하는 방법이라고 생각할 수 있습니다. 기본적인 3가지 방법, 즉 독립가격비준법, 재판매가격기준법, 원가기준법은 어느 것이나 거래가격에 착안한 방법입니다. 이에 비해 그 외의 합리적인 방법은 어느 것이나 이익에 착안한 방법입니다. 그러나 이익이라고 해도 2종류가 있어서 거래가격에 포함되는 이익에 착안한 영업이익비준법과 회사가 획득한 이익에 착안한 이익안분법(이익분할법), 순이익법으로 나눌 수 있습니다.

또한 중국의 규정으로는 기업이 정확한 가격, 비용 등의 증빙자료를 제공할 수 없는 상황에서는 추정이익률의 방법으로 조정할 수 있다고 규정하고 있습니다.

# 이전가격의 조정방법에는 무엇이 있습니까?

'독립가격비준법'은 제 3자와 비교가능한 요소가 있는지의 여부, '재판매가격기준법'은 실질적인 가공을 하고 있는지의 여부, '원가기준법'은 이익률을 합리적으로 확정할 수 있는지의 여부가 포인트입니다.

## 독립가격비준법의 포인트

이 방법을 채용할 때는 선택 적용한 거래와 관련기업 간의 거래가 비교 가능한 요소를 갖고 있는지의 여부를 검토할 필요가 있고 다음과 같은 거래 요소를 고려합니다.

### 1) 매매조건에 대해서

매매과정의 비교 가능성에는 거래의 시간과 장소, 인도조건, 인도수

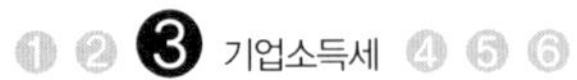

속, 지불조건, 거래 수량, 애프터서비스 기간과 장소 등이 포함됩니다.

### 2) 매매의 프로세스에 대해서

매매단계의 비교가능성에는 공장출하 단계, 도매단계, 소매단계, 수출단계 등이 포함됩니다.

### 3) 매매화물에 대해서

매매화물의 비교가능성에는 품명, 브랜드, 규격, 형식, 성능, 구조, 외형, 포장 등이 포함됩니다.

### 4) 매매환경에 대해서

매매환경의 비교가능성에는 사회환경(민족풍속, 소비자의 기호 등), 정치환경(정국의 안정 등), 경제환경(재정, 세수, 외환정책 등)이 포함됩니다.


## 재판매가격기준법의 포인트

이 방법을 채용하려면 재판매자가 상품(제품)에 대해서 실질적인 부가가치가 있는 가공(예를 들면 외형, 성능, 구조의 개조, 상표의 변경 등)을 하고 있지 않은 경우, 즉 간단한 가공 또는 단순한 매매 거래 뿐이고 또한 재판매자가 취득해야만 하는 이익 수준을 합리적으로 선택하여 확정할 수 있는 경우로 한정해야 한다고 정해져 있습니다.


## 원가기준법의 포인트

이 방법을 채용함에 있어서 원가와 비용의 계산이 중국 세법의 관련규정에 적합해야 하고, 또한 적용하는 원가이익률을 합리적으로 선택하여 확정할 필요가 있다는 것에 주의해야 한다고 규정하고 있습니다.

## 기본 3법의 적용

독립가격비준법은 같은 상황 아래서 독립 제삼자에게 판매(또는 매입)할 때의 가격과 비교하는 것입니다. 예를 들면, 같은 상황의 수출판매에서는 국외 관련기업에게 판매한 가격과 국외비관련기업에게 판매한 가격이 비교됩니다.

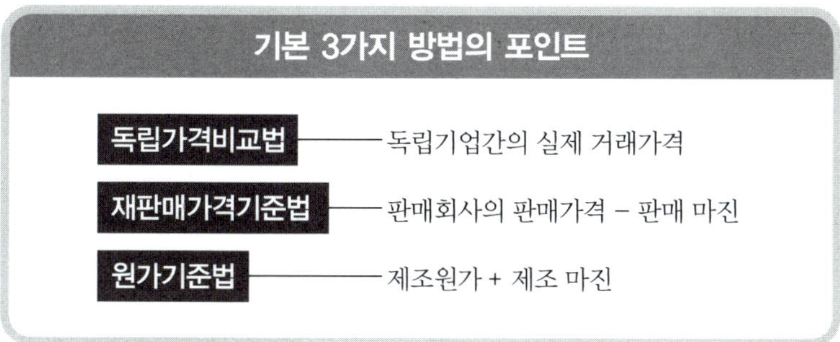


재판매가격기준법은 주로 판매회사로의 매출에 대해서 적용됩니다. 독립가격비준법은 제조회사로의 판매에도 적용되지만, 재판매가격기준법은 판매회사로의 판매에 적용되어 그 판매회사에서는 간단한 가공만이 이루어지고 있을 뿐이고 큰 부가가치를 더하는 것과 같은 제조가공이 이루어지지 않는 것이 전제조건이 됩니다.

독립 제삼자에 대한 재판매가격기준법에 근거한 판매회사의 총이익이 포인트가 됩니다. 예를 들면, 외국의 모회사에게 판매한 경우에는 같은 상황에 있는 독립 제삼자 판매회사의 재판매가격으로부터 판매회사의 판매마진(매출 총이익 등)을 공제한 가격이 비교대상가격이 됩니다.

원가기준법은 제조회사가 원가에 부가하는 이익률을 비교대상으로 하는 것입니다. 예를 들면 중국 국내에서 독립 제3자에게 판매할 때의 이익률과 국외 관련자에게 판매할 때에 부가하는 이익률을 비교합니다.

재판매가격기준법은 판매 전문회사의 판매 마진에서 독립 제3자 가격을 산정하지만 원가기준법은 제품원가에 부과되는 원가이익률에서 독립 제3자 가격을 산정하는 것입니다.

# Q 68

## 이전가격의 사전확인이란 무엇입니까?

납세자와 납세당국이 사전에 룰을 확인하고, 납세자가 결정된 룰에 따르고 있는 경우에는 이전가격의 문제가 없는 것으로 하는 방법입니다.

### 사전확인제도

이전가격제도에 있어서 사전확인제도는 납세자와 세무당국이 이전가격 산정방식을 사전에 확인함으로서 납세자의 납세조사에 대한 시간과 비용의 부담을 경감시킴과 함께 합의한 방식 이외로는 과세를 하지 않음으로서 과세의 안정성을 도모하고 이전가격 관련문제를 사전에 방지하는 제도입니다.

중국에서는 다음과 같은 사전확인제도를 사용하고 있으며 그 규정 조항을 그대로 인용하겠습니다.

관련기업간 거래의 이전가격에 대한 세무조사의 비용을 절약하기 위해서, 기업이 다른 어느 기업과 관련기업 간의 거래 이전가격의 룰과 계산방법을 제출하고, 주관 세무기관이 검증하여 확인한 후에 기업과 관련기업 간 거래의 과세소득액을 계산하거나 또는 합리적인 매출이익의 폭을 확정한 것을 근거로 하는 것임을 확인한다. 사전확인가격법을 채용하는 경우에는 기업이 신청서를 제출하고 또한 관련자료를 제공하는 동시에 '사전확인가격 확인신청서'를 기재하지 않으면 안 된다.

주관세무기관은 심사 검토하고 승인한 후에 기업과 사전확인 가격협의서를 서명 체결하고 또 협의서의 집행을 감독하지 않으면 안된다.

## 부담의 경감조치

중국의 이전가격 세무문제는 당초에는 남쪽의 홍콩과 인접한 지역에서 비교적 많이 발생한 것 같습니다. 이전가격의 세무팀이 본격적으로 조직화된 것도 이 지역이었습니다. 물론 동북지역 등에서도 이전가격 문제는 발생했지만, 남쪽 지역에서 더 많은 사례가 발생한 것 같습니다. 그러나 최근에는 폭넓게 외상투자기업에 대해서 이전가격 조사가 행해지고 있습니다. 이전가격 조사는 기업에게 방대한 자료의 제공과 많은 노력을 강제하는 것이고, 또한 기업은 가격형성에 관련된 합리적인 근거와 이유를 제시할 수 있어야 합니다.

따라서 기업은 방대한 부담을 경감하기 위해 세무당국과의 사전확인제도가 가능하다면 장래에도 이것을 이용할 가능성이 있습니다. 그러나 현재는 앞에서도 말한 바와 같이, 사전확인제도의 규정조항이 있을 뿐이고, 구체적인 절차, 즉 납세자가 어디서 어떻게 신청하는가, 신청서류에는 어떤 것이 있는가, 확인수속은 지방의 국가세무국이 하는가 또는 국가세무총국이 하는가 등에 대한 상세한 규정이 없습니다. 아무튼 구체적인 절차가 공표 된다면 이 사전확인제도는 좀 더 활용되고, 장래에는 외국과 중국의 상호협의도 가능하게 되어 대응적인 조정도 행해질 수 있으므로, 이중 과세가 발생하지 않는 수단이 구축될 가능성이 있습니다.

## 이전가격 구제조치

### 부담의 경감조치
• 사전확인 제도 + 상호 협의서 + 대응적 조정

### 구제조치
• 세무기관에 대한 이의 신청
• 인민법원에 대한 소송
• 조세협약에 의한 정부간 상호협의를 요청

## 구제조치

납세자는 세무당국의 조정에 대해서 이의가 있을 경우에는 세금을 납부한 후에 세무기관에 이의신청을 할 수 있습니다. 또한 세무기관의 이의신청 결정시에 불복될 경우에는 인민법원에 제소할 수 있습니다.

한·중간에는 조세협약에 의해 정부간 상호협의를 할 수 있습니다. 장래에는 사전확인제도가 정비되어 단독이 아닌 상호협의에 의해 사전확인이 유효하게 이루어진다면 대응적 조정도 가능하게 되고 불합리한 과세도 회피할 수 있게 될 것입니다.

# Part 

1_ 현지법인의 설립과 운영

2_ 현지법인의 세금

3_ 기업소득세

 개인소득세


5_ 유통세

6_ 현지법인의 회계

# 개인소득세가 과세되는 것은 어떤 경우입니까?

출장으로 중국에 체재하여 183일을 초과하는 경우에 과세됩니다. 중국에 부임하는 경우도 과세됩니다. 또한 현지에 출장 또는 부임하지 않더라도 과세되는 경우가 있습니다.

## 거주자의 정의

우선 '거주자' 와 '비거주자' 로 구분되고 있습니다. 거주자는 중국 국내에 주소를 갖는 개인과 주소를 갖지 않은 개인으로 구분됩니다. 주소라는 것은 '호적, 가정, 경제적 이익관계에 의해서 습관적으로 중국 국내에 거주하는 것' 이라고 정의하고 있습니다. 일반적으로는 중국인으로 호적을 갖고 있는 사람이 '주소를 갖는 거주자' 이고, 외국인은 '주소를 갖지 않는 거주자' 로 분류하고 있습니다.

　따라서 **중국에 1년 이상 거주하는 외국인이 거주자가 됩니다.** 이 주소를 갖지 않은 거주자도 5년 이상과 5년 미만으로 구분하고 있고, 차이점은 5년 이상 거주하는 외국인은 중국인 거주자와 마찬가지로 모든 소득이 과세소득이 되는 반면, 5년 미만으로 거주하는 외국인은 국외 원천소득 중 국외에서 지불된 부분이 비과세소득이 됩니다.

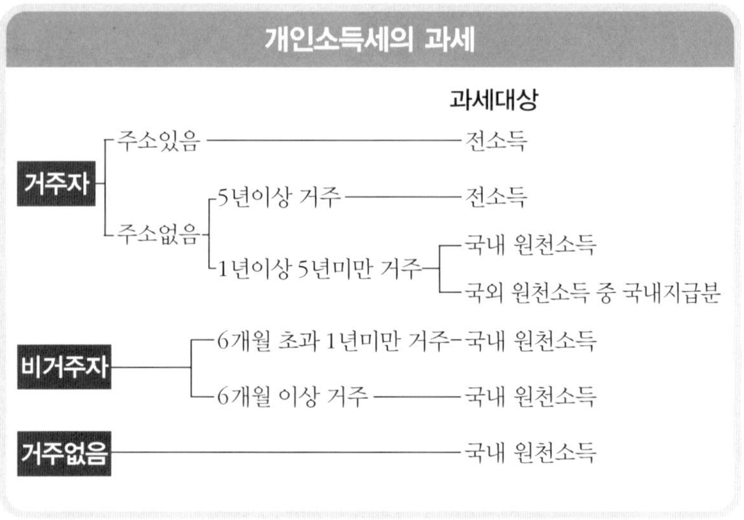


## 국내 원천소득과 국외 원천소득

　국내 원천소득이란 국내에서 소득발생의 원천이 있는 것으로 예를 들면 중국에서 근무하고 있는 외국인은 중국에서 용역을 제공하고 있으므로 급여가 외국에서 지불되고 있어도 급여소득은 국내 원천소득이 됩니다.

　국외 원천소득이란 국내 원천소득 이외의 소득이고, 예를 들어 중국에서 본다면, 외국인 거주자의 외국에서 발생하는 예금, 저금의 이자, 유가

증권의 양도소득, 부동산의 임대소득과 양도소득입니다.

중국에 부임하는 외국인은 일반적으로 3년 내지 5년 정도 체재하므로, '5년 미만의 거주자'에 해당되어 중국 국내 원천소득, 즉 급여소득의 납세의무자가 되고, 외국에서 발생하는 예금, 저금, 유가증권, 부동산 관계의 국외 원천소득은 통상 과세소득이 되지 않습니다.

## 유의할 사항

중국에서 개인소득세를 납부할 때 그 과세되는 소득이 임금 급여소득인 경우에, 자주 착각하는 것은 어느 범위의 임금 급여를 신고하면 되는가 하는 것입니다.

중국에서 1년 이상 부임할 예정으로 주재한 경우에는 부임지역에서 임금 급여가 지급되는 것 이외에 외국 본사에서도 부재수당이 지급되는 경우가 있습니다. 임금 급여소득이 중국 국내 원천소득으로 된 경우에는, 중국에서 근무함으로서 취득하는 임금 급여를 말합니다. 외국 본사에서 지급하는 부재수당도 중국근무 때문에 취득되는 것이므로 중국 국내 원천소득에 해당됩니다. 따라서 신고소득은 부임지역에서 지급하는 임금 급여와 외국 본사가 지급하는 부재수당의 합계가 됩니다.

# 중국 출장과 관련된 과세문제에 대해 가르쳐 주십시오

중국 체재기간이 연간 183일을 초과하던가, 또는 중국의 고용주로부터 보수가 지불되던가, 중국의 항구적 시설(사업 장소)이 보수를 부담하고 있는 경우에 해당된다면, 개인소득세가 과세됩니다.

## 단기 체재자의 면세규정

한-중 조세협약에서는 '단기 체재자의 면세규정'이 있고, 아래의 3가지 조건 모두 충족시키는 경우 그 중국 체재자는 중국에서 개인소득세가 면제됩니다.

① 외국인 거주자가 중국에서 체재(거주)하는 기간이 1월 1일부터 12월 31일까지 1년에 183일 이내인 경우( 183일 기준)

② 그 체재자의 보수가 중국 이외의 고용주 또는 이를 대신하는 사람

으로부터 지불되는 경우(국외 고용주의 보수지급 기준)

③ 보수가 중국 국내의 항구직 시설(사업 장소)이 부담하는 것이 아닐 경우(항구적 시설의 보수부담 기준)

## 국내 원천소득

또한 '비거주자'의 과세소득으로서 '거주없음', '6개월 이내 거주 (=183일 이내)'라 하더라도 어떤 경우에는 국내원천소득이 과세소득이 될 수도 있습니다. 이에 대해서 의문을 갖는 사람이 많으므로, 여기서 설명을 덧붙이겠습니다.

여기에 기재되어 있는 국내 원천소득이란 급여소득 뿐만 아니라, 예금 저금의 이자소득, 유가증권의 양도소득, 부동산의 양도소득, 임대소득

---

### 개인소득세의 면세, 과세의 기준

**단기 체재자의 면세조건**

아래의 3가지 조건을 모두 충족하면 면세
- 183일 기준 – 중국 체재가 연간 183일 이내
- 국외지급 기준 – 중국 국외의 고용주가 급여를 지급
- 국외부담 기준 – 중국 국내 항구적 시설의 급여부담 없음

**중국 국내원천 소득의 예**
- 급여소득 – 중국에서 근무하는 것에 기인하는 급여소득
- 재산소득 – 중국에서 운용하고 있는 예금 저금, 유가증권, 부동산 등으로부터 발생하는 이자, 양도소득, 임대소득 등

**중국 국외원천 소득의 예**
- 재산소득 – 외국에서 운용하고 있는 예금, 저금, 유가증권, 부동산 등에서 발생하는 이자, 양도소득, 임대소득 등

---

등 모든 소득을 포함하는 것입니다.

이 국내 원천소득을 통상 급여소득으로 이해하면 183일 (6개월)을 초과하여 1년 이내 중국에 체재하는 외국인은 그 급여소득 중 중국에 체재하는 기간에 상당하는 급여소득을 납세신고하지 않으면 안됩니다.

중국 체재가 6개월 이내라도, 중국 국내의 기업과 외국기업의 사업장소에서 그 급여를 지불하는 경우에는 역시 중국 체재기간에 상당하는 급여소득이 과세소득이 됩니다.

통상은 이러한 급여소득이 국내 원천소득에 해당되지만, 국내 원천소득에는 급여소득 이외에 예금, 저금, 유가증권, 부동산 등의 소득도 해당되는 경우가 있습니다. 예를 들면, 중국에 전혀 거주하지 않는 외국인이라도 중국 국내의 회사에 출자하거나, 부동산을 소유하는 케이스도 있고, 이러한 중국 국내에 소유하는 출자지분권과 부동산의 양도소득과 임대소득은 중국 국내 원천소득에 해당되므로 중국에서 개인소득세의 과세소득이 발생하게 됩니다.

역으로 중국에서 1년 이상 거주하는 외국인이 외국에서 소유하고 있는 예금, 저금, 유가 증권, 부동산에서 발생하는 소득은 국외 원천소득이 되기 때문에 중국에서는 과세되지 않습니다.

# 중국에서 **단기로 체재**한 사람에게도 **과세**됩니까?

중국 국내에서 추정이익 과세를 받고 있는 사업소에서 일을 하는 외국인과, 주재원 사무소의 상주대표로 취임하고 있는 외국인은 과세됩니다.

## 중국에서의 과세

외국인이라면 중국 체재가 183일 이내로 급여, 보수가 외국의 회사에서 지불되고 있고, 그 인건비를 중국 국내의 기구, 장소(공사현장, 사업소 등의 사업을 하고 있는 장소를 말하며 항구적 시설이라고도 말합니다)가 부담하고 있지 않다면 중국에서 개인소득세를 과세하지 않습니다. 그러나 다음의 2가지 케이스에 해당될 때는 개인소득세가 과세됩니다.

### 케이스 1

> **현지에서 어떤 설치공사 프로젝트가 진행되고 있고, 그 공사 자체가 사업소로서 세무당국에서 인정받아 기업소득세가 과세되고 있는 케이스**

기업소득세의 납세방법으로 '추정이익 과세방식'(계약 수입액에서 일정의 이익률을 추정하여 수입에 추정이익률을 곱하여 과세소득을 산정하는 방식)을 사용하고 있는 경우 그 공사현장에서 용역을 제공하고 있는 외국인 파견자는 설령 중국 체재일수가 5일( 183일 이내)이라도 개인소득세를 납세하지 않으면 안됩니다.

이 경우 그 사람의 급여는 그 공사현장에서 부담하고 있다고 밖에 볼 수 없기 때문입니다. 중국에서 개인소득세가 면세된다는 소위 '단기 체재자의 면세규정'의 3가지 조건은 '183일 기준'과 '국외지급 기준', '국외부담 기준'인데, 이 1가지의 조건인 국외부담 기준이 충족되지 않기 때문에 개인소득세가 과세됩니다.

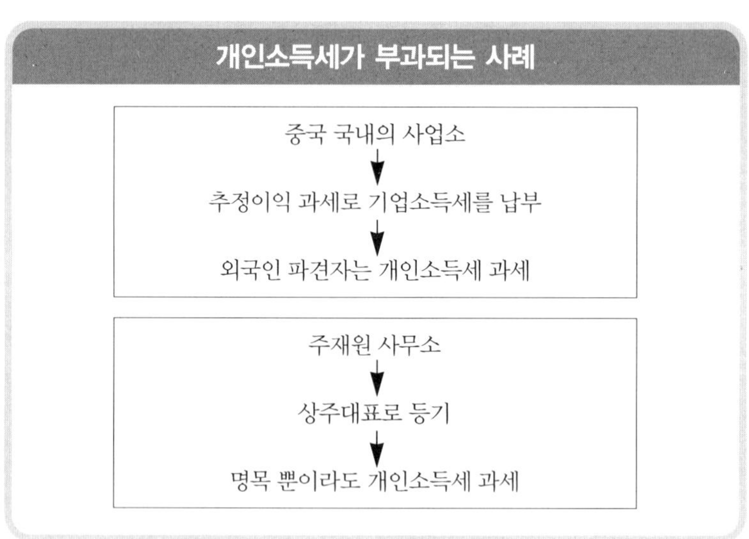

설령 체재기간이 5일이라도 5일분의 급여를 계산하여 개인소득세가 과세되도록 되어 있습니다.

**케이스 2**

> **보통은 외국에 거주하면서 외국 국내의 업무에 종사하고 있는 사람이, 명의뿐이기는 하지만 중국 주재원 사무소의 상주대표가 되어 있는 케이스**

이 외국의 거주자가 업무 관계로 중국에 때때로 출장하는 것과 같은 경우에 중국에서의 개인소득세 과세 문제가 발생하는 경우가 있습니다. 중국의 주재원 사무소가 '본사와의 업무연락', '본사에서 의뢰받은 시황조사', '상담업무' 등을 하고 있는 경우에는 중국에서 과세되지 않습니다.

그러나 보통 영업수익이 없어 기업소득세를 납세하지 않는 이러한 주재원 사무소의 상주대표에 취임하고 있는 경우에도 그 상주대표는 주재원 사무소의 직무 담당자입니다.

그 사람의 급여는 당연히 주재원 사무소가 부담해야 하기 때문에 같은 단기 체재자의 면세조건 중 하나인 국외부담 기준이 충족되지 않기 때문에 개인소득세의 납세의무자가 됩니다.

단, 과세소득은 중국에 체재한 일 수만큼이 됩니다. 중국에 상주하지 않고 상주대표의 이름으로 등록할 때에는 이러한 점에 주의해야 합니다. 또한 이러한 명목뿐의 주재원이 개인소득세가 과세되는 것에 의문은 남지만 현행의 중국 세무규정의 개정이 없는 한 과세됩니다.

# 현지법인의 임원을 겸직하고 있다면 어떻게 됩니까?

임원이라고 해도 동사와 고급관리직에는 차이가 있는데, 동사는 통상 무보수이고 과세되지 않으나, 고급관리직으로서 임원 보수의 지급을 받으면 현지에서 과세됩니다.

## 임원 취임의 다양성

외국의 모회사 임원이 현지법인의 동사로 취임하는 케이스가 자주 있습니다. 또 모회사의 사원이 경영관리와 의사결정의 양면에서 편의성을 고려하여 동사 겸임의 총경리가 되는 케이스도 비교적 많이 볼 수 있습니다.

또 다른 하나의 일반적인 케이스로서 외국의 모회사 임원이 현지에서도 총경리와 동사를 겸임하는 경우가 있습니다.

이렇게 간단히 현지법인의 임원이라고 해도, 다양한 케이스가 있고, 위의 3가지 패턴 이외에도 훨씬 더 많은 경우가 있습니다. 따라서 각각의 케이스에 대해 개인소득세가 어떻게 과세되는지, 또는 과세되지 않는가를 판단하려면 구체적인 상황을 상세하게 듣고 나서 판단하는 수밖에 없습니다. 여기에서는 일단 원칙을 설명하겠습니다.

## 동사

'중국 현지법인의 동사, 총경리 등의 고급관리직을 담당하는 사람이 중국 현지법인에서 지불하는 동사 보수 또는 고급관리직의 급여 등을 취득한 경우에는 중국 체재기간에 관계없이 또한 중국 국외에서 직무를 수행하고 있는지의 여부에 관계없이 그 현지법인의 직무를 담당하기 시작한 때부터 그 직무를 종료하는 때까지 개인소득세를 신고 납부해야만 한다' 라는 세무규정이 있습니다.

여기서 우선 주의해야 할 것은 동사와 고급관리직의 차이입니다. 동사는 연 1회 이상 개최되는 동사회에 출석하여 결의에 참가합니다. 통상의 경우에 동사에게 보수가 지급되는 경우는 그다지 많지 않습니다.

동사는 무보수가 원칙으로 되어 있기 때문입니다. 이렇게 현지법인의 동사에 취임해도 무보수라면 개인소득세는 원칙적으로 과세되지 않습니다.

동사회에 출석하기 위한 여비, 회의비용 등은 실비가 지급되는데, 이 비용들은 현지법인의 관리비용으로서 기업소득세의 손금으로 계상되고, 개인소득세의 과세대상이 되는 것은 원칙적으로 아닙니다.

## 동사와 고급관리직의 보수

| 동사 | 예외적으로 보수 지급<br>원칙적으로 무보수 |
| --- | --- |
| 고급 관리직 | 예외적으로 무보수<br>원칙적으로 급여 지급 |

## 고급관리직

이에 비해 고급관리직의 경우 통상은 현지법인에 부임해서 직무를 수행하기 때문에 금액의 다과에 관계없이 일단 급여가 지급됩니다. 여기서 고급관리직이라는 것은 총경리, 부총경리, 총사, 총감, 기타 유사 관리직으로 규정되어 있습니다. 총사라든가, 총감이라고 하는 용어는 세무규정에 의한 것으로 통상은 사용되지 않습니다.

동사에 대해 지급되는 보수와 고급관리직에게 지급되는 급료(임금 급여)는 개인소득세에서는 별개의 과세항목입니다. 실제의 예로 현지법인의 부총경리에 취임한 외국인 사원이 보통은 외국 모회사의 직무를 담당하고 출장 베이스로 중국에 가서 중국 체재는 연간 약 100일 정도로 현지법인의 부총경리의 직무를 담당하고 있는 경우가 있습니다.

외국의 모회사와 현지법인 양쪽에서 급여를 받고 있다고 한다면, 현지법인으로부터 지급되는 고급관리직의 급여에 대해서는 앞에서 말한 바와 같이 단기 체재자의 면세조건을 모두 충족시키지 않으므로 중국의 개인소득세가 과세됩니다. 그러나 동시에 중국에 체재하고 있던 기간에 상당하는 외국 모회사에서 지급받고 있었던 급여도 현지의 급여와 합산하여 개인소득세의 과세대상이 되기 때문에 유의하지 않으면 안됩니다.

많은 외국인들이 불합리하게 느끼고 있는 규정이지만, 현 상태에서는 이러한 과세실무가 존재하고 있습니다.

# 부임자는 어떤 소득을
## 신고하면 됩니까?

중국의 거주자에 해당하면 급여소득은 중국에서 지불하는 급여와
외국에서 지불하는 부재수당 등의 합계가 신고소득이 됩니다. 외
국 거주자라면 단기체재자의 면세규정이 있습니다.

## 중국 부임자

중국에 1년 이상 부임하는 경우에 대개의 경우 자국에서는 비거주자
가 됩니다. 중국에 부임하고 나서 현지에서 거류증 등을 취득하여 '중국
거주자'가 됩니다. 중국에서는 세무국에서 개인소득세 세무등기를 하고
자신의 급여소득 증명자료를 제출합니다.

외국기업의 사무소 주재원이라면, 외국 본사에서 받은 급여증명서를
세무국에 제출해야 합니다. 그 때 기재하는 급여는 중국에서 지불받는

급여뿐만 아니라, 외국에서 지급되는 급여도 포함되기 때문에 주의해야 합니다.

## 과세소득

해외 부임자에 대한 급여 내역에 외국에 가족이 잔류하는 경우 지급되는 부재 수당 등이 있습니다. 이들 외국에서의 급여 지급액을 현지에서 신고하지 않아도 된다고 생각하는 경향이 있습니다. 그러나 이들 외국에서의 급여 지급액도 결국은 본인이 중국에서 근무하여 용역을 제공함으로서 발생되는 보수입니다.

**따라서 본인에게 지급되는 모든 급여가 중국 국내 원천소득이 되고, 중국에서 그 전액을 신고해야 합니다.** 또한 외국인에 대하여 현지법인이 지불하는 급여가 현지 급여수준에 맞춤으로서 실질적으로 외국에서의 급여 수준보다 낮아지는 경우가 있기 때문에, 그 차액을 외국 모회사가 보전하는 케이스가 있습니다. 이러한 급여도 합산하여 신고하지 않으면 안됩니다.

## 현지에서의 유의사항

현지법인과 외국 모회사에서 어떻게 급여를 지급하고 부담하는가는 각각의 상황에 따라 매우 다르므로 한 가지로 이야기하는 것은 불가능합니다. 그러나 중국 부임자가 수령하는 급여가 현지 지급분과 외국 지급분으로 나뉘어져 있고 그 양자가 중국 국내 원천소득에 해당되는 경우에는 그것을 합산한 소득을 신고소득으로 하지 않으면 안됩니다. 현지 지급분뿐만 아니라 외국 지급분을 신고하지 않으면 과소신고가 되어 버립니다.

중국의 조세징수관리법과 그 실시세칙에는 세금을 무신고 또는 과소신고한 경우 세무기관은 3년간 추징할 수 있고, 금액이 큰 경우에는 5년간으로 연장할 수 있다고 정해져 있습니다. 그러나 이 시효는 납세자에게 착오 등의 과실이 있었던 경우 적용되는 시효라고 되어 있습니다. 납세자가 과실에 의해 잘못하여 무신고 또는 과소신고해 버린 경우에 적용되는 시효입니다. 그러므로 납세자가 의도적으로 무신고 또는 과소신고한 경우에는 착오 등에 의한 과실로 인정받지 못합니다.

## 무신고, 과소신고의 시효

- 세무기관의 과실에 의한 것 —————— 3년
- 납세자의 과실에 의한 것 —————— 원칙 3년, 특별 5년
- 탈세, 납세거부, 세금 사취 —————— 시효없음

납세자에게 탈세 등의 사실이 있는 경우에는 무신고 또는 과소신고에 시효의 적용이 없이 납세기관은 무기한으로 언제든지 세금을 추징함과 동시에 체납금, 벌금 등도 부과할 수 있습니다. 체납금은 납세자의 착오 등에 의한 과실인 경우에도 적용됩니다. 중국의 체납금은 비교적 높고, 조세징수관리법이 적용되기 시작한 2001년 5월 이전에는 연율 환산으로 73%였습니다. 즉, 100의 추징세금에 대해서 1년 경과하면 73의 체납금이 부과되는 구조였습니다. 수년이 지나면 수배의 금액이 되었습니다. 현행의 조세징수관리법으로는 체납금은 연율 환산으로 18.25%이므로 경감되었다고 말할 수 있지만 금리보다는 훨씬 높게 설정되어 있습니다.

# 급여소득의 세액은 어떻게 계산합니까?

회사가 본인의 개인소득세를 부담하는 회사 부담방식(세금공제 후 급여 지급방식)과 본인이 자신의 급여에서 개인소득세를 지불하는 본인 부담방식(세금포함 급여 지급방식)의 2가지 방식이 있습니다.

## 회사부담 방식의 세금계산

예를 들면, 세금 포함 급여의 경우 '4만 위엔 초과 6만 위엔 이하의 소득금액'은 세금을 공제한 급여로는 '31,375위엔 초과 45,375위엔 이하의 소득금액'에 상당하고, 세율은 30%이며 공제액은 3,375위엔이 됩니다(참고 표 6단계에 해당).

이 케이스의 세율을 사용하여 세액계산을 해 보겠습니다. 세금을 공제한 급여 금액이 43,000위엔이라고 하면 과세소득은 다음의 표와 같이 계산합니다. 또한 4,000위엔의 비용 공제 표준액이 있고 이것은 기초공제와 같은 것으로, 중국에서는 이 소득공제 이외에 공제할 수 있는 것이 없습니다. 이 회사 부담방식은 본인에게는 세금 공제 후 순수입액인 43,000위엔을 지급하고, 개인소득세액 11,892위엔은 회사가 별도로 세무국에 납세하는 방식입니다. 왜 이러한 방식을 취하고 있는가 하면, 회사는 본인이 외국에 있을 때와 같은 수준의 세금공제 순수입액을 보장하기 위해서 세액이 얼마인지 모르는 외국에서는 세금을 회사가 직접 납부함으로서 본인의 순수입액이 일정액이 되도록 보장하기 위해서입니다.

> **Tip**  과세소득액＝(세금공제 후 급여－비용공제 표준액－공제액)
> $\div$ (1－세율)
>
> 납세액＝과세소득액 × 적용세율－공제액
>
> 납세액＝과세소득액 50,892위엔 × 적용세율 30%－공제액 3,375위엔＝ 11,892위엔

## 급여소득의 세율

(단위:위엔)

| 단계 | 회사부담 방식(세금공제 후 급여) | 본인부담 방식(세금포함 급여) | 속산공제액 | 세율 |
|---|---|---|---|---|
| 1 | 475 이하 | 500 이하 | － | 5% |
| 2 | 475 초과－1,825이하 | 500초과－2,000이하 | 25 | 10% |
| 3 | 1,825초과－4,375이하 | 2,000초과－5,000이하 | 125 | 15% |
| 4 | 4,375초과－16,375이하 | 5,000초과－20,000이하 | 375 | 20% |
| 5 | 16,375초과－31,375이하 | 20,000초과－40,000이하 | 1,375 | 25% |
| 6 | 31,375초과－45,375이하 | 40,000초과－60,000이하 | 3,375 | 30% |
| 7 | 45,375초과－58,375이하 | 60,000초과－80,000이하 | 6,375 | 35% |
| 8 | 58,375초과－70,375이하 | 80,000초과－100,000이하 | 10,375 | 40% |
| 9 | 70,375 초과 | 100,000 초과 | 15,375 | 45% |

## 개인부담 방식의 세금계산

본인이 개인소득세를 자신의 급여에서 납세하는 경우에는 회사는 총 액 급여인 54,892위엔 (50,892위엔 + 4000위엔)을 지급하고 본인이 다음의 표와 같이 세액을 계산한 11,892위엔을 납세하게 됩니다. 이 방식은 당연히 앞에서 말한 것과 같습니다. 세금 공제 후 급여액은 54,892위엔 - 11,892위엔 = 43,000위엔이 됩니다.

외국의 소득세는 일반적으로 급여수입에서 급여 소득공제를 뺀 급여소득 금액을 산정하여 거기서 사회보험료 공제, 의료보험 공제, 배우자 공제, 부양공제, 기초공제 등을 공제하여 과세소득금액을 산출합니다.

중국에서는 소득공제가 4,000위엔 밖에 없고, 외국인에게 적용되는 세율도 최고 45%로 매우 높기 때문에 개인소득세는 상당히 높다고 이해하는 편이 무난합니다.

> **Tip** 납세액 = 과세소득액(세금포함 급여 54,892위엔 − 비용공제 표준액 4,000위엔) × 적용세율 30% − 공제액 3,375위엔 = 11,892위엔
>
> 납세액 = (세금포함 급여 − 비용공제 표준액) × 적용세율 − 공제액

중 국 현 지 법 인 설 립 에 서  경 영 · 세 무 · 회 계 까 지


1_ 현지법인의 설립과 운영

2_ 현지법인의 세금

3_ 기업소득세

4_ 개인소득세

# 유통세


6_ 현지법인의 회계

# Q 75

## 증치세의 납세와
## 환급 방법을 가르쳐 주십시오

증치세의 납세액은 매출세에서 매입세를 뺀 금액입니다. 수출했을 때 수출 매출은 면세, 수출제품의 생산에 사용한 원자재, 부품에 부과된 매입세는 매출세에서 공제되거나 공제되지 않으면 환급됩니다.

### 증치세의 계산

증치세의 과세는 물품을 판매한 시기, 수입한 시기, 용역(가공, 수리, 조립)을 제공한 시기에 이루어집니다. 국내에서 원자재, 부품을 구입하면 구입대금에 17%의 매입 증치세를 가산하여 납품업자에게 지불합니다. 국내에서 제품을 판매하면 제품대금에 17%의 매출 증치세를 가산하여 거래처에게 청구하고, 대금과 함께 매출세를 수령하게 됩니다.

수입 매입이 있는 경우에는 수입 시에 관세와 함께 수입의 매입증치세를 세관에게 납부합니다. 가공업무를 위탁받은 때에도 가공임에 매출 증치세를 가산하여 위탁자로부터 대금과 매출세를 수령합니다.

따라서 지금까지의 거래에서 관할 세무국에 납부해야하는 증치세를 계산하면, 다음과 같은 계산식이 됩니다.

> **Tip** 납부세액＝국내 매출세－매입세 총액(국내 매입세＋수입 매입세)

## 수출판매에 부과되는 증치세

다음으로 회사가 제품을 수출했을 때에는 매출에 대해서 증치세는 면세가 됩니다. 그 수출제품을 생산하기 위해 매입한 원자재, 부품 등의 매입증치세(국내 매입세와 수입 매입세의 일부)는 국내판매에 의한 매출세에서 공제됩니다. 만약 매출세에서 공제되지 않는다면 다음의 계산식에 의해 납부세액이 마이너스가 되기 때문에 환급되는 것과 같습니다. 이와 같이 매출은 면세, 매입세는 공제되거나 환급되는 방식을 '**면제, 공제, 환급방식**' 이라고 합니다. 본래 공제되거나 환급된 매입세액은 다음과 같은 계산식으로 구할 수 있습니다.

> **Tip** 공제, 환급세액＝수출제품에 사용된 원자재 부품의 매입액 × 17%

그러나 세무당국은 실무적으로 이러한 수출제품에 사용된 원자재 부품의 매입액을 계산하는 것은 곤란하다고 하여 다음의 계산식을 사용합니다.

또한 이 계산식을 도입한 당시에는 증치세의 환급률이 징세율보다 낮은

> **Tip**
>
> 공제, 환급세액＝제품 수출가격 × 환급률
>
> 공제, 환급 불능액＝제품 수출가격 × (징세율－환급률)

세율이 적용되고 있었고, 징세율에서 환급률을 뺀 부분은 공제도 환급도 되지 않는 부분입니다. 이 공제 환급 불능액을 처음의 계산식에 대입하면,

> **Tip**
>
> 납부세액＝국내 매출세－(매입세 총액－공제 환급 불능액)
>
> 납부세액＝국내 매출세－매입세 총액＋제품수출 가격 ×
>
> (징세율－환급률)

현재에는 대부분의 제품에 대해서 환급률이 징세율까지 인상되었지만, 일부 제품에 대해서는 아직도 환급률이 징세율보다 낮기 때문에 세금 코스트가 발생하고 있습니다.

## '면세, 공제, 환급방식' 과 '선납부 후환급 방식'

또 일부 지역에서는 다음의 계산식처럼 우선 납부세액을 전액 납부하게 하고, 후에 환급하는 '선납부, 후환급 방식'도 채용하고 있습니다.

> **Tip**
>
> 납부세액＝국내 매출세－매입세 총액＋제품수출가격 × 징세율
>
> 환급세액＝제품수출가격 × 환급률

현재 생산형 기업에 대해서는 모든 지역에서 '면세, 공제, 환급방식'이 적용되는 것이 원칙으로 되어 있습니다.

# Q 76

## 증치세의 수출환급에는
### 어떤 문제가 있습니까?

현재 수출 환급의 주요한 문제는 환급 수속이 규칙적, 정기적으로 되지 못하고 있으며, 보세구에 판매한 후 즉시 환급되지 않는 문제가 있습니다.

### 증치세의 전액환급 문제

증치세의 계산식은 다음과 같습니다. 환급률이 징세율보다 낮은 물품에 대한 세액의 전액환급은 이루어지지 않습니다.

현재 환급률이 징세율보다 낮은 물품과 그 환급률은 아래의 표와 같습

> **Tip** 납부세액=국내 매출세−매입세 총액+제품 수출가격 ×
> (징세율−환급률)

니다. 이들 물품에 대해서는 환급되지 않는 세액만큼 기업의 부담으로 남습니다.

## 증치세의 환급률

**환급률 17%**
- 선박, 자동차 및 관련기간부품, 항공우주기기
- 기중기 및 공사용기계, 건설기계, 채굴용 기계, 전화통신
- 교환기, 광통신장치, 의료기기 및 기계, 철도궤도차량,
- 금속야금단조설비, 프린터기판 등

**환급률 13%**
- 농산물과농산물가공제품
- 소맥분 등의 식용분류와 생선 또는 냉장 절단육류

**환급률 11%**
- 가솔린, 아연잉고트

**환급률 8%**
- 알루미늄잉고트, 황색인과기타 인, 니켈잉고트,
- 철합금, 몰리브덴광사와 그정련광 등

**환급률 5%**
- 코커스, 반제품 코커스, 코커스제조용석탄, 경중소
- 마그네슘, 형석, 천연함수마그네슘 등

## 위탁 가공무역에 있어서의 증치세 부담

위탁가공에는 來料가공(원자재 무상지급에 의한 위탁가공)과 進料가공(원자재의 유상지급에 의한 위탁가공)이 있습니다. 來料가공에는 관세와 증치세는 면세가 되지만, 환급이 되지 않기 때문에 국내조달시 부과되는 매입증치세가 자기부담이 되는 문제가 있습니다. 또한 進料가공(수

입가공)에서는 다음의 증치세 계산식에서 세금부담의 문제가 남는 것을 알 수 있습니다.

> **Tip** 납부세액 = 국내매출세 − 매입세 총액 + (제품 수출가격 − 보세 원자재 간주가격) × (징세율 − 환급률)

이 계산식은 앞에서 말한 증치세의 납세, 환급 세액 계산식에 '보세 원자재 간주가격'이 삽입된 것으로, 그 의미는 보세 취급으로 과세되지 않는 수입가공에 의한 원자재 부품의 수입가격을 제품 수출가격에서 공제하는 것입니다. 따라서 보세 원자재 부품의 부분만큼 납세액은 줄어들지만, 그래도 환급률이 징세율보다 낮은 경우에는 증치세의 부담이 남습니다. 만약 환급률이 징세율과 같게 된다면 문제가 되지 않습니다.

## 증치세의 환급 지연

4대기전(기계설비, 전자기기와 전자제품, 운수공구, 시험기기)제품의 환급률이 17%로 인상 된 99년 이후, 증치세의 주요한 문제는 환급의 지연과 관련된 것입니다.

2003년 10월에 과거의 미환급 세금의 재정 문제 해결과 수출의 억제 및 장려정책을 명확히 하기 위해 일부 화물의 환급률 인상을 시행한 결과, 현행의 환급률은 도표와 같습니다. 또한 환급제도가 폐지된 화물에는 원유, 항공연료, 디젤유, 윤활유, 원목, 화장용 박판, 1회용 젓가락, 종이, 펄프, 천연코르크, 정연광, 동, 캐시미어, 철강스크랩, 천연흑연, 벤젠 등이 있습니다.

## 보세구 경유의 수출판매

보세구에서 해외로 수출 판매되는 경우에는 일반지역에서 보세구로 판매되는 것만으로는 수출로 간주되지 않고 수출화물이 실제로 해외로 반출되지 않으면 증치세의 수출환급 수속이 불가능한 것으로 되어 있습니다.

# Q 77

## 영업세는 어떤 경우에 **과세**됩니까?

증치세는 주로 물품에 대해 과세되지만, 영업세는 서비스(용역)에 과세됩니다. 다만 가공조립업무는 증치세의 과세범위에 포함되고 있고, 가공조립 이외의 용역제공이 영업세의 과세용역으로 되어 있습니다.

### 영업세 과세의 예

다음의 '영업세의 납세 의무자' 표 중에서 외국기업에 관련되는 것을 설명하겠습니다. **과세대상** 중에서 건설업에는 건설, 설치, 수선, 장식이 포함되고, 건설업의 세율은 3%입니다. 따라서 중국에 기술자를 파견하여 건설공사와 설치공사의 감독을 한 경우에도 3%의 영업세가 과세됩니다. 다음으로 **서비스업**에는 대리업과 그 밖의 서비스가 있고, 세율은 5%

입니다. **그 밖의 서비스업**에는 측량시험, 과학검사, 녹음, 녹화, 설계, 제도, 탐색, 포장, 컨설팅, 계산 등이 있습니다. 만약 외국기업이 현지에서 설계업무, 컨설팅 등에 종사하면 영업세가 5% 부과됩니다.

외국기업이 중국의 현지법인과 중국기업에게 특허권, 노하우 등을 제공하고, 그 특허권, 노하우 등이 소정의 요건에 따라 영업세의 면세대상이 되지 않은 경우에는 영업세가 5%의 세율로 부과됩니다.


## 영업세의 문제점

증치세가 물품에 대한 세금인 것에 반해, 영업세는 용역에 대한 세금입니다. 단, 증치세가 외국의 부가가치세와 동일하게 매출액에서 매입액을 공제한 부가가치에 대한 세금인 것에 비해 영업세는 매출액에 대한 세금인 것이 중요한 문제점이 됩니다.

즉, 매출액에 대해서 몇번이고 과세하는 것이 됩니다. 예를 들면, PC 소프트웨어를 제작하는 경우 원래 수주 회사에서 하청회사로 업무가 위탁되는 경우가 많은데, 하청을 위탁받을 때마다 이중, 삼중으로 과세되는 경우가 있습니다.

이에 비해 증치세는 부가가치세이기 때문에 매출세에서 매입세를 공제하는 것이 가능합니다. 영업세는 매출을 계상한 회사가 그내도 부담하기 때문에 하청받은 회사는 전부 영업세의 부담자가 되어 버립니다. 증치세와 같은 매입세 공제는 없습니다.

이러한 영업세의 폐해를 없애기 위해 중국정부는 반도체와 소프트웨어 산업에 대해서 영업세를 면세하고, 영업세의 중복과세를 회피하는 조치도 취하고 있습니다.

마찬가지로 건설업과 부동산업에서는 건설을 위해 매입한 건설자재

## 영업세의 납세 의무자

### 과세용역의 제공자
교통운수업, 건설업, 금융보험업, 우편전기통신업, 문화체육업, 오락업, 대리업, 여관업, 음식업, 관광업, 창고업, 리스업, 광고업, 서비스업 등

### 무형자산의 양도자
무형자산에는 토지사용권, 상표권, 특허권, 노하우, 저작권, 영업권 등이 포함됨

### 부동산 양도자
건설물 또는 구축물, 기타 토지부착물의 양도

에 증치세가 부과되는데, 그 건설회사가 증치세의 납세의무자가 아니라 영업세의 납세의무자이기 때문에 증치세의 매입세액 공제는 불가능합니다. 영업세에서는 매입세액 공제가 없기 때문입니다. 이대로라면 매입 증치세는 건설업자의 부담이 되기 때문에 특별히 세액에서 공제하는 조치를 행하고 있습니다. 이것도 영업세의 결함을 보완하는 특별조치입니다. 그 밖에 운수업에 대한 영업세의 과세가 기업의 세금부담을 무겁게 하고 있다는 문제의식에서 운송 요금을 지불하는 기업이 세액공제할 수 있는 특별조치도 행해지고 있습니다.

이처럼 영업세는 중복과세의 문제가 있어서 현행 세무에서는 약간의 예외적인 조치로서 극복하고 있습니다. 멀지 않은 장래에 세제 개정에 의해 이러한 문제점이 해결될 예정입니다.

# 증치세와 영업세는 어떤 관계입니까?

증치세는 부가가치 부분에 대해서 과세되지만, 영업세는 매출 그 자체에 대해 과세됩니다. 증치세의 최종 부담자는 소비자이지만, 영업세는 매출자에 대해서 과세됩니다.

## 물품과 용역

증치세는 과세대상이 주로 물품의 판매와 수익에 있고, 물품에 대한 세금입니다. 이에 비해 영업세의 과세대상은 용역(서비스)입니다. 외국의 부가가치세는 물품도 서비스도 포함하고 있습니다. 한편 중국의 증치세는 가공, 조립, 수리라고 하는 용역도 포함하고 있지만, 주로 물품에 대한 부가가치세입니다.

> ### 외국의 부가가치세와 중국의 증치세, 영업세의 차이점
>
> #### 부가가치세
> - 고정자산의 매입 증치세도 세액공제 된다
> - 물품 외에 용역도 과세대상
>
> #### 증치세
> - 고정자산의 매입증치세는 세액공제되지 않는다
> - 용역 중에서 가공, 조립만 과세대상
>
> #### 영업세
> - 용역은 원칙적으로 영업세의 과세대상
> - 부가가치세가 아니고 매출세이다

## 고정자산의 매입세

부가가치에 대한 과세라고 하는 점에서 외국의 부가가치세와 중국의 증치세가 동일하지만, 차이점은 고정자산의 구입에 부과되는 부가가치세도 매입세로서 매입세액 공제가 되는데 비해, 중국의 증치세는 매입세액 공제를 인정하지 않습니다. 부실재고자산의 매입세액 공제는 인정하고 있으나, 고정자산의 증치세는 고정자산의 취득원가에 들어가 감가상각되도록 하고 있습니다. 단, 이런 점은 장래에 세법개정을 통하여 외국의 부가가치세와 같이 매입세액 공제가 가능하도록 개정될 예정입니다.

## 부가가치세와 매출세

한편, 중국의 영업세는 부가가치세가 아닙니다. 과세대상은 용역(서비스)이고, 과세표준은 그 수입 전체에 세율을 곱하기 때문에 부가가치 부분에 세율을 곱하는 부가가치세나 증치세와는 다릅니다. 이런 점이 중

국의 영업세의 특징이고 또 문제점이기도 합니다. 예를 들면 하나의 기업이 증치세가 과세되는 업무와 영업세가 과세되는 업무를 겸하고 있는 경우 주로 어느 세법을 적용해야 하는가의 문제가 있습니다.

증치세와 영업세가 과세되는 업무가 사업부문에서 명확하게 구분되어 있으면 각각의 세법이 적용되지만 혼합되어 있는 경우에는 그 중 하나가 적용됩니다. 만약 건설업공사에서 사용하고 있는 건설자재의 구입 시, 지불한 매입 증치세는 이 회사가 영업세의 납세의무자이기 때문에 증치세의 방법인 매입증치세액 공제는 적용되지 않습니다. 지불한 증치세 17%는 코스트로서 영업비용이 됩니다.

**증치세와 영업세의 차이**

| 세금의 종류 | 세금의 성격 | 과세 대상 | 세금의 부담 |
|:---:|:---:|:---:|:---:|
| 증치세 | 부가가치세 | 물품 | 최종소비자 부담 |
| 영업세 | 매출세 | 용역 | 납세자 부담 |

## 세금의 최종부담자

증치세는 소비자로부터 매출세를 수령하고, 매입처에게는 매입세를 지불하여 차액은 세무국에 납세하기 때문에 원칙적으로 자금의 수수가 있는 만큼 비용이 되는 것은 아닙니다. 고정자산과 앞에서 말한 예외적인 처리에서 원가, 비용으로 계상되는 경우가 있을 뿐입니다. 이에 비해 영업세는 매출을 올린 기업이 영업세의 납세의무자이고 영업수입의 공제항목으로서 처리됩니다.

영업세는 증치세처럼 자금의 수수에서 손익에 영향을 미치지 않는 것이 아니고 손익 계산서에서 영업수입 다음에 세금 코스트로서 계상됩니다. 또 영업세는 증치세와 외국의 부가가치세처럼 거래선에 전가하는 것이 아니라 수입을 얻은 사람이 납부하고 부담해야 하는 세금입니다.

# 중국에서 **영수증**에 대해 **주의할 점**을 가르쳐 주십시오

중국에서는 마음대로 영수증을 작성하면 안됩니다. 지정 영수증 이외의 것을 사용하면 처벌을 받습니다. 세무당국 지정의 영수증을 구입하여 사용하지 않으면 안됩니다. 최근에는 기계화가 진행되고 있습니다.

## 영수증의 발행권한

외국에서 영수증은 기업과 개인이 자유롭게 작성, 발행할 수 있고, 영수증의 양식도 특별히 지정되어 있지 않습니다. 이에 비해 중국에서는 영수증은 세무당국의 완전한 관리관할 하에 놓여 있습니다. 즉, 세무당국은 영수증의 인쇄부터 시작하여 구입, 작성, 취득, 보관, 반환에 이르기까지 관리와 감독의 권한을 갖고 있습니다.

## 영수증의 의미

여기에서 말하는 영수증이라는 것은 중국어로 '發票'라고 하는데, 엄밀하게 말하면 외국에서 말하는 영수증과는 약간 다릅니다.

외국에서는 상품 등을 판매할 때 우선 청구서를 거래처에 발송합니다. 청구서에 따라서 대금이 회수되었을 때에 영수증이 발행됩니다. 한편, 중국의 發票는 대금을 회수했을 때에 발행한다는 의미에서는 똑같이 영수증이지만, 실무에서 보면 반드시 대금회수 후에 발행되는 것으로 한정되지는 않습니다. 상황에 따라서는 대금 회수 전에도 발행되는 경우도 있습니다. 또 외국처럼 청구서가 발행된다고 하는 상관습도 없으므로 청구서 없이 청구서와 영수증을 겸하여 發票가 발행되는 일도 있습니다. 어쨌거나 發票는 영수증에 가까운 것이지만, 세금과 밀접한 관계가 있기 때문에 發票의 세무상 처리를 이해해야만 합니다. 또한 **기업이 비용을 지불했을 때 發票를 취득하지 않으면 비용으로서 인정되지 않는다**는 것도 이해해 둘 필요가 있습니다.

### 중국 發票의 특징

- 기업이 마음대로 작성할 수 없다.
- 외국의 영수증과 청구서의 양쪽 의미가 포함되어 있다.
- 세무국 관제의 發票가 아니면 세무처리가 되지 않는다.
- 증치세는 인보이스(전용 發票)방식을 채용하고 있다.
- 증치세 전용 發票가 아니면 매입 세액공제할 수 없다.
- 수출환급 수속에는 수출환급 전용 發票가 있다.

```
發 票 ┬── 증치세 전용 發票
      └── 보통 發票
```

## 發票의 관리

發票라는 것은 '상품의 매매, 용역의 제공과 수입 및 그 밖의 영업활동으로 상품을 판매했을 때, 용역을 제공한 때, 또는 대금을 수령한 때 일방의 당사자가 상대방에게 발행하는 입금증빙' 이라고 세법에서 규정하고 있습니다.

發票는 국무원이 공포한 발표관리규칙에 따라서 관리되고 있고, 發票에는 증치세 전용 發票와 보통 發票가 있습니다. 증치세 전용 發票는 중앙정부의 국가세무총국이 관리감독하여 지정기업에게 인쇄하도록 합니다. 보통 發票는 지방정부인 성, 자치구, 직할시의 국가 세무국이나 지방세무국이 관리 감독하고, 지정기업에게 인쇄하게 합니다.

發票의 관리가 엄격하게 이루어지기 전에는 發票의 사적인 발행과 위조, 매매 등이 행해져서 비용을 과다 청구하거나 수입의 은닉, 탈세, 사기에 의한 수출증치세의 환급 등이 횡행하였습니다. 이 결과 發票의 관리가 엄격해지고, 세무당국이 지정업자에게 인쇄를 시킨 發票 이외에는 사용하지 못하게 되었습니다. 증치세의 發票 작성은 현재로는 특수한 발행기계가 사용되고 있고 번호 관리도 세무당국에 의해 엄격하게 이루어지고 있습니다.

상품 등을 매입할 경우 증치세의 發票를 취득하지 않으면 매입세로서 납세액에서 공제받을 수 없게 되므로 發票의 취득은 극히 중요합니다.

1_ 현지법인의 설립과 운영

2_ 현지법인의 세금

3_ 기업소득세

4_ 개인소득세

5_ 유통세

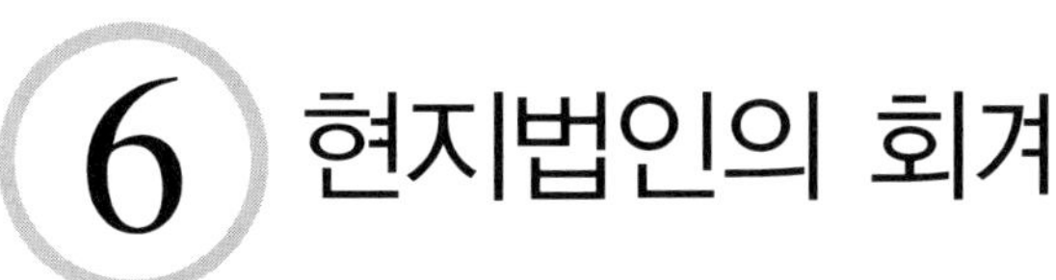

# 6 현지법인의 회계

# Q 80

# 현지법인의 회계장부에는
## 어떤 것이 있습니까?

외국의 회계장부 체계와 똑같다고 생각해도 됩니다. 현지에서는
회계장부 세트가 판매되고 있고 비교적 저렴한 회계 소프트웨어
도 있습니다.

## 회계장부의 조직

현지법인은 영업허가서를 취득하고 15일 이내에 회계장부를 비치하
지 않으면 안된다고 세법의 규정에 정해져 있습니다. 또 기업회계제도와
세법에서 회계장부는 동일하게 정의하고 있습니다. 즉, 회계장부란 분개
장, 총계정원장, 보조원장 및 기타 보조장부로 되어 있습니다.

## 주요장부

분개장은 모든 거래를 거래 발생 순으로 대변과 차변으로 구별하여 기장한 것입니다. 회계처리는 분개가 기본이 됩니다. 이 분개장과 총계정원장을 주요장부라고 하는데 총계정원장은 각 계정과목마다 거래의 합계가 기장된 장부입니다.

세법에서는 분개장과 총계정원장은 장정본이 아니면 안 된다고 정해져 있습니다. 또한 구별의 근본이 되는 회계전표에는 입금전표, 출금전표, 대체전표의 3종류가 있고 회계전표와 그 근거가 되는 원시증빙을 회계증빙이라고 합니다.

## 보조장부

보조원장(보조명세장)은 각 계정의 명세과목에 대해서 기장한 장부입니다. 예를 들면, 현금출납장, 당좌예금 원장, 보통예금 원장, 외화예금 원장, 분개장, 매출장, 수취어음(받을어음), 음기입장, 지급어음 기입장, 판매비 명세장, 관리비 명세장, 재무비용 명세장 등이 있습니다. 보조적인 장부로서는 상품별 재고장, 거래처원장, 구입처원장, 고정자산대장 등이 있습니다. 이러한 회계장부의 체계는 외국과 대체로 같습니다.

## 컴퓨터 회계

컴퓨터 회계를 사용하는 경우에는, 회계 소프트웨어, 프로그램, 사용설명서 등을 세무당국에 제출하지 않으면 안됩니다. 컴퓨터 회계를 사용하는 조건으로, 회계제도가 건전하고, 컴퓨터에 의한 계산으로 수입 또

는 소득이 정확, 완전하게 계산할 수 있다면 그 보존내용과 출력된 회계
기록을 회계장부로 간주합니다.

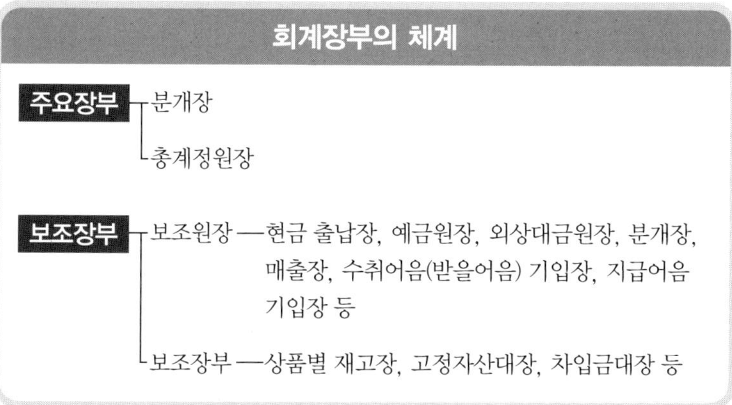


## 회계서류의 보존

회계서류 관리방법이라고 하는 법규에서는 회계서류를 다음과 같이
분류하고 있습니다.

① 회계증빙―원시증빙, 기장증빙, 총괄증빙, 그 밖의 회계증빙

② 회계장부―앞에서 말한 주요장부와 보조장부

③ 재무보고서류―월차, 4분기의 재무보고서 , 연도의 재무보고서

④ 기타―은행예금잔고 조정표, 은행계정 조정표, 회계서류 인계대
　　장, 회계서류 보관대장, 회계서류 폐기대장 등

이들 회계서류의 보관기간은 다음과 같이 정해져 있습니다. 또한 합자
기업의 경우에는 중국측 파트너가 보관합니다.

① 회계증빙―15년

② 회계장부—주요장부……15년

　　　　　　　보조장부……15년

　　　　　　　고정자산카드는 폐기처분 후……5년

　　　　　　　현금출납장과 예금출납장……25년

③ 재무보고서류—월차, 4반기의 재무보고서…… 영구보존

　　　　　　　　연도의 재무보고서…… 영구보존

④ 기타—은행예금잔고 조정표……5년

　　　　은행계정 조정표……5년

# 경리 관련규정은 어떻게 작성합니까?

외국의 경리규정, 예산제도, 자산관리규정, 컴퓨터관리규정과 같은 규정을 작성할 필요가 있습니다.

### 경리 관련규정의 제정

여기서는 주로 세법의 규정에 의해 어떤 것이 요구되고 있는가를 소개하겠습니다. 회계장부를 비치한 후에 '재무제도', '회계제도', '재무회계처리규정', '회계계산 소프트웨어'를 세무당국에 신고하지 않으면 안 됩니다.

### 재무제도 규정

'재무제도'라는 것은 재무활동의 규범이 되는 것으로 재무예산제도,

자금조달, 자산관리(고정자산, 유동자산, 무형자산, 이연자산 등의 자산 관리규정), 부채관리, 대외투자, 원가와 비용의 관리, 수입과 분배의 관리, 자산처분, 납세관리 등의 내용이 정해져 있습니다. 중국의 재무제도는 회계제도와 비슷한 내용이므로, 위에서 말한 내용에서 실질적으로 필요한 것을 제도로서 제정하면 될 것으로 생각됩니다.

## 회계제도 규정

'회계제도' 의 내용으로서 다음과 같은 것을 들 수 있습니다. 회계계산

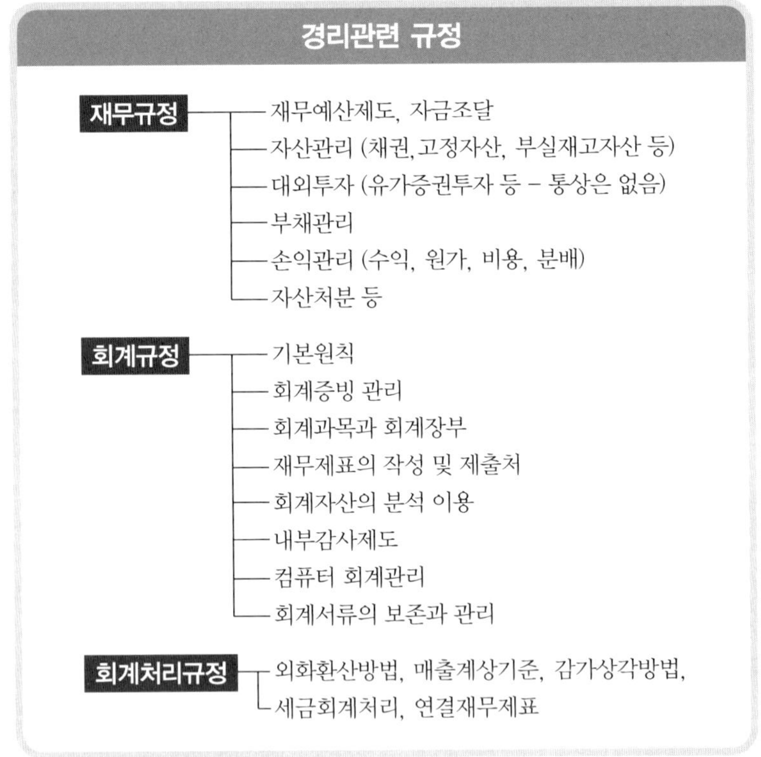

의 기본원칙, 회계감독의 기본원칙, 회계증빙의 관리, 회계과목과 회계장부의 설치, 기장의 규칙, 재무제표의 작성과 제출, 회계자료의 분석과 이용, 회계내부감사의 수속과 방법, 컴퓨터 회계관리, 회계서류의 보존과 관리입니다.

이 내용들도 회사의 실태에 맞추어서 필요한 것을 제정하면 될 것이라고 생각합니다. 이러한 회계제도는 외국의 경리규정에 해당하는 것이기 때문에 많은 경우 외국 모회사의 경리규정을 참조하여 중국의 기업회계제도의 내용과 서로 대조하여 중국화된 경리규정을 작성하는 방법이 실제적일 것으로 생각됩니다.

## 회계처리규정

'재무회계처리규정' 의 내용으로서는 예를 들면, 외화 환산방법, 매출계상기준, 감가상각방법, 세금의 회계처리, 연결재무제표의 작성방법 등을 들 수 있습니다.

'회계계산 소프트웨어 규정' 은 회계계산에 사용되는 컴퓨터 프로그램 언어, 관련문서, 사용설명 등이 규정되어 있습니다.

## 기업회계제도

이상이 세법에서 요구하고 있는 것인데, 기업회계제도에서도 외상투자기업은 기업의 구체적인 상황에 따라서 회계제도를 제정하여 재정부문, 세무부문 및 기업 주관부문에 신고하지 않으면 안된다고 규정하고 있습니다.

어쨌든 외국에서 말하는 경리규정, 예산제도, 자산관리규정, 컴퓨터 관련규정 등을 현지의 실정에 맞추어 작성하게 됩니다. 또한 여기서 말한 관련 제규정을 '재무회계규정'으로 내용을 일원화하여 규정하는 것도 실무적입니다. 또한 실무 담당자를 위한 매뉴얼이 필요하다면 중요한 것에 대해서는 '실시세칙', '취급요령' 등을 작성하기도 합니다.

# 연결재무제표를
## 작성할 필요가 있습니까?

95년 도입된 당초에는 외자계 기업은 임의적용이었으나, 2002년 부터 실시된 기업회계제도에서는 연결의 범위에 속하는 기업에 대하여 연결재무제표를 작성해야만 한다고 규정되어 있습니다. 또 실질적으로 지배하고 있는 기업에 대한 장기 지분투자에 대해서도 지분법의 적용이 원칙적입니다.

## 연결의 강제적용과 임의적용

중국에서는 95년에 '연결회계재무제표 잠정규정'을 공포하여 연결회계가 도입되었습니다. 그러나 연결재무제표의 작성이 의무로 부과된 것은 중국의 기업집단, 국내 상장회사, 특정의 외국무역회사 뿐이었고, 일반의 중국기업과 외자계 기업에는 적용되지 않았었습니다. 그러나 2002

년부터 외상투자기업에게 적용된 기업회계제도에서는 **출자비율이 50% 이상 또는 50% 미만이라도 실질적으로 지배하고 있는 기업이 있으면, 연결재무제표를 작성해야만 한다**고 규정되어 있습니다.

또 구외상투자기업회계제도에서도 연결재무제표의 작성이 규정되어 있었으나 실제로 해당되는 기업에서 연결재무제표를 작성하고 있던 외상투자기업은 적었습니다. 따라서 연결재무제표의 작성이 완전히 의무화되는지의 여부는 앞으로의 실무를 신중하게 지켜볼 필요가 있습니다. 연결재무제표 잠정규정도 구체회계준칙으로서 공포되어야만 하는 것이고, 이 잠정규정이 어떤 형태로든 개정된다면 연결실무도 정착될 것이라고 생각됩니다.

또한 연결재무제표가 강제적용되지않는 기업이 연결재무제표를 작성할 때에도 중국의 이 연결회계재무제표 잠정규정에 근거해야 한다고 되어 있습니다.

외국의 연결재무제표 작성을 위해서 중국의 복수의 자회사를 연결할 필요가 있다면, 중국의 연결원칙을 검토할 필요가 있습니다. 중국기업의 경우 특정 기업집단 등은 연결재무제표를 작성함과 동시에 세무상으로 연결납세제도가 실시되고 있습니다.

---

### 종래의 연결회계재무제표 잠정규정

**연결의 강제적용**
중국의 기업집단, 국내 상장회사, 특정회사

**연결의 임의적용**
일반의 중국기업, 외상투자기업

## 비례연결

기업회계제도에서는 연결대상인 합자기업에 대해서 그 자산, 부채, 손익의 전부를 연결하는 것이 아니라 투자한 지분 상당액에 따라서 연결하는 비례연결의 방법을 적용하는 것으로 되어 있습니다.

## 장기지분투자의 평가

연결재무제표를 작성하지 않는 경우에도 상황에 따라 장기지분투자에 대해서는 지분법을 적용해야만 합니다.

# Q 83

## 중국에 **세효과회계**
### (税效果會計:이연법인세회계)가 있습니까?

중국은 94년부터 세효과회계를 도입하고 있습니다. 외자계 기업은 세효과회계의 임의적용 대상이기 때문에 채용하지 않아도 문제는 없습니다.

### 세효과회계(이연법인세회계)의 임의적용

'세효과회계'라는 것은 세금도 비용으로 간주하여 회계상의 이익과 세금이 대응하도록 세금을 기간 분배하여 이익과 세금을 합리적으로 대응시키는 회계처리입니다.

세금을 각 회계기간의 회계이익과 대응시키기 위해 이에 관련되는 자금 또는 부채를 수정하여 이연세금 자산 또는 이연세금 부채를 계상합니다.

이에 비해 세효과 계상을 적용하지 않은 손익계산서에서는 회계상의 이익과 그 밑에 기재되어 있는 세금은 합리적인 대응관계가 아닙니다. 세금은 그 회계기간에 납세한 세액과 그 회계기간 말의 미지불 세금의 합계에 지나지 않습니다. 이러한 종래의 방법을 중국에서는 '납세액법'이라고 하고 **'세효과회계법'과 '납세액법' 중 어느 것을 선택할 것인가는 기업의 자유로 되어 있습니다.**

## 중국의 회계와 세무

중국에서는 이 세효과회계를 94년에 도입하였습니다. 단, 강제적용이 아니라 일반 납세액법과 선택 적용하였기 때문에 실제로는 거의 실시되지 않았던 것 같습니다. 그때까지 중국에서는 회계규정이 있어도 구체적인 회계처리는 세무규정에 근거하고 있었기 때문에 회계상의 이익과 과세소득은 거의 일치하고 있었습니다.

즉, 지금까지는 세무와 분리한 회계처리는 실질적으로 인정받을 수 없었습니다. 세효과회계는 회계상의 세금이 이익과 합리적으로 대응함으로서 회계상의 이익과 과세소득이 완전히 분리되는 것도 의미하고 있습니다. 그 후 감사보고서와 함께 과세소득액 조정표의 첨부가 의무화되어 회계장부상의 이익과 과세소득 간의 가산감산항목이 기재 표시 되도록 되었습니다. 외상투자기업의 재무제표 과목에도 이 세효과계산이 도입에 의해 사용된 이연세금 차변(자산)과 이연세금 대변(부채)이 설정되어 있으나 실제로 세효과 회계를 적용하고 있는 회사는 거의 없는 것 같습니다. 또한 세효과계산의 대상이 되는 세금은 중국에서 소득에 관계되는 세금으로서 기업소득세 뿐입니다.

## 구체적인 세효과회계

마지막으로 세효과회계를 간단하게 설명하면, 어떤 회사의 매출이 230, 원가비용이 130이고, 이익이 100인 경우 세율이 33%였다고 한다면, 세금은 33으로 세금공제 후의 이익 은 67이 됩니다.

이 이익을 계산하는 중에서 비용 속의 50이 손금으로서 인정받지 못하면, 과세소득은 이익 100+손금인정액 50=150이 되고, 세율 33%를 곱하여 세금은 49.5가 되어 세금공제 후의 이익도 50.5로 감소합니다.

이 경우에는 세금공제 전의 이익 100과 세금 49.5의 비율은 49.5%가 되고, 세율 33%로서 대응하지 않습니다. 세효과회계를 도입하면 세금을 일종의 코스트로 이해하기 때문에 이 세금(코스트) 부담률의 왜곡을 시정하므로 아래의 표와 같이 수정합니다.

이렇게 함으로서 세금공제 전의 이익과 세금이 정확하게 대응하게 됩니다.

**세효과회계의 구체적인 예**

| 납세액법 | | 세효과회계 | |
| --- | --- | --- | --- |
| 세금공제 전 이익 | 100 | 세금공제 전 이익 | 100 |
| 소득세 | 49.5 | 납세액 | 49.5 |
| | | 조정 | (16.5) |
| | | 소득세 | 33 |
| 세금공제 후 이익 | 50.5 | 세금공제 후 이익 | 67 |

# 중국의 회계제도에
## 대해 가르쳐 주십시오

회계법이 기본법이고 회계법 아래에 재무보고조례와 회계준칙이 있으며, 회계준칙 밑에 회계제도가 있습니다. 회계제도는 기업회계제도와 업종별 회계제도로 나뉘어 있습니다.

## 회계법규의 체계

중국의 회계법규 체계는 가장 상위에 '회계법'이 있습니다. 회계법은 85년에 제정되었고 최근에는 99년 10월에 대폭적인 개정이 이루어져, 2000년 7월부터 개정 회계법이 시행되고 있습니다. 이 회계법은 기업과 회사의 회계업무뿐만이 아니라 국가기관, 사회단체 등의 모든 조직의 회계업무 전반을 대상으로 하고 있습니다.

개정된 회계법과 기업 재무보고조례에서 특히 눈에 띄는 것은 회계증빙과 회계장부의 변조 등에 의한 허위 재무제표의 작성에 대한 벌칙과 그 방지수단의 강화입니다. 회계법이 개정된 배경은 국유기업 등이 제출하고 있는 재무제표의 허위기재와 공인회계사에 의해 감사를 받고 있는 상장회사 등의 재무제표와 자산평가보고서가 허위기재되어 다수의 투자자가 손실을 입는 사건이 빈발했기 때문입니다.

이 때문에 회계증빙, 회계장부, 전산자료, 재무제표 등의 위조, 변조, 훼손, 멸실 등은 물론 그밖에 법률, 행정법규, 또한 국가가 제정한 통일된 회계제도에 대한 준법성의 위반에 대해 벌칙이 강화됨과 동시에 내부감사제도, 공인회계사 감사, 정부기관에 의한 회계감독 등이 강화되었습니다.

## 기업회계준칙

회계법 밑에 '기업회계준칙'이 있고 모든 기업과 회사의 회계처리는 이 기업회계준칙에 따르지 않으면 안됩니다. 기업회계준칙에는 회계의 일반원칙을 규정한 '기본회계준칙'과 개별적 회계문제를 다루는 '구체회계준칙'의 2종류가 있습니다.

기본준칙은 92년 12월에 제정되고 93년 7월부터 정식으로 실시되었습니다. 구체회계준칙은 2000년 말까지 다음의 10개의 준칙이 공포되었습니다. 공포된 순번으로 명칭을 나열하면, ① 관련당사자의 관계 및 그 거래의 개시, ② 현금흐름표, ③ 후발사항, ④ 수익, ⑤ 채무재편, ⑥ 건조계약, ⑦ 투자, ⑧ 회계방침 회계평가의 변경 및 회계상 착오의 수정, ⑨ 비화폐성 거래, ⑩ 우발채무입니다.

2001년 초에는 구체회계준칙 중에서 무형자산, 차입비용, 리스의 3가지가 새롭게 공포됨과 동시에 이미 공포된 9가지 중에서 6가지의 구체회계준칙이 개정되었습니다(현금흐름표, 채무재편, 투자, 회계방침의 변경 등, 비화폐성 거래).

이 결과, 외자계 기업에게는 현금흐름표, 채무재편, 비화폐성 거래, 회계방침의 변경 등, 차입비용, 리스 거래, 우발채무의 7가지 구체회계준칙이 적용되게 되었습니다.

2001년 11월에는 또한 중간재무제표, 고정자산, 부실재고자산의 3가지 구체회계준칙이 공포되었으나, 상장회사와 주식회사를 위한 회계기준으로 외자계 기업에게 곧 적용될 것은 아닙니다.


## 회계제도

이 기업회계준칙과 그 밑에 '회계제도'가 있습니다. 현재의 회계제도에는 '기업회계제도'와 '업종별 회계제도'의 2종류 회계제도가 있습니다. 본래는 기업회계제도가 모든 기업에게 적용되었어야 하는데, 2001년도는 잠정적으로 주식회사에게만 적용되고, 2002년도부터 외자계기업에게 적용되었습니다. 주식회사와 외상투자기업 이외의 유한회사 또는 중국 기업에게는 종래부터 존재하던 업종별 회계제도가 적용되고 있습니다.

또한 기업회계제도는 대기업과 중기업에게 적용되는데, 정책적인 배려에 의해 소규모 기업은 대외적인 자금조달이 필요하지 않으므로 소규모기업 회계계산제도가 적용될 예정이고, 금융관련 기업은 경영상의 특수한 상황이 있기 때문에 2002년도부터 금융기업 회계계산제도가 적용되고 있습니다.

# Q 85

## 구체회계준칙이란 무엇입니까?

구체회계준칙이란 회계처리의 안내서이고, 기업회계제도보다 구체적이며 종합적으로 기술하고 있습니다. 구체회계준칙은 앞으로 전부 40개 이상의 준칙을 작성할 예정입니다.

### 구체회계준칙

다음의 표와 같이, 구체회계준칙은 지금까지 16개의 준칙이 공포되어 있습니다. 이 준칙들은 국제회계기준에 대체로 근거한 내용으로 되어 있습니다. 기업회계제도에서는 회계처리기준의 구체적인 내용을 알 수 없는 것도 구체회계준칙에서는 제정 배경부터 국제회계기준과의 관계까지 상당히 알기 쉽게 설명하고 있습니다. 여기서 그 개요를 설명하겠습니다.

## 2001년 1월의 개정내용

2001년 1월에 개정된 구체회계준칙의 변경내용 중에서 중요한 것을 소개하겠습니다. 다음 페이지 표 내4의 '채무재편'이, 구규정에서는 채무자는 채무재편에 의한 수익(채무 면제익)을 손익으로 인식해야 했으나, 변경 후에는 자본준비금에 계상하여 당기손익으로 하지 않거나, 또는 손실 때만 당기손실로 인식하게 되었습니다.

또한 채권자는 양도받은 비화폐성 자산을 공정가치로 인식해야 하며, 교환거래에서 발생한 차액을 당기손익으로서 인식하는 회계처리에서 교환거래만으로는 손익을 발생시키지 않는 회계처리로 변경되었습니다.

중국의 시장은 미성숙한 단계에 있고, 공정가치 그 자체의 인식이 곤란하기 때문에 기업이 이 구규정들을 적용하는데는 상당히 자의적(恣意的)인 처리가 발생할 여지가 있었으므로 이렇게 변경이 되었습니다.

따라서 개정 후의 구체회계준칙에서는 채무재편의 회계처리에 의한 차액(채무면제익 등)은 자본준비금에 계상하여 당기손익으로 하지 않거나, 또는 손실 때에만 당기손실로 인식하는 것으로 변경되었습니다.

그 밖의 구체회계준칙의 개정내용에 대해서는 표 내 9의 '비화폐성 거래'의 준칙으로, 위에서 말한 교환거래에서 발생한 차액을 당기손익으로서 인식하는 회계처리에서, 교환거래 하나만으로는 손익을 발생시키지 않는 회계처리로 변경되었습니다. 표 내 2의 '현금흐름표'의 준칙에서는 현금흐름표의 양식이 간략화되었습니다.

## 2001년 1월의 신규제정

표 내 11의 '무형자산'의 준칙에서는 출자자가 무형자산을 현물출자했

**지금까지 공포된 구체회계준칙**

| | | 공포연월 | 실시연월 | 수정연월 | 적용기업 |
|---|---|---|---|---|---|
| 1 | 관련당사자 | 1997.5 | 1997.1 | | 상장회사 |
| 2 | 현금흐름표 | 1998.3 | 1998.1 | 2001.1 | 모든 기업 |
| 3 | 후발사항 | 1998.5 | 1998.1 | | 상장회사 |
| 4 | 채무재편 | 1998.6 | 1999.1 | 2001.1 | 모든 기업 |
| 5 | 수입 | 1998.6 | 1999.1 | | 상장회사 |
| 6 | 투자 | 1998.6 | 1999.1 | 2001.1 | 주식회사 |
| 7 | 건조계약 | 1998.6 | 1999.1 | | 상장회사 |
| 8 | 회계방침 등 | 1998.6 | 1999.1 | 2001.1 | 모든기업 |
| 9 | 비화폐성 거래 | 1999.6 | 1999.1 | 2001.1 | 모든기업 |
| 10 | 우발사항 | 2000.4 | 2000.7 | | 모든기업 |
| 11 | 무형자산 | 2001.1 | 2001.1 | | 주식회사 |
| 12 | 차입비용 | 2001.1 | 2001.1 | | 모든기업 |
| 13 | 리스 | 2001.1 | 2001.1 | | 모든기업 |
| 14 | 중간재무보고 | 2001.11 | 2001.1 | | 상장회사 |
| 15 | 고정자산 | 2001.11 | 2001.1 | | 주식회사 |
| 16 | 부실재고자산 | 2001.11 | 2001.1 | | 주식회사 |

을 때 원칙적으로 출자 각 당사자가 인식한 가치로 장부에 기장해야 하는 것으로 되어 있습니다. 그 밖에 자기 창설의 영업권은 인식되지 않는 것과 무형자산의 상각기간은 10년을 초과할 수 없는 것, 게다가 기술창조와 혁신의 스피드가 빠르기 때문에 무형자산의 사용기간도 단축되어 가고 있고, 무형자산의 감손충당금 처리도 규정되어 있습니다. 또 표 내 12의 '차입비용' 의 준칙에서는 일정 조건을 만족시키는 차입비용을 자본화하는 것이 규정되어 있습니다. 표 내 13의 '리스' 의 준칙에서는 운용리스와 파이낸스리스의 정의와 그 구체적인 판단기준이 명확하게 규정되어 있습니다.

## 2001년 11월의 신규개정

중간재무보고, 고정자산, 부실재고자산의 3종류 신규정이 공포되었습니다. 고정자산과 부실재고자산에는 감손회계가 규정되어 있습니다.

# 현지법인의
## 결산의 특징은 무엇입니까?

외화로 장부를 기장하는 것이 가능한 것과, 이익처분에서 3기금
이라고 하는 특별한 항목이 있는 것, 이익처분에 의한 결과가 다
음 기가 아닌 당기에 포함되는 것, 양력에 의한 결산연도를 들 수
있습니다.


## 외화기장의 결산서

중국에서는 외국투자기업이 외화로 장부와 결산서를 작성하는 것을
인정하고 있습니다. 물론 원칙은 인민폐에 의한 기장이지만, 예를 들면
주요한 거래통화가 외화라는 등의 합리적인 이유가 있으면 외화기장도
인정합니다. 외화로 기장한 경우에는 외화 표시 재무제표에서, 외화를
인민폐로 환산한 인민폐 표시재무제표의 작성도 요구합니다. 외화로 기

장할 수 있다는 것은 그 외화에 의한 거래에서는 외환손익이 원칙적으로 발생하지 않는다라고 하는 것이기 때문에 **외환시세의 급격한 변동에 의한 영향이 제거됩니다.**

## 외화기장의 3기금

다음으로 특징적인 회계처리는 이익처분입니다. 외상투자기업의 이익처분에는 '3기금' 이라고 하는 것이 있습니다. 합자기업과 합작기업의 '준비기금', '종업원 장려 및 복리기금', '기업발전기금' 이라고 하는 3가지의 기금 중에서 **외자기업은 준비기금, 종업원 장려 및 복리기금의 2가지 기금을 반드시 적립하지 않으면 안됩니다.**

세금공제 후 이익에서 이들 기금을 뺀 잔액이 배당가능이익이 되는데, 이익처분에서는 임의적립금과 같은 이익보류를 위한 적립금 과목이 설정되어 있지 않고 이익보류를 하려면, 그 만큼의 이익처분을 하지 않고 미처분이익으로서 이월하는 수밖에 없습니다.

## 이익처분을 앞당겨 결산

예를 들어 **중국의 기업회계제도에서는 01년도의 이익처분안(3기금의 적립, 이익의 배당금 등)은 02년의 3월까지로 동사회에서 승인을 받습니다.** 승인받은 시점은 01년도의 결산서(대차대조표 등) 중이고, 3기금은 적립이 끝난 것으로 처리되고, 미지불 배당금을 계상하는 것이 됩니다.

즉 이익처분이 결의된 02년의 전년도로 앞당겨집니다. 원칙적으로 외상투자기업은 위와 같이 앞당겨 결산해야 하지만, 실무에서는 확정결산에 의해 이익처분을 하고 있는 회사도 있는 것 같습니다.

## 현지법인의 회계년도

중국에서는 회계법이라고 하는 법률이 있고, 이 회계법에서 **기업의 회계연도는 양력 1월 1일부터 12월 31일까지라고 규정하고 있습니다.** 외상투자기업도 이 회계법 중에 규정되어 있는 회계년도를 집행하지 않으면 안된다고 되어 있습니다.

외국의 모회사 회계년도와 중국 현지법인의 회계년도가 일치하지 않는 경우에는 중국 현지법인의 12월 31일을 결산년도 말로 한 재무제표를 외국의 모회사 결산년도 말로 조정하여 재무자료를 제공할 수 있다고 되어 있습니다.

## 현지법인의 납세년도

**현행 세법으로는 외상투자기업의 납세년도는 양력 1월 1일부터 12월 31일까지로 규정되어 있습니다.** 2002년 1월부터 기업회계제도가 외상투자기업에게 적용됨에 따라서 회계년도와 납세년도는 양력년도가 되었습니다. 단, 2001년까지 세무당국의 인가를 받아서 12월 31일 이외의 납세년도를 정하고 있던 독자기업은 그대로 계속 동일한 납세년도를 적용할 수 있습니다.

2002년부터 신규로 설립되는 외상투자기업의 납세년도는 일률적으로 양력 1월 1일부터 12월 31일까지입니다.

# 현지법인의 회계처리 기준에는
## 무엇이 있습니까?

기업회계제도에 있어서 눈에 띄는 회계처리 기준은 감손회계(차감표시회계)입니다. 그 밖에 비화폐성 거래, 채무재편거래라고 하는 좀 익숙하지 않은 회계기준도 있습니다.

### 감손회계(차감표시회계)

2002년도부터 외상투자기업에게 적용된 기업회계제도에서는 감손회계가 폭넓게 도입되었습니다. 다음 표의 회계처리기준 중에서, 대손충당금부터 위탁대여금 감손충당금까지가 감손회계의 대상입니다(이러한 감손충당금에 대해서는 Q&A 51의 대손충당금에서 Q&A 53의 자산감손(차감표시)충당금을 참조할 것).

## 부실재고자산

　부실재고자산의 평가기준은 원가법이고, 평가방법으로는 선입선출법, 총평균법(가중평균법), 이동평균법, 개별평가법, 후입선출법 등이 있습니다.

　부실재고자산은 정기적 또는 연 1회 재고정리를 실시하지 않으면 안됩니다. 부실재고 차이는 소정의 승인을 얻어서 기말결산 전에 처리를 완료해야 합니다. 부실재고차이는 관리비용 또는 영업외 지출(임시손실)로 계상합니다.

## 원가계산

　기업회계제도에는 원가계산의 구체적인 종류와 방법에 대해서 규정하고 있지 않습니다. 실제 원가 외에 계획원가를 채용할 수 있는 취지가 규정되어 있습니다. 원가차이는 합리적인 기준으로 배분됩니다.

　지금까지의 실무에서는 원가계산을 할 경우 실제 원가계산으로서 제품별 원가계산, 공정별 원가계산, 조별 원가계산, 등급별 원가계산을 선택 적용할 수 있었습니다. 실제 원가계산 외에 계획 원가계산으로서 예정 원가계산, 표준 원가계산 등을 선택 적용할 수 있는데, 계획 원가계산과 실제 원가와의 원가차이는 배분하여 실제 원가로 수정하지 않으면 안됩니다.

## 고정자산

　고정자산의 평가기준은 취득원가기준입니다. 감가상각방법에는 정액법(定額法), 작업량법, 연수합계법, 배액잔고체감법(200% 정율법) 등이

# 회계처리기준 일람

| | | |
|---|---|---|
| **감손회계의 대상** | 대손충당금 | 대손충당금의 계상기준을 결정하고, 연도 말에 미수채권을 전면적으로 조사하여 발생가능한 대손을 추정하고, 회수불가능한 대손충당금을 합리적으로 계상한다. |
| | 단기투자 평가충당금 | 시가가 원가보다 낮은 차액에 대해 감손충당금을 계상한다. |
| | 부실재고자산 평가충당금 | 실질 실현가능가격이 원가보다 낮은 차액에 대하여 감손충당금을 계상한다. |
| | 장기투자 감손충당금 | 시가 또는 회수금액이 원가보다 낮은 차액에 대해서 감손충당금을 계상한다. |
| | 고정자산 감손충당금 | 회수가능금액이 장부가보다 낮은 차액에 대해서 감손충당금을 계상한다. |
| | 무형자산 감손충당금 | 회수가능금액이 장부가보다 낮은 차액에 대해서 감손충당금을 계상한다. |
| | 건설가계정 감손충당금 | 특정사실에 의해 감손이 발생하고 있는 경우에 감손충당금을 계상한다. |
| | 위탁대여금 감손충당금 | 회수금액이 원금보다 낮은 차액에 대해서 감손충당금을 감손충당금을 계상한다. |
| | 부실재고자산 | 평가기준은 원가법, 평가방법은 선입선출법, 총평균법, 이동평균법 후입선출법, 개별법에서 선택 적용. |
| | 원가계산 | 실제 원가계산으로서 제품별 원가계산, 공정별 원가계산, 조별 원가계산, 등급별 원가계산을 선택 적용. 계획원가계산으로서 예정 원가계산, 표준 원가계산을 선택적용. |
| | 고정자산 | 평가방법은 취득원가 기준. 파이낸스리스와 운용리스의 회계처리가 있다. 차입비용의 자본화 회계처리가 있다. |
| | 감가상각방법 | 정액법이 원칙, 생산액비례법도 가능. 가속감가상각법 (200% 정율법, 연수합계법)있고 종합상각이 원칙, 개별상각도가능. |
| | 장기지분투자 | 20%이상 또는 20%미만으로 중요한 영향을 미치고 있는 기업의 평가기준은 지분법을 적용해야만 한다. 중요한 영향이 없다면 원가법 적용. |
| | 비화폐성자산 | 비화폐성 거래의 회계처리기준이 있다. |
| | 부채 | 채무재편의 회계처리기준이 있다. |
| | 수익인식기준 | 수입항목별 수익인식기준이 설정되어 있다. |
| | 세회과회계(이연법인세회계) | 세효과회계의 적용은 임의로서, 채용하지 않을 수 있다. |
| | 연결회계 | 출자비율 50%를 초과거나 50%미만으로 실질적으로 지배하고 있는 기업에 대해 연결결산을 해야만 한다. 합자기업에 대해서는 비례 연결을 적용한다. |
| | 외화환산기준 | 환율은 거래발생시 또는 당해기간 환율, 외화표시 화폐성자금과 채권채무잔고는 당해기말일 환율로 환산한다. 외화표시 재무재표는 지정된 환산방법으로 인민폐표시 재무재표로 환산한다. |

있습니다.

감가상각방법은 원칙적으로 종합 감가상각방법이지만, 자산의 종류별 상각이 적당하지 않은 경우에는 개별 자산별 감가상각률을 적용할 수 있습니다. 소정의 요건에 합치하는 경우에는 가속 감가상각방법을 채용할 수 있고, 정률법의 200% 상각액을 계상하는 200%정률법과 연수합계법도 채용할 수 있습니다.

금융리스와 운용리스의 회계처리, 차입비용의 자본화 등에 대해서는 Q&A 54의 고정자산의 회계와 세무를 참조하십시오.

## 장기지분투자

출자비율이 20% 이상 또는 20% 미만이라도 중요한 영향을 미치고 있는 기업에 대해서는 지분법을 적용하지 않으면 안됩니다. 20% 이상 또는 20% 미만으로 중요한 영향을 미치고 있지 않은 기업에 대해서는 원가법으로 평가합니다.

## 비화폐성 자산

비화폐성 자산이라는 것은 부실재고사산, 고정자산, 무형자산, 단기 또는 장기지분투자 등입니다. 비화폐성 거래라는 것은 거래 쌍방이 비화폐성 자산으로 하는 교환거래이고 지분의 교환을 포함하는데, 합병에 있어서 비화폐성 거래는 포함되지 않습니다.

교환 시에 보전금의 지불이 발생하는데, 보전금이 교환 인도자산의 25% 이하인 경우 비화폐성 거래로 판단합니다. 비화폐성 자산과 교환하여 받아들인 비화폐성 자산의 수입장부가액은 원칙적으로 교환 인도자산의 장부가에 제경비, 관련세금, 보전금 지출을 가산하거나 또는 교환인도자산의 매입 증치세, 보전금 수입을 감산한 가액을 수입가액으로 합니다.

## 채무재편의 회계처리

채무재편이라는 것은 채무자가 채권자와 달성한 협의서 또는 인민법원의 재결에 의해 채무조건을 변경하는 것을 말합니다. 구체적으로는 현금에 의한 변제, 비현금 자산에 의한 변제, 채무의 자본금 전환, 그 밖의 채무조건의 변경 등이 있습니다. 현금으로 채무의 일부를 변제한 경우에는 채무와 지불현금의 차액, 즉, 채무면제익은 자본잉여금으로 계상합니다. 이익을 발생시키지 않는 회계처리가 사용됩니다.

채무의 자본금 전환에서는 주식가치 총액 또는 지분상당액을 납입자본금액으로 하고, 채무와 납입자본금액의 차액은 자본 잉여금으로서 회계처리합니다.

## 수익인식기준

기업회계제도에서는 매출 계상기준을 포함하는 수익인식기준으로 상품판매, 용역제공, 자산사용권의 양도, 그 밖의 수입항목 별로 계상기준을 설정하고 있습니다(상세한 내용은 Q&A 88을 참조).

## 세효과회계(이연법인세 회계)

세효과회계는 임의적용입니다(상세한 내용은 Q&A 83 세효과회계〈

이연법인세 회계〉를 참조).

## 연결회계

기업회계제도에서 연결회계는 출자지분이 50% 이상 또는 50% 미만
이라도 실질적으로 지배하고 있는 기업이 있으면 연결재무제표를 작성
해야만 한다고 규정하고 있습니다.
(상세한 내용은 Q&A 82 연결회계를 참조)

## 외화 환산기준

외화거래는 발생일 환율 또는 당월 1일 등의 기간 초일의 외환 환율로
환산합니다. 외화표시 현금 또는 예금과 외화표시 채권채무는 기말 환율
로 환산합니다. 외화표시 재무제표는 지정된 방법으로 인민폐표시 재무
제표로 환산합니다(상세한 내용은 Q&A 92의 외화표시 거래와 Q&A 93
외화표시 재무제표의 환산을 참조).

# 수익의 인식기준이란 무엇입니까?

기업회계제도에서는 수익의 인식기준을 수입항목 별로 상세하게
규정하고 있습니다.

## 과거의 수익인식기준

중국에서는 지금까지 수익인식기준, 특히 매출 계상기준에 대해서 현
금 또는 예금이 입금된 시점으로 매출을 인식하는 실무가 지배적이었습
니다. 그 이유 가운데 하나는 종래의 외자계기업에 대한 회계제도의 규
정 때문입니다. 매출 계상기준은 원칙적으로 상품을 출하한 시점으로 매
출을 인식하는 출하기준에 의해야만 한다고 되어 있었습니다.

그러나 중국의 상관습을 고려하여 회계규정에서는 대금의 완납 기준,
대금의 수취권리확정 기준을 매출 계상기준을 인정하고 있었습니다. 중

국에서 매출 계상으로 현금기준이 실무에서 정착된 것은 이러한 옛날의 회계제도 외에, Q&A 89에서 설명한 것처럼 중국의 상관습, 경제실정, 세무처리 등의 영향에 의한 것이었습니다.

현재 외자계 기업에 대해서 적용되고 있는 기업회계제도에서 현금기준은 용인되지 않습니다. 현행 매출 계상기준은 거래사실의 발생에 근거하여 회계처리되는 발생주의 기준을 사용하고 있고, 또한 경제적 가치의 유입에 의해 수익을 인식하는 수익인식기준을 채용할 것이 명기되어 있습니다.

이 새로운 수익인식기준이 회계실무에서 얼마만큼 정착될 것인가는 앞으로 지켜보는 수밖에 없습니다. 다음에는 현행 수익인식기준에 대해서 설명하겠습니다.

## 수익의 정의

수익이라는 것은 기업이 상품을 판매하든가, 용역을 제공하든가, 또는 자산의 사용권을 양도하는 등의 일상활동으로 유입되는 경제적 이익이라고 정의하고 있습니다.

수익에는 주요 영업수익과 기타 업무수익이 포함되어 있습니다. 수익에는 제3자 또는 고객을 위해 대리 수령한 금액은 포함되지 않습니다.

## 수익항목별 수익인식기준

기업은 수익의 성격에 근거하여 각 수익을 합리적으로 인식하여 측정하지 않으면 안됩니다.

## 1) 상품판매의 수익기준

상품판매 수익은 다음에 열거하는 조건이 모두 만족될 수 있을 때 인식해야 합니다.

① 상품 소유권의 주요한 리스크와 편익을 구입자에게 이미 이전했을 것

② 소유권과 관련되는 계속적인 관리권을 이미 보유하고 있지 않고, 판매한 상품에 대해 지배를 하지 않을 것

③ 거래와 관련된 경제적 이익이 기업에게 충분히 유입되어 있을 것

④ 관련 수익과 원가를 신뢰할 수 있는 정도로 측정이 가능할 것

또한, 현금할인은 실제 발생한 시점에 당기비용으로 처리합니다. 매출가 할인은 실제로 발생한 때 당기수익으로 상쇄합니다. 기업이 이미 수익을 인식하고 있는 판매품에서 반품이 발생한 경우에는 반품한 기간의 수익과 상쇄하지 않으면 안됩니다.

### 수익항목별 수익인식기준

| 주요 영업수입 | |
| --- | --- |
| 상품판매 | 리스크와 편익이 이전<br>판매품의 지배권이 소멸<br>경제적 이익의 충분한 유입<br>수익과 원가가 측정 가능 |
| 용역제공 | 원칙은 용역완료 기준<br>공사진행 기준도 가능 |
| 자산사용권 양도 | 경제적 이익의 충분한 유입<br>수입금액이 측정 가능<br>이자는 시간과 이율로 인식<br>사용료는 약정한 시간과 방법으로 인식 |
| 공사계약수입 | 공사계약수입 고정가격 계약과 원가가산 계약 |

| 기타 업무수익 |
| --- |
| 주요 영업수입과 같은 수익인식기준 |

## 2) 용역완료기준과 공사진행기준

동일 회계연도 내에 개시하고 완료된 용역은 용역을 완료했을 때 수입을 인식해야 합니다. 용역의 개시와 완료 시점이 서로 다른 회계연도인 경우, 용역 제공에 따른 결과가 충분히 평가 가능하다면 기업은 대차대조표 기준일에 공사진행기준으로 관련 용역수입을 인식해야만 합니다. 공사진행기준이라는 것은 용역의 완성 정도에 의해 수입과 비용을 인식하는 방법입니다.

다음의 조건을 모두 만족할 경우 용역거래에 대해 평가가 가능합니다.

① 용역의 총수입과 총원가가 신뢰할 만한 정도로 측정할 수 있을 것

② 거래와 관련되는 경제적 이익이 기업에게 충분히 유입되고 있을 것

③ 용역의 완료 정도가 신뢰할 만한 정도로 확정되어 있을 것

또한 용역제공의 총수입은 기업이 용역을 제공받는 자와 체결한 계약서 또는 협의서 금액으로 확정해야 합니다. 현금 할인은 실제로 발행한 기에 당기비용으로 합니다.

## 3) 자산사용권 양도수입의 인식기준

자산사용권을 양도하여 발생한 수입에는 이자수입과 사용료 수입이 포함됩니다. 이자와 사용료 수입은 다음의 조건을 만족시킬 때 인식해야 합니다.

① 거래와 관련되는 경제적 이익이 기업에게 충분히 유입될 수 있을 것

② 수입의 금액이 신뢰할 수 있을 정도로 측정가능할 것

이자와 사용료 수입은 다음과 같은 방법으로 각각 측정해야 합니다.

① 이자수입은 양도한 현금의 사용권의 시간과 적용이율로 계산하여 확정해야 합니다.

② 사용료 수입은 관련 계약서 또는 협의서에서 정하는 요금시간과 방

법으로 계산하여 확정해야 합니다.

## 4) 공사계약 수입

공사계약 수입이란, 하나의 자산 또는 설계, 기술, 기능, 최종용도 등이 밀접하게 관련되는 몇 개의 자산을 건설하기 위해 체결한 계약을 말합니다.

### 고정가격 계약

고정가격 계약이라는 것은 고정 계약가격 또는 고정 단위로 공시가격이 확정된 건설 계약을 말합니다. 공사진행기준으로 확인합니다.

① 계약 총수입이 신뢰를 받을 수 있는 정도로 측정이 가능할 것

② 계약과 관련되는 경제적 이익이 기업에게 충분히 유입될 수 있을 것

③ 대차대조표 기준일의 계약 진척 정도와 계약의 완성에 필요한 원가가 신뢰할 수 있는 정도로 확정 가능할 것

④ 계약을 완성시키기 위해 발생이 완료된 원가를 명확하게 구분할 수 있고 신뢰할 수 있는 정도로 측정 가능할 것과 실제 계약 원가를 과거의 견적원가와 충분히 비교할 수 있을 것

### 원가가산계약 (원가보상계약)

원가가산계약이란 계약이 인정하고 있는 혹은 그 밖의 방식이 인정하고 있는 원가를 기초로 하여 해당원가에 일정의 비율 또는 정액 비용을 가산하여 공사가격을 확정한 건설계약을 말합니다. 건설공사의 수입은 초기수입, 계약변경, 손해배상, 장려금 등으로 구성됩니다.

원가가산계약의 평가가 신뢰를 얻기 위해서는 다음의 2가지 조건을 동시에 갖추어야만 합니다.

① 계약과 관련되는 경제적 이익이 기업에게 충분히 유입될 수 있을 것

② 실제로 발생한 계약원가를 명확하게 구분할 수 있고, 신뢰 가능한
수준으로 측정가능할 것

### 5) 기타 업무수입

기타 업무수입과목은 기업의 주요 영업수입 이외의 판매 또는 그 밖의
업무수입을 처리하는 것으로, 예를 들면 재료매각, 대리구입, 대리판매,
포장품리스 등의 수입이 있습니다. 그 밖의 업무수입의 실현주의는 주요
영업수입의 실현주의와 동일합니다.

# Q 89

## 중국의 매출 계상의
## 실상에 대해 가르쳐 주십시오

기업회계제도가 적용된 2002년도 이전에는 상관습과 증치세 실무의 영향에 의해, 현금주의에 따른 매출 계상이 널리 행해지고 있었습니다. 신 회계기준으로 수익인식기준이 확립되었으나, 실제적으로 현금주의에 의한 매출 계상기준이 어떻게 개선되고 있는가는 앞으로도 지켜볼 필요가 있습니다.

### 중국의 상관습

중국에서 현금주의에 의한 매출 계상이 일반화된 것은 Q&A 88에서 서술한 바와 같이 회계제도가 용인하고 있었던 이유도 있지만, 실무적으로는 다음과 같은 경제실정, 상관습 등의 영향도 있었습니다.

과거 수년간에 걸친 국유기업 개혁, 아시아 경제위기, 디플레이션 경제에 의해 적자 국유기업에 심각한 자금부족이 발생하였습니다. 은행, 비은행 금융기관의 불량채권 문제에 의한 자금동결 등도 있었고, 중국 기업의 지불능력은 한때 현저하게 저하되어, 채권회수가 잘 되지 않는 것이 당연시 되었습니다. 신용경제가 대폭으로 축소되고, 상관습으로서 현금결제 또는 대금의 선불이 거래조건의 주류가 되었던 시대도 있었습니다. 또한 최종 사용자에게서 대금회수가 안되면 매입처에게도 지불을 할 수 없는 소위 채권채무의 3자간 동결 문제가 발생하였습니다.

현재에도 **매출채권의 회수는 이만저만 힘든 일이 아닙니다.** 일부 판매력이 있는 외국계 기업의 경우 상품을 판매하기 전에 매출대금을 선납하도록 하고 있습니다만 여기에는 다른 경제적 사정도 있습니다. 중국에서는 민간기업간 금융거래를 극단적으로 규제하고 있기 때문에, 기업간 자금의 융통은 통상의 거래에서 발생하는 외상판매, 미수금, 외상매입, 미지급금의 잔액에서 조정되는 경향이 있습니다.

융자는 은행 및 비은행 금융기관만이 할 수 있는 것입니다. 중국에서 현지법인을 설립할 때에는 현지기업 간에 융자를 자유롭게 할 수 없다는 것에 유의해야 할 필요가 있습니다.

## 증치세의 실무

현금결제를 주류로 하는 상관습에 더하여 현행의 증치세의 구조도 상거래에 있어서 현금주의를 조장하고 있는 경향이 있습니다. 매출세는 상품의 출하시점에 매출 계상을 하게되며, 아직 매출대금과 매출 증치세가 회수되지 않은 시점에서 출하된 상품에 대한 증치세의 납세의무가 발생하게 됩니다. 증치세 납세는 월단위이기 때문에 매월 납세기한이 도래하여 납세자금 부담이 발생하게 됩니다.

증치세 잠정조례에 따르면 매출세는 현금회수 시까지 계상을 하기 때문에 납세자금 부담을 고려하여 일반적으로 매출대금을 회수하기까지 매출과 매출세는 장부에 계상하지 않는 경향이 있습니다.

또 매입세의 경우 매입세액을 공제하기 위해서는 매입 시에 증치세의 인보이스(發票라고 하며, 증치세 전용의 영수증)를 받지 않으면 안됩니다. 이 發票의 취득은 매우 중요하며, 매입 發票가 없으면 매입세를 공제받을 수 없기 때문에 '매출세 = 납세액' 이 되고 매출세의 전액을 납부해야 됩니다.

거래처도 같은 상황이므로, 납세자금 확보의 의미도 있고하여, 매출대금과 매출 증치세의 입금이 확실하지 않으면 發票를 발행하지 않는 경향이 있습니다. 따라서 매입세에 대해서는 매입대금의 지불과 교환하여 發票를 취득하게 됩니다. 만약 판매상품을 출하기준으로 매출 계상하고, 매입상품도 검수기준으로 매입 계상하는 경우, 매출채권의 회수가 안되고 매입채무의 지불도 못하게 되면 매출세 전액이 납세액이 되기 때문에 납세자금 부담이 발생합니다.

따라서 **실무적으로는 우선 매출대금을 회수하고 그 자금으로 매입대금을 지불하며, 매입세액의 發票를 입수하는 것이** 납세자금의 부담을 없애는 것이 되기 때문에, 현금주의에 의한 매출과 매입의 회계처리가 일상적인 처리가 되는 경향이 있습니다.

# Q 90

## 이익처분은 어떻게 이루어집니까?

이월 결손금이 있을 때는 결손금을 보전하고 이월 미처분이익잉여금이 있을 때에는 당기순이익에 가산하여 분배가능이익을 산출하고, 3기금을 공제한 후 투자자 분배가능이익을 산출하여 분배합니다.

### 분배가능이익

기업이 당년도에 실현한 순이익에 전년도에서 이월된 미처분이익과 그 밖의 대체금액을 가산한 금액이 분배가능이익입니다. 전년도부터 이월결손금이 있으면, 순이익으로 이월결손금을 보전한 후에 이익이 남으면 그것이 분배가능이익이 됩니다.

## 이익처분의 순서

분배가능이익은 다음의 순서로 분배됩니다.

① 이익잉여금(준비기금과 기업발전기금)의 적립

② 법정 공익금(종업원 장려 및 복리기금)의 적립

외상투자기업은 법률, 행정법규의 규정에 따라서 순이익에서 준비기금, 기업발전기금, 종업원 장려 및 복리기금 등을 적립하지 않으면 안됩니다. 중외합작경영기업이 규정에 따라 합작기간 내에 이익으로 투자자에게 반환하는 투자나 국유공업기업이 규정에 의해 이익으로 보충하는 유동자본도 분배가능 이익에서 공제합니다.

분배가능한 이익에서 법정 이익잉여금, 법정 공익금을 감액한 금액을 투자자 분배가능이익이라고 합니다.

## 투자자 분배가능이익

투자자 분배가능이익은 다음에 열거하는 순서로 분배합니다. 외상투자기업에게 해당되지 않는 이익처분항목이며 통상적인 출자자에 대한 배당에 대해 설명하고 있습니다.

① 미지급 우선주 배당금이란 기업이 이익처분 방안에 따라 우선주 주주에게 분배하는 현금 배당금을 말합니다.

② 임의 이익잉여금 적립이란 기업이 규정에 의해 적립하는 임의 이익잉여금을 말합니다.

③ 미지급 보통주 배당금이란 기업이 이익처분방안에 따라 보통주 주주에게 분배하는 현금 배당금을 말합니다. 기업이 투자자에게 분배하는 이익도 이 항목에서 처리합니다.

④ 자본(또는 주주자본)으로 전입된 보통주 배당금이란 기업이 이익

<table>
<tr><td colspan="2">일반 외상투자기업의 이익잉여금 처분 계산서</td></tr>
</table>

① **순이익**

　　가산 : 연초 미처분 이익 잉여금

　　　　　기타 대체수입

② **분배가능이익**

　　공제 : 종업원 장려 및 복리기금 적립

　　　　　준비기금 적립

　　　　　기업발전기금 적립

③ **투자자 분배가능이익**

　　공제 : 배당금 지불

　　　　　배당금의 자본전입(주식배당)

④ **미처분 이익잉여금**

처분 방안에 따라 주식 배당금을 배당하는 형식으로 전입된 자본금을 말합니다. 기업이 이익을 대체하여 증가된 자본금도 본 항목으로 처리합니다.

## 미처분 이익잉여금

투자자 분배가능이익은 위에서 말한 분배를 서친 후에 미처분 이익잉여금(또는 미처리 결손금)이 됩니다. 미처분 이익잉여금은 다음 연도 이후로 유보하여 분배할 수 있습니다. 기업에서 결손금이 발생한 경우에는 규정에 의해 다음 연도 이후의 이익으로 결손보전을 할 수 있습니다.

중국에서 이익처분은 그 이익이 발생한 회계연도의 재무제표(결산서)에 반영됩니다. 즉, 미지급 배당금은 이익이 발생한 연도의 미지급 배당금이 됩니다.

# 이익처분에 있어서
# 세 가지 기금이란 무엇입니까?

중국기업에는 없는 외상투자기업 특유의 법정 이익잉여금(준비기금과 기업발전기금)과 법정 공익금(종업원 장려 및 복리기금)입니다. 준비기금과 기업발전기금은 자본금에 편입 할 수도 있습니다.

## 3기금

3기금이란 종업원 장려 및 복리기금, 준비기금, 기업발전기금의 3가지를 말합니다. 합자, 합작기업은 3기금을, 독자기업은 이 중에서 '기업발전기금'을 제외한 2가지를 적립하지 않으면 안됩니다. 단, 적립은 이월 결손금을 보전하고 미처분 이익이 발생한 후부터 개시합니다.

## 종업원 장려 및 복리기금

종업원 장려 및 복리기금이란 것은 종업원의 단체복리, 특별공헌 상여, 연말결산 상여 등에 사용되고, 적립된 후에는 확정채무로서 종업원을 대표하는 노동조합 등의 단체복리자금이 됩니다.

종업원 장려 및 복리기금은 회사에 있어서는 채무가 되기 때문에 반드시 지불해야 하고, 회사에 유보시키거나 회사가 사용할 수는 없습니다.

## 준비기금

준비기금이란 기업의 예비적인 유보자금으로, 결손금의 보전이나 증자에 사용할 수 있습니다. 외자(독자)기업법에는 '등록자본금의 50%에 이를 때까지 세금 공제 후 이익의 10% 이상을 적립하지 않으면 안된다'라고 규정하고 있습니다.

한편, 합자기업과 합작기업에는 그러한 규정이 없기 때문에 3기금을 얼마 적립하는가는 회사의 자유입니다. 과거의 사례로는 3기금을 합쳐서 15%로 각각 5%씩으로 하던지 합계로 10% 정도인 경우가 많습니다.

또한 합자계약서 등에서는 적립률을 정하지 않고, 각 회계연도 말의 재정상태, 경영성적과 현금흐름 상황 등을 감안하여 동사회가 적립액을 결정하도록 정한 사례도 많은 것 같습니다.

## 기업발전기금

기업발전기금은 기업의 기술개량과 설비 증설 등에 사용되고, 증자에 사용할 수도 있습니다.

**이익처분의 3기금**

| 기금의 명칭 | 성격 | 목적 |
| --- | --- | --- |
| 종업원 장려 및 복리기금 | 확정채무 | 종업원의 집단복리 |
| 준비기금 | 자본항목 | 결손보전과 증자 |
| 기업발전기금 | 자본항목 | 설비갱신과 증자 |

## 이익잉여금의 자본 전입

준비기금과 기업발전기금은 확정채무가 아니고 기업 자본의 일부로 유보되는 법정 이익잉여금이며, 이 2가지 기금이 자본금으로 대체될 수 있다고 인정되고 있습니다.

세무상으로도 이들 이익잉여금의 자본금 전입은 배당금의 재투자와 동일하고, 재투자에 의한 기업소득세의 환급조치가 적용됩니다. 마찬가지로 외환관리당국이 공포한 규정에서도 외상투자기업의 준비기금과 기업발전기금이 등록자본금으로 증자수속하는 것도 인정하고 있습니다.

기업의 이익유보를 계획하여 장래에 자본금의 증자를 고려하고 있는 경우에는 이 기금들의 적립을 증가시키는 것도 하나의 방법으로서 고려할 수 있습니다. 단, 중국에서는 일단 자본금이 되면 감자는 개별 인가가 필요하기 때문에 자본금으로의 대체는 신중하게 할 필요가 있습니다. 또 준비기금과 기업발전기금의 자본전입은 증자수속 완료 후에 정식으로 회계처리됩니다.

# 외화표시 거래의 환산은 어떻게 합니까?

거래 발생일의 환율이나, 당월 1일의 환율로 환산합니다. 환산에
의한 손익은 원칙적으로 재무비용으로 계상합니다. 개업준비기간
의 외환손익과 고정자산에 부과되는 차입비용의 자본화에 의한
외환손익은 일단 자산으로 계상됩니다.

## 외화거래

외화거래라는 것은 기장 본위 통화 이외의 통화로 하는 금액의 수지,
거래결제 등의 거래를 말합니다. 기업이 외화거래를 할 경우에는 상응하
는 외화계정을 만들어야 하며 외화계정에는 외화현금, 외화 은행예금,
외화로 결제하는 채권(예를 들면 받을어음, 외상판매대금, 선급금 등)과
채무(예를 들면 단기 차입금, 지불어음, 선수금, 미지급 임금급여, 장기

차입금 등)가 포함됩니다.


## 외화표시 환산 레이트

외화거래가 발생했을 때는 외화금액을 기장본위 통화금액으로 환산하여 기장해야 합니다. 별도의 규정이 있는 경우를 제외하고, 외화거래와 관련되는 모든 외화 계산은 거래 발생시의 환율을 적용해야 하고, 거래 발생 당기 초일의 환율을 적용하여 환산하는 것도 가능합니다.

종래부터 **외화표시거래에 사용되는 환율에는 발생일 환율과 당월 1일의 환율이 있습니다.**


## 기준통화 이외의 외화거래

기업에서 외화거래가 발생했을 때에는 중국 인민은행이 공포한 인민폐의 대 미국 달러, 일본 엔, 홍콩 달러 등의 기준 환율을 직접 적용하여 환산합니다. 기준통화 이외의 환율은, 미국 달러의 대 인민폐 기준 환율과 국가 외화관리국이 제공하는 뉴욕 외환시장의 미국 달러와 그 밖의 주요외화의 환율에 근거해 환산하여 계산된 환율로 합니다.


## 외화계정 잔고의 기말환산

기말에는 각종 외화계정(외화 현금 및 외화로 결제하는 채권과 채무를 포함)의 **기말잔고는 기말 환율을 적용하며, 인민폐로 환산해야 합니다.**

기말 환율로 환산한 인민폐 금액과 당초 장부의 인민폐 금액과의 차이는 외환손익으로서 다음의 상황에 따라서 처리하는 것으로 되어 있습니다.

① 개업준비기간(건설준비기간)에 발생한 외환손익은 장기 선급비용
으로 계상합니다.

② 고정자산의 구입 건설과 관련되는 외화의 특정 차입금에서 발생한
외환손익은 차입비용의 자본화 규정에 따라 처리합니다.

③ 위의 상황 이외에는 외환손익은 당기 재무비용으로 계상합니다.


## 자본금의 외화환산

현금출자는 회사의 은행계좌에 실제로 입금된 금액으로 기장합니다.
현물출자는 계약서, 협의서, 기업의 설립신청서, 검수명세서에 기재된
금액으로 기장합니다. 출자액이 외화인 경우에 계약서의 약정으로 환율
이 정해져 있는 경우에는 그 공표 환율, 또는 실제 은행에서 사용하는 환
율로 환산합니다. 한편 약정으로 환율이 정해져 있지 않은 경우는 회사
가 출자액을 받은 때의 공표 환율로 환산합니다.


### 일반 외상투자기업의 이익처분 계산서

**자본금의 환산**

외화예금 ┬── 계약 약정의 환율
         └── 입금 당일의 공표 환율

현물자산 ─── 출자 당일의 공표 환율

**출자 자산의 환산**

외화예금 ┬── 입금 당일의 공표 환율
         └── 당월 1일의 공표 환율

현물자산(비화폐성자산) ─ 출자 당일의 공표 환율

# Q 93

## 외화표시 재무제표의 환산은 어떻게 합니까?

외화표시의 대차대조표, 손익계산서, 이익(잉여금)처분 계산서, 현금흐름표를 인민폐로 환산하는 방법이 지정되어 있습니다.

### 외화 재무제표

중국에서는 자국통화 이외의 재무제표(결산서) 작성을 인정하고 있습니다. 중국에서는 실제 필요성에 따라서 인민폐 이외의 일본 엔, 미국 달러 등의 주요 외화통화에 의한 기장을 인정하고 있습니다.

### 외화표시 재무제표의 환산

외화를 기장본위 통화로 하는 외상투자기업이 기말의 외화표시 재무제표에 관해 어떠한 환율로 환산해야 하는가에 대해서 다음과 같이 규정하고 있습니다.

## 1) 대차대조표

① 모든 자산, 부채항목은 기말 환율을 이용하여 인민폐로 환산합니다.

② 소유자지분항목은 '미처분 이익잉여금' 항목을 제외하고, 거래 발생시의 환율을 이용하여 인민폐로 환산합니다.

③ '미처분 이익잉여금' 항목은 환산 후의 이익처분 계산서의 해당항목 금액을 계상합니다.

④ 환산 후의 자산항목과 부채항목, 소유자 지분항목 합계금액의 차액

### 일반 외상투자기업의 재무제표 환산방법

**손익계산서**

손익항목 ──────── 연간 평균 환율
또는 기말 환율

**이익처분계산서**

순이익 ──────── 손익계산서의 수치
기초 미처분이익잉여금 ── 전기 환율

**대차대조표**

자산 ──────── 기말 환율
부채 ──────── 기말 환율
소유자 지분
자본금 ──────── 거래일 환율
미처분 이익잉여금 ──── 이익잉여금처분 계산서의 수치

**현금흐름표**

전항목 ──────── 기말 환율

은 대차대조표의 '미처분 이익잉여금' 항목 아래에 '외화표시 재무
제표 환산차액' 으로서 표시합니다.

⑤ 기초금액은 전기 환산 후의 대차대조표 금액으로 표시합니다.

## 2) 손익계산서와 이익잉여금처분 계산서

① 손익계산서의 모든 항목과 이익잉여금처분 계산서 내 각 항목의 금
액은 재무제표의 계상 보고기간의 평균 환율에 따라 인민폐로 환산
해야 합니다. 기말 환율을 적용하여 인민폐로 환산하는 것도 가능
합니다. 기말 환율을 적용하여 환산했을 때는 재무제표 주석에 설
명해야 합니다.

② 이익잉여금처분 계산서의 '순이익' 항목은 환산 후의 손익계산서
의 해당항목 금액으로 표시합니다.

③ 이익잉여금처분 계산서의 '기초 미처분 이익잉여금' 항목은 전
년도 환산 후의 기말 '미처분 이익잉여금' 항목의 금액으로 표시
합니다.

④ 이익잉여금처분 계산서의 '미처분 이익잉여금' 항목은 환산 후의
미처분 이익잉여금 계산서 중 기타 각 항목 금액으로 계산해서 표
시합니다.

⑤ 해당 연도 실제금액은 전기(前期) 환산 후의 손익계산서와 이익잉
여금처분 계산서의 금액으로 표시합니다.

## 3) 현금흐름표

현금흐름표의 모든 항목은 기말 환율을 이용하여 인민폐로 환산합
니다.

# 리스 회계란 무엇입니까?

금융리스에 해당되는 경우는 임대인은 자산매각과 동일하게 처리하여 발생 베이스로 이자 등을 계상합니다. 임차인은 리스자산을 고정자산으로 계상하여 감가상각합니다. 운용리스에서는 임대인은 리스요금을 수입으로서 인식하고, 임차인은 비용으로서 인식합니다.

## 금융리스와 운용리스

리스에는 금융리스와 운용리스가 있고, 기업회계제도에서는 양자의 구분에 대해 구체적인 설명이 없으나 구체 회계준칙에서는 다음과 같이 금융리스를 정의하고 있습니다.

**금융리스**라는 것은 실질적으로 자산의 소유권과 관련되는 모든 리스크와 편익이 이전되는 리스로서, 다음의 사항에 해당되는 것입니다.

① 리스기간 만료 시에 리스자산의 소유권이 임차인에게 이전될 것

② 임차인이 싼 가격으로 구입 선택할 권리가 있고, 권리행사 시의 공정가치보다 훨씬 낮은 가격으로 구입하는 것이 합리적으로 예측할 수 있는 것(공정가치의 5% 이하)

③ 리스기간이 리스자산의 사용가능 예측기간의 75% 이상일 것

④ 최저 리스 지불액의 현재가치가 리스자산 원시장부가격의 95% 이상일 것

⑤ 리스자산의 성질이 특수하여 비교적 큰 수리 없이 임차인만 사용하는 것

## 금융리스로 인수한 고정자산

금융리스로 인수한 고정자산은, 리스 개시일의 리스자산 원시장부가격과 최저 리스요금 지불액의 현재가치 양자 중에서 낮은 가격을 기장가격으로 합니다.

최저 리스요금 지불액이란, 리스기간 내에 있어서 기업(임차인)이 지불해야만 하는, 또는 지불을 요구받을 가능성이 있는 각종의 금액(장래에 우발적으로 발생할 가능성이 있는 우발 리스요금과 계약 이행 코스트는 포함되지 않습니다)에 기업(임차인) 또는 이것과 관련되는 제 3자가 보증하는 자산 잔존가를 가산한 것을 말합니다.

자산 잔존가란 리스 개시일에 추정을 한, 리스기간 만료 시 리스자산의 공정가치를 말합니다. 기업 (임차인)이 최저 리스지불액의 현재가치를 계산할 때 리스회사(임대인)의 리스요금에 포함되는 이율을 잘 알고 있는 경우에는 리스회사(임대인)의 이율을 할인율로서 적용하지 않으면

안됩니다. 그렇지 않은 경우에는 리스계약이 정한 이율을 할인율로서 적용해야만 합니다. 리스회사(임대인)의 리스요금 중에 포함된 이율과 리스계약이 정한 이율을 잘 알지 못하는 경우에는, 동일 기간의 은행 대부 이율을 할인율로서 채용해야 합니다.

금융리스자산이 기업의 자산총액에서 점유하는 비율 등이 30% 이하인 경우는 리스 개시일에 기업(임차인)도 최저 리스요금 지불액을 고정자산의 기장가치로 할 수 있습니다.

## 미인식 융자비용

금융리스 인수고정자산은 리스 개시일에 리스자산의 원장부가치와 최저 리스 지불금액의 현재가치 중에서 낮은 가치를 금융리스 인수고정자산의 기장가치로 해야만 합니다. 리스자산의 원장부가치를 고정자산의 기장가치로 하고, 최저 리스 지불금액의 현재가치를 장기 미지급금의 기장가치로 한 경우, 양자의 차액이 미인식 융자비용이 됩니다.

미인식 융자비용은 리스기간 내의 각 기간에 합리적인 방법으로 상각을 하고, 상각할 때는 재무비용과목에 차변 기장을 하고, 미인식 융자비용 과목에 대변 기장합니다.

# Q 95

## 결산서에는 어떤 것들이 있습니까?

현지법인으로부터 감사 후에 입수하는 결산서의 구성과 기업회계
제도에서 규정하고 있는 재무회계보고서의 구성을 이해할 필요가
있습니다.

### 현지법인의 결산서

현지법인의 결산서, 즉 외상투자기업의 재무제표에 대해서 간단하게 설
명합니다. 결산서의 첫 표지 다음으로, 공인회계사에 의한 '감사보고서'가
첨부되어 있습니다. 감사보고서의 문언은 중국의 감사기준으로 정해진 표
현으로 통일되어 있습니다. 또 감사보고서에는 감사를 실시한 회계사무소
의 사무소 도장과 공인회계사의 개인명의의 도장 또는 서명이 있습니다.

**결산서**에는 대차대조표, 손익계산서, 현금흐름표의 3가지 '기본 재무

> **현지법인의 결산서의 종류**
>
> - 대차대조표
> - 손익계산서
> - 현금흐름표
> - 재무제표 주석 (주기 설명사항)
> - 과세소득액 조정표 (세무조정사항 명세표)

제표' 가 있고, 이 기본 재무제표에 '주석' (설명사항)이 계속됩니다.

**주석**의 형식은 여러 가지인데, 회계 사무소에 따라서는 간단한 것부터 유용한 정보까지 기재 내용이 상당히 다릅니다. 과목의 대강의 내역을 기재할 뿐인 경우도 있습니다.

외상투자기업의 재무제표의 각주에는 회사의 개황, 중요한 회사방침 (외화 환산의 방법, 부실재고자산의 평가방법 등), 주요한 과목의 내역, 이익처분의 상황, 관련당사자에 관계되는 정보 등도 기재되어 있습니다.

마지막으로 회계이익과 세무상의 과세소득과의 차액을 조정한 '과세소득액 조정표(세무조정사항명세표)' 도 첨부되어 있습니다. 이것은 세무당국의 요청에 따라 결산서에 첨부하도록 되어 있습니다.

현지법인은 재무회계보고서를 4분기 제출분은 4분기 종료 후 15일 이내에, 연차제출분은 연도종료 후 4개월 이내에 감사보고서를 첨부하여 재정국, 세무국, 외환관리국, 공상행정관리국 등의 관련 당국에 제출합니다.

## 기업회계제도의 재무회계보고서

기업회계제도에서는 재무제표에 재무제표 주석(회계방침 등을 기재한 注記)와 재무상황설명서를 더한 것을 재무회계보고서라고 부르고 있습니다.

〈재무회계보고서의 체계〉

재무제표

재무제표 주석

재무상황 설명서

## 재무제표

재무제표는 아래의 표와 같이 구성되어 있습니다. 기본 재무제표로서 대차대조표, 손익계산서, 현금흐름표의 3가지의 재무제표가 있습니다.

### 재무제표의 구성

| 편성번호 | 재무제표 명칭 | 작성시기 |
| --- | --- | --- |
| 회기 01표 | 대차대조표 | 중간보고, 연도보고 |
| 회기 02표 | 손익계산서 | 중간보고, 연도보고 |
| 회기 03표 | 현금흐름표 | 최소한 연도보고 |
| 회기 01표 부표 1 | 자산차감표시 충당금 명세서 | 연도보고 |
| 회기 01표 부표 2 | 주주지분 증감변동표 | 연도보고 |
| 회기 01표 부표 3 | 미납 증치세 명세표 | 중간보고, 연도보고 |
| 회기 02표 부표 1 | 이익잉여금처분 계산서 | 연도보고 |
| 회기 02표 부표 2 | 세그멘트 보고서(사업부문별구분) | 연도보고 |
| 회기 02표 부표 3 | 세그멘트 보고서(지역별구분) | 연도보고 |

부속 명세표는 대차대조표의 부속 명세표로서 자산감손(차감표시) 충당금, 주주 지분증감 변동표, 미납 증치세 명세표가 있습니다. 손익계산서의 부속 명세표로서 이익잉여금처분 계산서, 사업별구분 보고서, 지역구분 보고서가 있습니다.

## 재무제표 주석의 기재내용

① 회계처리의 기본적 전제와 적합하지 않은 경우에는 그 설명

② 중요한 회계방침과 회계평가의 설명

③ 중요한 회계방침과 회계평가 변경의 설명

④ 우발사항과 대차대조기준일 후의 사항

⑤ 관련 당사자의 관계 및 거래의 개시

⑥ 중요자산의 양도 및 매각의 설명

⑦ 기업의 합병, 분할의 설명

⑧ 재무제표 중의 중요항목 명세자료

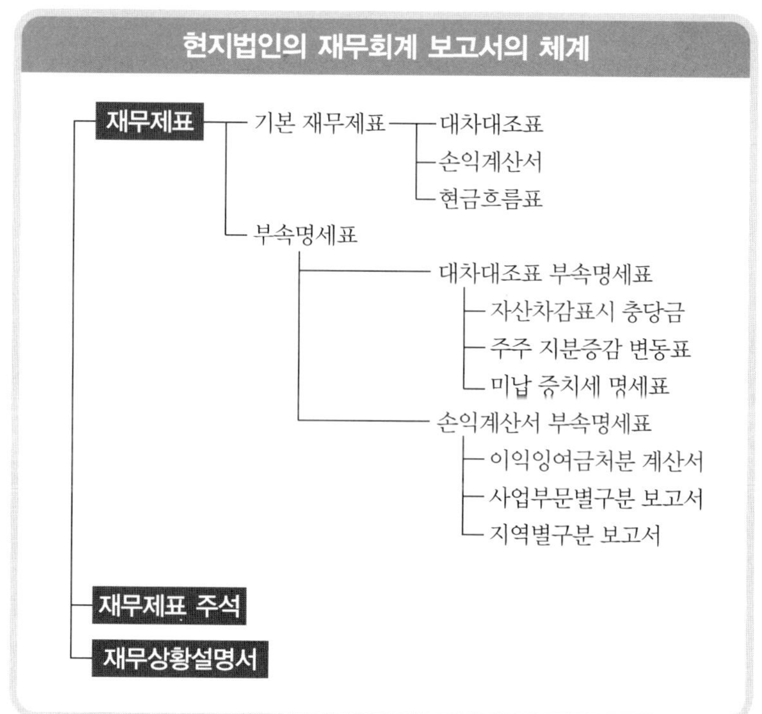

⑨ 재무제표의 이해와 분석에 필요한 설명에 도움이 되는 그 밖의 사항

## 재무상황 설명서의 기재내용

① 기업 생산경영의 기본적 상황

② 이익의 실현과 분배 상황

③ 자금의 증감과 운영 상황

④ 기업의 재무상황, 경영성과 및 현금흐름에 대해 중요한 영향이 있
는 그 외의 사항

### 재무제표 등의 제출기한

| 기간 | 제출기 | 제출기한 | 제출서류 |
| --- | --- | --- | --- |
| 중간 | 월별 | 6일 이내 | 재무제표 |
| | 4분기 | 15일 이내 | 재무제표 |
| | 반기 | 60일 이내 | 재무제표<br>재무제표 주석<br>재무제표 설명서 |
| 연도 | | 4개월 이내 | 재무제표<br>재무제표 주석<br>재무제표 설명서 |

**주)** 월별 및 4분기에 제출하는 재무제표에는 기본 재무제표와 부속명세표가 포함되어 있으며,
부속명세표에 대해서는 현지에서 확인이 필요.

## 재무회계보고서의 작성시기

기업이 작성하는 재무회계보고서는 연도, 반기, 4분기 및 월별을 대상
기간으로 하고 있습니다. 월별, 4분기의 재무회계 보고서란 월별과 4분
기 종료 시의 재무회계 보고서이고, 통상은 재무제표만 작성되며 재무제

표 각주와 재무상황 설명서는 작성되지 않습니다.

반기 재무회계보고서는 매 회계연도의 전반 6개월이 종료되는 때에 대외적으로 제공하는 것이고, 연도 재무회계보고서는 연도 종료 시에 대외적으로 제공하는 것입니다.

또 반기, 4분기 및 월별 재무회계보고서를 중간 재무회계보고서라고 총칭합니다. 월별 중간 재무회계보고서는 매월 종료 후 6일 이내(공휴일은 순연, 이하 같음)에, 4분기의 중간 재무회계보고서는 매분기 종료 후 15일 이내에, 반기의 중간 재무회계보고서는 연도반기 종료 후 60일 이내에, 연도 재무회계보고서는 연도 종료 후 4개월 이내에 대외적으로 제공해야 합니다.

# 대차대조표의 **자산**을 보는
## 방법에 대해 가르쳐 주십시오

대손충당금 등의 자산감손(차감표시) 충당금 계상방법과 부실재고 자산의 내역, 고정자산의 감가상각방법 등의 중요한 회계방침은 재무제표 주석에 설명되어 있으므로, 주석의 설명과 과목 잔액의 전기비교 등을 신중하게 검토할 필요가 있습니다. 동일 과목은 현금흐름도 비교 검토해 주십시오.

### 유동자산

과목의 명칭은 보통 중국어와 영어로 병기되고 있습니다. 금액은 2년간의 수치가 비교형식으로 기재되어 있습니다.

우선 유동자산에는 현금, 은행예금 등의 화폐자금, 단기투자, 수취어음(받을어음), 미수배당, 미수이자, 외상 판매대금, 기타 미수입금, 선급금, 미수보조금, 부실재고자산, 선급비용 등이 계상되어 있습니다. 대손 충당금은 기업회계제도의 규정에 따라서 기업이 결정한 계상기준으로 계상되어 있기 때문에 주기를 참조할 필요가 있습니다.

## 장기투자 등

유동자산 이외의 자산은 장기투자, 고정자산, 공장건물, 건설가계정, 미처리 고정자산, 무형자산, 장기 선급비용, 그 밖의 장기자산 순으로 기재되어 있습니다.

장기투자에는 장기지분투자와 장기채권투자가 있습니다. 투자기간이 1년을 초과하는 주식, 현물출자와 은행예금, 채권이 기재되어 있습니다. 실제로는 주식, 채권 투자에는 규제도 있고, 다른 외상투자기업에 대해 출자도 적기 때문에 장기투자가 계상되는 회사는 거의 볼 수 없습니다. 보통은 고정자산(유형고정자산), 건설가계정, 무형자산, 그 밖의 자산이 기재되어 있습니다.

## 무형자산 및 그 밖의 자산

무형자산에는 토지사용권, 특허권, 비특허기술(노하우), 상표권, 저작권 외에 영업권 등 이 있습니다. 토지사용권이 계상되는 것은 합자기업에서 중국측 파트너가 현물출자한 경우와 회사가 유상으로 토지사용권을 구입한 경우입니다. 단순히 임대에 의한 토지 사용은 토지사용권에 해당되지 않습니다. 현지법인은 통상 공업소유권의 사용료를 외국 모회사에 지불하며, 자기의 공업소유권과 독점기술을 소유하고 있는 회사는 희소하기 때문에 계상되어 있는 회사는 적을 것으로 생각됩니다.

그밖의 자산에는 장기 선급비용과 그 밖의 장기자산이 있고, 장기 선급비용에는 고정 자산의 대수선지출, 리스인수자산의 개량지출, 그 밖의 상각기간이 1년 이상인 장기선급비용이 계상되고 있습니다.

창업비는 개업준비기간의 모든 손익이 개업 시점으로 일괄하여 손익 계상되기 때문에 자산에는 계상되지 않습니다. 개업준비기간 외환손익은 장기 선급비용으로 계상됩니다.

환율의 대폭적인 변경에 따라서 발생한 외환손익은 기타 장기자산과목 또는 기타 장기부채로 계상합니다.

기업회계제도가 실시되기 전에 계상되었던 이연투자손실, 그 밖의 이연지출이 있는 경우는 장기 선급비용 또는 이연수입 등으로 계상되어 있습니다.

이연투자손실은 회사가 투자한 현물출자 자산, 무형자산의 장부가격과 그 출자평가액과의 차액을 계상한 것으로 상각되어 갑니다.

## 이연세 항목

이연세액 차변 쪽은 회사가 세효과회계(이연법인세회계)를 도입하여 손익계산서의 기업소득세를 납세 베이스의 금액이 아닌 발생 베이스의 금액으로 수정했을 때에 세금을 이연하는 과목입니다. 현지법인은 아직 세효과 회계를 도입하는 것이 강제가 아니기 때문에 적용하고 있는 회사는 적을 것이라고 생각됩니다.

이상이 대차대조표의 주된 자산과목입니다만, 주요한 계정과목에 대한 내역과 회계처리 기준은 재무제표 주석(주기 설명사항)에 상세하게 설명되어 있습니다.

# 대차대조표의 부채를 보는 방법에 대해 가르쳐 주십시오

기본적으로는 잔액의 전기 비교가 유효합니다. 외상 매입대금, 기타 미지급금, 장기 미지급금, 기타 장기부채의 내역을 재무제표 각주에서 검토할 필요가 있습니다. 추정부채에 대해서는 이미 대략적으로 계상한 것도 있으므로 계상금액의 분석도 필요합니다.

## 유동부채

유동부채는 단기차입금, 지불어음, 외상 매입대금, 선수금, 미지급 임금급여, 미지급 복리비, 미지급 배당금, 미지급 세금, 기타 미납금, 기타 미지급금, 미지급 비용, 추정부채, 1년 이내 기한이 도래하는 장기부채가 있습니다.

수취어음(받을어음)과 같은 지불어음도 상관습상, 계상되는 금액은 많지 않습니다. 미지급 임금급여 등에는 중국인 종업원과 외국 국적의 파견사원의 임금급여와 각종 수당이 계상되어 있습니다. 미지급 복리비에는 중국인 종업원의 퇴직 양로보험금, 실업보험금, 주택보조기금, 보험복리비용 등이 계상되어 있습니다. 종업원 장려 및 복리기금은 확정부채로서 미지급 복리비로 계상합니다. 이 기금은 특별 상여와 단체복리의 지불에도 충당됩니다.

미지급 배당금은 그 연도의 이익처분에 따라서 확정된 배당금이 미지급 배당금으로서 계상됩니다. 중국에서는 배당의 원천인 이익이 귀속되는 연도에 배당금이 계상되기 때문에 필요합니다.

미지급 세금은 회사와 관계되는 증치세, 영업세, 기업소득세, 개인소득세가 계상됩니다. 미지급 비용에는 미지급 임차료, 미지급 보험료 등이 계상되고, 그 밖의 미지급금에는 이들 유동부채의 과목 이외의 여러 가지 미지급금, 가수금, 보관 보험금, 기한경과 후의 미지급 임차료, 미지급 배상금, 미지급 이자, 미지급 조합경비 등이 포함됩니다.

추정부채는 기업이 추정한 부채를 처리하는 것으로 대외적으로 제공한 보증, 상업인수 어음의 할인, 미결 소송, 제품품질보증 등 발생가능성이 있는 부채를 포함합니다.


## 장기부채

장기부채에는 1년 이내에 기한이 도래하지 않는 장기차입금, 사채, 금융리스에 의한 고정자산의 장기 미지급금 등이 있습니다. 장기 미지급금은 장기 차입금과 사채 이외의 장기 미지급금이고, 보상무역 방식을 사용하여 도입한 외국 설비대금, 미지급 금융리스수입 고정자산의 리스 요금 등이 포함됩니다. 또 금융리스에 의한 고정자산의 자산계상은 고정자사 과목에 고정자산과 동일하게 취득가격, 감가상각 누계, 고정자산 실질가격이 기재되어 있습니다.

## 이연세 항목

이연세액은 세효과회계(이연법인세회계)를 적용하여 소득세의 회계처리를 하는 기업이, 기간 차이에서 생기는 세금 공제 전 회계상의 이익과 과세소득액 간의 차이가 소득세에 영향을 미치는 금액, 및 그 후의 각 기간에 차이가 해소되는 금액을 처리하는 것입니다. 세효과회계를 적용하여 계산하는 기업은, 당기의 손익에 계상해야 하는 소득세 비용으로 소득세 과목에 기장하고, 당기에 과세소득액과 규정의 소득세율로 계산한 납부소득세로 미납세금(미납소득세) 과목에 기장합니다.

## 마이너스(부수) 잔액

중국의 결산서 과목 중에 외국인에게 그다지 익숙하지 않은 것이 있습니다. 그것은 계정과목의 마이너스 표시입니다. 외국에서는 계정과목이 마이너스로 표시되는 일은 거의 없습니다.

외국에서는 외상 판매내금과 기타 미수금의 마이너스 잔고를 보는 일은 거의 없다고 생각합니다. 이에 비해 중국에서는 이러한 계정잔액의 마이너스 표시는 통상적입니다. 그러나 외국에서도 자본잉여금에 대해서는 마이너스 표시를 하는 경우가 있습니다.

# 대차대조표의 자본을
## 보는 방법에 대해 가르쳐 주십시오

합작기업이라면 감자 적립이익 등의 특별한 과목이 있지만, 합자 기업, 외자기업에서는 특수한 과목이 없기 때문에 부속명세표의 소유자 지분증감 변동표와 이익잉여금처분 계산서를 충분히 검토 해 주십시오.

### 소유자 지분(자본)

소유자 지분(자본)이라는 것은 소유자가 기업의 자산 중에서 얻는 경제적 이익을 말하고, 그 금액은 자산에서 부채를 감액한 잔액입니다. 소유자 지분 에는 납입자본금(또는 주주 자본금), 자본잉여금, 이익잉여금 및 미처분 이익 등이 포함됩니다. 기업의 납입자본금이라는 것은 투자자가 기업의 정관 또 는 계약, 협의서의 약정에 따라 기업에게 실제로 투입한 자본금을 말합니다.

### 1) 현금출자

투자자가 현금으로 납입한 자본금은 실제로 수령하거나 또는 기업의 계좌 개설은행에 예치된 금액을 납입자본금으로 기장합니다. 실제로 수령하거나 기업의 계좌개설 은행에 예치된 금액이 그 기업의 등록자본금을 초과하는 경우 그 초과액을 자본잉여금으로 계상합니다.

### 2) 현물출자

투자자가 비현금자산으로 투자한 자본금은 투자 각 당사자가 인식한 가치로서 납입자본금으로 기장합니다.

### 3)외화출자

투자자가 투입한 외화는 계약에서 약정한 환율이 없는 경우, 출자액을 수령한 당일의 환율로 환산합니다. 계약에 환율이 약정되어 있는 경우는 그 약정한 환율로 환산하고, 환율의 차이로 생기는 외환 차액은 자본잉여금으로 처리합니다.

### 4) 합작의 투자회수

중외합작경영기업이 합작기간에 투자자에게 투자를 반환하는 경우는 이미 반환된 투자에 대해 개별적으로 처리하고, 대차대조표 중에 납입자본금의 감액 항목으로서 개별적으로 표시합니다.

## 자본잉여금

자본잉여금은 자본납입 잉여금, 자산수증이익, 거출금 수입, 외화자본 환산차액 등을 포함합니다. 자본잉여금 중 각종 준비금 항목은 자본금(주주 자본금)으로 증자 대체하는 것은 불가능합니다. 자본잉여금 항목은 주로 다음 것을 포함합니다.

## 1) 자본납입 잉여금(주식발행초과금)

자본납입 잉여금이라는 것은 기업의 투자자가 투자한 자금이 그 등록 자본금을 초과하는 부분입니다.

## 2) 비현금자산 수증이익

비현금자산 수증이익이란 기업이 비현금자산의 증여를 받아서 증가된 자본잉여금을 말합니다.

## 3) 현금 수증이익

현금 수증이익이란 기업이 현금으로 증여를 받아서 증가된 자본잉여금을 말합니다.

## 4) 지분투자 준비금

지분투자 준비금이라는 것은 기업이 피투자처의 장기 지분투자에 대해 지분법을 적용하여 처리할 때, 피투자처가 증여를 받는 등의 원인으로 자본잉여금을 증가시킨 경우 기업이 지분 비율에 따라 계산하여 증가시킨 자본잉여금을 말합니다.

## 5) 거출금 수입 (국고보조금과 유사)

거출금 수입이라는 것은 기술개조, 기술연구 등에 사용될 목적으로 국가가 지출한 자금을 지원받는 경우로 기업이 해당 프로젝트 완성 후, 규정에 따라 자본잉여금으로 대체하는 부분을 말합니다.

## 6) 외화자본 환산차액

외화자본 환산차액이란 기업이 외화로 자본 투자를 받을 때 적용한 환율에 차이가 생겨 발생하는 자본환산차액을 말합니다. 즉, 외상투자기업의 투자자가 외화로 출자한 경우에 합자계약서 등에서 약정한 환율이 있는 경우는 자본금은 그 약정 환율로 환산하고, 출자한 현금 등의 자산은 출자를 받은 당일의 환율로 환산합니다. 이 자본금의 약정 환율과 수입 자산의 당일 환율의 차에 의한 환산차액이 자본잉여금의 외화자본 환산 차액으로 계상됩니다.

### 7) 기타 자본잉여금

기타 자본잉여금이란 위에서 말한 각종의 자본잉여금 이외에 형성된 자본잉여금 및 자본잉여금의 각종 준비항목에서 대체된 금액을 말합니다. 채권자가 면제한 채무도 기타 자본잉여금 과목으로 처리됩니다.

## 중국기업의 이익잉여금

이익잉여금은 기업의 성격에 따라 각각 다음의 내용을 포함합니다. 기업의 이익잉여금은 결손의 보전, 자본(주주자본) 증자에 사용할 수 있습니다. 조건을 충족하는 기업은 이익잉여금을 사용하여 현금배당을 할 수 있습니다.

### 1) 법정 이익잉여금

법정 이익잉여금이란 기업이 규정 비율에 따라 순이익 중에서 적립한 이익잉여금을 말합니다.

### 2) 법전 공익금

법정 공익금이란 기업이 규정 비율에 따라 순이익 중에서 적립하여 종업원의 집단 복리시설에 사용하는 공익금을 말합니다.

## 외상투자기업의 이익잉여금

### 1) 준비기금

준비기금이란 법률, 행정법규의 규정에 따라 순이익 중에서 적립되어, 인가를 받은 후 결손보전 및 자본증가에 사용되는 기금을 말합니다.

### 2) 기업발전기금

기업발전기금이란 법률, 행정법규의 규정에 따라 순이익 중에서 적립되어, 기업의 생산발전에 사용되거나 인가를 받아서 자본증가에 사용되는 기금을 말합니다.

### 3) 감자적립이익

감자적립이익이란 중외합작경영기업이 규정에 따라서 합작기간 내에 이익에서 투자자에게 반환되는 투자를 말합니다. 이 계정과목은 합작기업에서 감자되었을 때의 회계처리를 하기 위한 것입니다. 합작계약에서는 이익으로 투자자에게 출자원본에 상당하는 금액을 반환할 수 있는데, 이 실질적인 감자거래를 자본계정 과목으로 표시하기 위한 특수 계정과목입니다.

이 계정과목을 통하여 합자계약이 종료되었을 때 외국측 합작사의 지분이 중국측 합작사의 지분으로 대체됩니다.


## 미처분 이익

회계연도 종료 시에 모든 손익이 계산된 당기 순이익은 이익처분 과목으로 대체할 수 있습니다. 분개로 말하면 당해연도 이익과목이 차변, 이익처분(미처분 이익)과목이 대변으로 기장됩니다. 이익처분이 이루어졌을 때는 이익처분 과목이 차변으로 기장되고, 이익처분의 상대 과목이 대변으로 기장됩니다. 마지막으로 남은 이익처분 과목 중에서 미처분 이익 과목의 잔고가 대차대조표의 미처분 이익 과목으로 표시됩니다. 대차대조표의 미처분 이익은 이익잉여금 과목의 다음에 표시됩니다.

# 손익계산서를 보는 방법에
## 대해 가르쳐 주십시오

중국의 손익계산서는 기본적으로 외국과 유사하고 기타 업무이익
과 영업외 수입, 영업외 지출의 표시정도가 약간 다릅니다.

## 영업이익

외국과 약간 다른부분은 판매비용, 관리비용, 재무비용을 들 수 있습
니다.

이자, 할인료, 외환손익, 매입할인, 매출할인은 재무비용에 포함되고,
수취 배당금, 유가증권 이자, 유가증권 매각손익, 유가증권 평가손은 투
자수익에 포함됩니다. 창업비 상각은 관리비용으로 표시됩니다.

영업외 수익, 비용에는 투자수익과 지난 연도 손익수정을 제외한 고
정자산 처분이익, 벌금, 기부금, 임시손실 등이 계상됩니다.

## 손익항목의 설명

설명이 필요한 손익 항목은 다음과 같습니다.

### 1) 주요 영업세금 및 부가비용

주요 영업세금 및 부가비용은 기업의 일상활동에서 부담해야만 하는 세금 및 부가비용을 처리하고, 영업세, 소비세, 도시옹호건설세, 자원세, 토지증치 및 교육비 부가 등이 포함됩니다.

### 2) 기타 업무이익

기타 업무수입과 기타 업무지출의 순익이 표시됩니다. 기업의 주요 영업수입 이외의 기타 판매 또는 기타의 업무수입을 처리하는 것이고, 예를 들면 자재매각, 대리구입 대리판매, 포장품 리스 등의 수입이 있습니다. 기타 업무지출은 기업의 주요 영업원가 이외의 기타 판매 또는 기타 업무에서 발생한 지출을 처리하는 것입니다.

원자재 매각, 포장품 리스 등의 용역제공 등에 의해 발생한 관련 원가, 비용 및 관련 세금과 부가비용 등을 포함합니다.

### 3) 영업비용

영업비용이란 기업이 상품을 판매하는 과정에 있어서 발생하는 비용이고, 기업의 상품판매 과정에 있어서 발생하는 운송비, 하역비, 포장비, 보험료, 전람비와 광고비 및 해당 기업의 상품을 판매하기 위해 전문적으로 설립된 판매기구(판매 네트워크, 애프터서비스 네트워크 등을 포함합니다)의 종업원 임금 급여 및 복리비, 임금급여와 유사한 성격을 가진 비용, 접대비 등의 경영비용을 포함합니다.

### 4) 관리비용

관리비용이란 기업이 기업의 생산경영을 조직하여 관리하기 위해 발생하는 관리비용입니다.

관리비용에는 기업의 동사회와 행정관리 부문이 기업의 경영관리에 있어서 발생하는, 또는 기업이 통일적으로 부담하는 회사경비(행정관리 부문의 종업원 임금급여, 수리비, 물품소모비, 저가격 소모품 상각, 사무소비 및 출장여비가 포함됩니다), 노동조합경비, 실업보험료, 노동보험료, 동사회비, 중개기구 알선료, 상담료(고문료를 포함), 소송비, 업무접대비, 건물세, 차량사용세, 토지사용세, 인지세, 기술양도료, 광산물질자원 보상료, 무형자산 상각, 종업원 교육경비, 연구개발비, 오염배출비, 대손충당금 전입액과 부실재고자산 평가충당금 전입액 등이 포함됩니다.

### 5) 재무비용

재무비용이란 기업이 생산경영에 필요한 자금을 조달하기 위해 발생하는 비용입니다. 기간비용으로서의 이자 지출(이자 수입을 감액), 외환 손실(외환수익을 감액) 및 관련 수수료 등이 포함됩니다. 고정자산의 구입 건설을 위해 차입한 특정차입금에서 발생한 차입비용은 자본화 처리를 하여 고정자산으로 계상하기 때문에 재무비용에는 포함되지 않습니다.

### 6) 투자수익

투자수익은 기업이 대외투자하여 취득한 수익 또는 발생하는 손실을 처리하는 것입니다. 단기투자 매각손익, 장기지분투자 매각익, 장기채권투자 매각익, 장기지분투자를 원가법으로 평가하고 있는 경우의 배당금수입, 장기지분투자를 지분법으로 평가하고 있는 경우의 지분손익, 투자감손 충당금 전입액, 사채발행차손익의 상각액 등이 계상됩니다.

투자수익이란 기업이 대외적으로 투자하여 취득하는 수익에서, 발생한 투자손실과 계상한 투자평가 충당금을 감액한 후의 금액입니다.

### 7) 보조금 수입

보조금 수입이란 기업이 규정에 따라 실제로 받은 보조금 수입을 처리하는 것입니다.

### 8) 영업외 수입

영업외 수입이란 기업에서 발생한 그 생산경영과 직접 관계가 없는 각종의 수입을 처리하는 것입니다. 고정자산 정리차익, 고정자산 처분순익, 비화폐성 거래수익, 무형자산 매각익 등이 포함됩니다.

### 9) 영업외 비용

영업외 비용은 기업에서 발생한 그 생산 경영과 직접 관계가 없는 각종의 비용입니다. 예를 들면, 고정자산 정리차손, 고정자산 처분 순손실, 무형자산 처분 순손실, 채무재편 손실, 고정자산 감손충당금 전입, 무형자산 감손충당금 전입, 건설가계정 감손충당금 전입, 벌금 지출, 기부금 지출, 임시손실 등이 포함됩니다.

### 10) 소득세

소득세는 당기손익에서 감액하는 소득세를 처리하는 것으로 다음 중 하나를 선택하여 회계처리에 적용합니다.

▶ 납세액법

납세액법을 적용하여 처리하는 기업은 기말에 과세소득액에 의해 당기 미납소득세를 계산해야 합니다. 소득세 과목에 기장하고, 미납세금(미납소득세) 과목에 기장합니다.

▶ 세효과회계법(이연법인세 회계방식)

세효과회계법을 적용하여 처리하는 기업은 당기에 손익으로 계상해야만 하는 소득세비용을 소득세 과목에 기장하고, 당기의 과세소득액에 따라 미납소득세를 계산합니다.

### 11) 소득세의 환급

기업은 실제로 받은 소득세의 환급에 따라서 은행예금 과목에 기장하고, 소득세 과목에 기장합니다.

### 12) 손익의 표시

▶ 전년도 손익수정

전년도 손익수정은 기업이 당해년도에 발생한 전년도 손익과 관련되는 부분을 처리하는 것입니다.

▶ 해당연도 이익

이윤이란 기업의 일정 회계기간에 있어서의 경영성과를 말하고, 영업이익, 이익총액과 순이익이 포함됩니다. 영업이익이란 주영업수입에서 주영업원가와 주영업세금 및 부가비용을 감액하고, 기타 업무이익을 가산하여 영업비용, 관리비용 및 재무비용을 감액한 후의 금액을 말합니다.

이익총액이란 영업이익에 투자수익, 보조금수입, 영업외 수입을 가산하고 영업외 지출을 감액한 후의 금액을 말합니다.

영업외 수입과 영업외 시출이란 기업에서 발생한 그 생산경영 활동과 직접 관계가 없는 각종 수입과 지출입니다. 소득세란 기업이 당기손익으로 계상해야 하는 소득세 비용입니다.

순이익이란 이익총액에서 소득세를 공제한 후의 금액입니다.

# Q 100

## 현금흐름표를 보는 방법에
### 대해서 가르쳐 주십시오

중국의 현금흐름표도 외국의 현금흐름표와 거의 같은 내용으로 구성되어 있습니다.

### 회계이익와 현금흐름

회계상의 이익에는 감가상각비, 무형자산 상각, 평가손 등의 현금흐름 이동을 동반하지 않는 회계처리가 포함되고 있으므로 이익조작이 가능하지만, 현금흐름은 객관적인 자금의 흐름을 파악하기 때문에 기업의 재무판단에 유효한 정보를 제공합니다.

채권의 회수가 비교적 쉽지 않은 중국에서는 흑자도산도 발생하고 있어 현금흐름표는 점점 중요성을 띠고 있습니다. 현금흐름표는 영업활동, 투자활동, 재무활동의 3가지로 구분하고 있고, 회사의 현금자금 수지를 판단하는 자료로서, 원칙적으로는 자금의 총액으로 표시되어 있습니다.

중국에서는 98년 1월부터 모든 기업에서 작성이 의무화되었습니다.

중국에서의 현금흐름표는 구체회계준칙의 '기업 회계준칙 - 현금흐름표'가 출발점입니다.


## 현금흐름의 의미

현금흐름표라는 것은 기업의 사업년도에 있어서 현금자금의 수입과 지출의 상황을 활동 구분별로 표시한 것입니다. 현금흐름표는 기업의 실제 자금상황을 나타내는 것이므로, 흑자도산과 같이 대차대조표와 손익계산서 만으로는 알 수 없는 기업의 자금 리스크도 이것에 의해 사전에 알 수 있습니다. 현금흐름표가 대상으로 하는 자금의 범위는 현금 및 현금과 동등한 것으로 되어 있습니다.

현금이란 보유현금과 요구불예금을 말하고, 요구불예금이란 예를 들면 보통예금, 당좌예금, 통지예금 등이 포함되며 예입기간이 정해져 있는 정기예금은 포함되지 않습니다. 중국에서는 금융기관에 대한 사전통지로 인출이 가능한 정기예금은 현금의 범위에 포함되고 있습니다.

중국에서 현금등가물이란 기업이 보유하는 기한이 짧고, 유동성이 높으며, 환금이 용이하고, 가치변동 리스크가 거의 없는 투자라고 성의하고 있습니다.

예를 들면, 3개월 이내로 기간이 도래하는 정기예금, 증권시장에서 유통되고 있는 주식 등의 단기 채권투자 등이 현금등가물입니다.


## 현금흐름표의 양식

중국도 현금흐름표의 양식에는 영업활동에 따른 현금흐름, 투자활동에 따른 현금흐름, 재무활동에 따른 현금흐름이 기재되어 있습니다.


## 영업활동 현금흐름에 대해서

### 1) 세금의 표시

중국에서는 매출과 매입에 증치세가 관계되는데, 증치세의 수입과 지출의 금액은 영업수입 및 영업지출과는 독립된 항목으로서 표시되고 있습니다. 이 외에 중국에서는 소득세(기업소득세이고, 외국의 법인세에 상당)를 표시하고, 증치세와 소득세 이외의 세금비용도 독립된 기재항목으로서 표시해야 합니다.

### 2) 이자와 배당금의 표시

중국에서는 수취 이자와 수취 배당금은 투자활동으로 구분하고, 지불 이자와 지불 배당금은 재무활동으로 구분하여 표시되고 있습니다.

### 3) 리스 요금의 표시

중국에서는 금융리스에 의한 리스요금 지출은 재무활동으로 구분하여 표시되어 있습니다.


## 투자활동에 의한 현금흐름

중국에서는 현금등가물에 포함되지 않는 것에 대한 취득과 처분, 장기자산의 취득이 기재되어 있습니다.

자회사의 취득과 매각에 대해서, 중국의 현금흐름표는 자회사와 영업단위의 취득과 처분과 관련된 그 현금흐름의 순금액을 투자활동에 포함하여 기재하는 것으로 되어 있습니다.

## 재무활동에 의한 현금흐름

재무활동은 중국에서는 자본과 채무의 규모, 구성의 변화를 기재합니다.

## 현금흐름표의 작성

현금흐름표의 작성과 표시 방법에는 직접법과 간접법의 2가지가 있습니다. 직접법이란 주요한 거래마다 수입총액과 지출총액을 표시하는 것이고, 현금흐름에 관련되는 기초 데이터를 준비하는 것이 필요합니다.

간접법이란 세전 당기순이익에서 시작하는 형식으로, 자금지출을 동반하지 않는 비용과 수익을 가감한 후 영업활동에 관계되는 자산과 부채의 증감을 가감하고, 마지막으로 기타 영업활동에 의한 손익 항목과 법인세 등의 지불액을 표시하고 영업활동에 따른 현금흐름을 합산합니다. 또한 투자활동에 따른 현금흐름과 재무활동에 따른 현금흐름을 각각 표시합니다.

직접법은 기초 데이터를 집계하는 것이 어려운 반면 실제의 거래 총액이 표시되는데 비해, 간접법은 작성이 비교적 용이한 점과 순이익과 영업활동에 따른 현금흐름 관계가 명시되는 것이 장·단점입니다.

중국에서는 직접법에 의한 것만이 가능하고, 또한 현금흐름표의 주기 부분에 간접법에 의한 표시도 요구하고 있습니다.

간접법에 의한 현금흐름 표시는, 세후 이익에서 시작하여 손익계산서 과목 중에서 현금흐름을 동반하지 않는 항목을 조정함으로서 현금흐름을 표시하기 때문에 손익과의 관계를 잘 알 수 있습니다.

중국 진출 기업 100問 100答

**초판 1쇄** 2004년 7월 30일
**3쇄** 2007년 2월 15일

. . . . . . . . . . . . . . . . . . . . . . . . . . . . . . . . . . . . . . . . . . . . . . . . . . . . . . . . . . . . . . . . . . . . .

**지은이** 곤도 요시오　**감역자** 김기열, 김범수
**펴낸이** 김석규　**펴낸곳** 매경출판(주)
**등 록** 2003년 4월 24일(No. 2-3759)
**주 소** 우)100-728 서울 중구 필동1가 30번지 매경미디어센터 9층
**전 화** 02)2000-2610(출판팀) 02)2000-2636(영업팀)
**팩 스** 02)2000-2609　**이메일** publish@mk.co.kr

. . . . . . . . . . . . . . . . . . . . . . . . . . . . . . . . . . . . . . . . . . . . . . . . . . . . . . . . . . . . . . . . . . . . .

ISBN 89-7442-306-5
값 15,000원